PUBLICATIONS DE LA METHODE WARD

PEDAGOGIE MUSICALE

PAR

JUSTINE WARD

LIVRE I – MANUEL DU MAITRE

QUE TOUS PUISSENT CHANTER

REVISE PAR UN COMITE INTERNATIONAL DE PROFESSEURS DE LA METHODE WARD

EDITION EN LANGUE FRANCAISE

NOUVELLE EDITION EN LANGUE FRANCAISE

Publié par le Centre d'Etudes de la
Méthode Ward
Université Catholique d'Amérique
aux

Presses de l'Université Catholique d'Amérique

Washington D.C.

New York, N.Y.
U.S.A.

P R E F A C E

L'objet de cette série de livres est de donner une éducation musicale fondamentale et complète aux enfants des écoles. Cet entraînement musical progressif, destiné à l'enrichissement esthétique et spirituel de l'enfant, commence avec le Degré I et se poursuit jusqu'au Degré VIII.

La matière du cours est adaptée à l'âge et aux capacités des enfants. En conséquence, dès le début - et poursuivant la série des huit livres - les enfants apprennent à:

reconnaître les sons et leurs relations;
associer les sons aux symboles écrits;
transformer la voix parlante en un agréable instrument musical;
apprécier le monde du mouvement: le rythme;
développer leurs talents en vue de l'interprétation de la musique;
prendre part à la vie musicale par l'étude, l'appréciation et la réalisation d'oeuvres;
découvrir le riche héritage de la musique religieuse.

Les principes de la pédagogie moderne doivent aussi être appliqués à l'enseignement de la musique. C'est pourquoi chacun des éléments du chant le plus simple est travaillé d'abord séparément, puis combiné avec les autres. De plus, les élèves ont souvent l'occasion de "découvrir" eux-mêmes les nouveautés. En d'autres termes, les principes et les techniques d'un bon enseignement se trouvent réunis sous la forme d'une leçon de musique journalière, durant laquelle toute la classe est engagée pleinement.

Le but final est donc: QUE TOUS PUISSENT CHANTER!

Mais que devront-ils chanter? Si la musique doit former le caractère, contribuer à animer la vie émotive de l'enfant, guider ses sentiments, orienter son goût, élever son âme vers un monde de vérité et de beauté, une attention toute spéciale doit être portée sur la qualité de la musique choisie. Pour maintenir cette qualité musicale dans cette série de livres et pour tenir compte du niveau de développement des enfants, le répertoire de la méthode WARD a été sélectionné parmi les meilleures pièces populaires de nombreux pays, les oeuvres de compositeurs classiques et modernes et la musique religieuse.

La Méthode, qui peut être enseignée par le professeur de musique, est plus spécialement destinée au maître régulier de la classe.

Ainsi chacun pourra chanter, car la musique n'est pas limitée à une élite privilégiée, mais ouverte à tous les enfants.

INTRODUCTION

d'après les écrits de madame Justine WARD

Fondements psychologiques de la Méthode Ward

Lorsque l'étude de la musique est présentée aux jeunes enfants d'une manière qui convient à leur âge, lorsque l'enseignement en est gradué avec soin, comme pour les autres matières, la musique devient pour eux une source de vitalité et de joie. Même ces enfants, qui paraissent d'abord ne pas avoir l'oreille musicale, sont capables d'apprendre à chanter correctement.

Trois périodes de développement

Imitation - Un enfant de six ans est un être imitatif. Dans les classes de musique, le maître s'efforce de donner des modèles d'excellente qualité, de façon à amener l'enfant, le plus rapidement possible, de l'imitation au libre exercice de ses facultés, c'est-à-dire de la première à la seconde période.

Réflexion - A ce stade, l'enfant acquiert une connaissance solide de quelques vérités musicales fondamentales. Elles ne sont pas assimilées au travers du langage du maître par des formules mémorisées, mais par l'action propre de l'enfant. Par ses yeux, ses oreilles et ses muscles, il reçoit les stimulants qui approfondissent sa connaissance intellectuelle de la musique.

Accroissement - Dans cette troisième période, l'enfant cherche par le raisonnement à former de nouvelles combinaisons en passant progressivement du connu à un inconnu relatif. Jamais il ne chantera une phrase sur laquelle il n'a pas réfléchi et qu'il n'a pas comprise. Par conséquent, le maître ne doit pas procéder par audition pour aider les enfants à chanter correctement. On ne résoudra jamais une difficulté en suggérant la réponse ou en chantant la note qui est fausse. Le maître qui céderait a cette tentation, par faiblesse ou impatience, ne donnerait à ses élèves qu'une formation superficielle.

Comment la musique devient-elle fonctionelle?

L'étude d'une "nouveauté" musicale devient fonctionnelle chez un enfant à condition:

qu'elle soit bien préparée;
qu'elle soit en rapport avec ce qui a été étudié;
qu'elle soit basée sur le principe "du connu vers l'inconnu";
qu'elle fasse appel à l'activité sensorielle.

En procédant de cette manière, la musique devient une sorte d'aspiration intérieure animant la vie émotive de l'enfant.

Dans toute cette méthode, on a tenté d'appliquer ces principes.

L'apprentissage par l'action, par le geste

Les jeunes enfants peuvent apprendre rapidement et bien, quand ils participent activement à une leçon. Le maître, dans ces moments-là, se tient à l'écart comme un agent catalyseur, stimulant, encourageant et guidant ses élèves. De cette manière, les "sens attentifs" de l'enfant - pour utiliser une phrase de Milton - deviennent des "sens actifs." Grâce aux exercices d'observation et de mémorisation, la vue, le toucher, l'ouïe et les muscles sont sensibilisés, prêts à fonctionner au maximum de leur puissance.

Pour que l'enfant soit engagé dans ce chemin vivant et varié, le maître doit préparer minutieusement chaque leçon, pour n'avoir aucune hésitation en passant d'un type d'action à un autre.

PRINCIPES PEDAGOGIQUES POURSUIVIS DANS LA METHODE WARD - LIVRE I

La musique est un art complexe. Dans le chant le plus simple, les sons diffèrent de hauteur, de timbre, de durée, d'intensité. Il y a aussi des difficultés de notation et souvent, dans un chant avec paroles, la relation du texte avec la mélodie et le rythme crée des problèmes. Chacun de ces éléments doit être travaillé séparément avant d'être combiné. Vouloir travailler ces éléments simultanément conduirait à coup sûr à l'échec.

Séparation des éléments

Timbre - Qualité du son: Dans l'éducation de la voix, la première étape à franchir est évidente: découvrir et développer la voix chantante pour pouvoir, ensuite, l'utiliser convenablement.

Pose de la voix: Les exercices vocaux de la première année se rapportent presque exclusivement à la première étape des études vocales, c'est-à-dire à la formation de l'instrument que les enfants utiliseront. Leur but est d'obtenir une sonorité très pure, ainsi qu'une voix résonnante, mais douce. On emploiera presque exclusivement la syllabe Nu, dans des tonalités différentes et dans des vocalises variées. Plus tard, d'autres voyelles feront l'objet d'un travail similaire, afin que la voix de l'enfant devienne un instrument de belle qualité.

Au début, l'imitation constituera le facteur principal. Le maître emploiera donc tous ses efforts pour donner un bon modèle; mais il n'oubliera pas qu'un modèle vraiment bon, donné par un ou plusieurs enfants, sera plus efficace qu'un modèle également bon, donné par un adulte.

Tessiture: Le maître veillera à ne jamais dépasser, ni dans le grave ni dans l'aigu, les limites de la tessiture enfantine. Durant la première année, seuls les sons fixés entre E (1ère ligne) et E (4ème interligne) sont recommandés.

Les problèmes relatifs à la respiration et à la tenue, ainsi qu'aux défauts à éviter et à corriger, seront traités au cours des leçons.

Rythme: Le rythme est l'âme d'une composition musicale. Il n'est pas, ainsi qu'il est souvent défini, une série de pulsations alternativement faibles ou fortes, mais, suivant l'exacte définition de Platon, "l'ordonnance du mouvement". Le rythme n'existe que par la mise en relation de deux éléments, l'un en élan, l'autre en retombée. Dans le livre I, ce travail rythmique est contrôlé par des gestes et des dictées.

Geste rythmique: C'est par les gestes et les mouvements de tout le corps, mettant en jeu les plus grands muscles, que le sens rythmique pourra le plus facilement s'éveiller et se former. Les gestes font naître le vrai sens du rythme et l'impression musculaire qui en résulte exerce son influence sur tout le travail musical. Plus le geste sera beau, plus la qualité musicale augmentera. Dans le livre I, on porte une attention particulière à ce principe.

Geste métrique: Il permet d'établir l'exacte durée des sons et des silences. Les enfants marquent chaque temps, l'index frappant légèrement la paume de l'autre main.

Dictée rythmique: L'enfant devra reconstituer le schéma dicté par le maître. Il identifiera ainsi exactement ce qu'il entend et ce qu'il ressent.

Notation: Plusieurs systèmes de notation sont utilisés dans la Méthode WARD. Il sont présentés progressivement et adaptés aux capacités des élèves:

le geste mélodique
les notes représentées sur les doigts
la notation chiffrée
la notation sur portée

Dynamie - expression: En première année, on insistera peu sur le travail des nuances avec les jeunes enfants, qui chanteront avec une voix douce et légère.

La hauteur: Comme par jeu, le maître amènera les enfants à "découvrir" les sons. Les exercices d'intonation sont destinés à donner le sens de l'exacte différence dans la hauteur des sons.

Exercices d'intonation: La lecture oblique, horizontale ou verticale est développée au moyen d'exercices sur des diagrammes, sur les doigts, au tableau, dans un ordre de difficulté progressif. Le livre I comprend 50 exercices d'intonation et 12 diagrammes répartis sur 23 chapitres.

Dictée auditive: La dictée auditive journalière est essentielle à l'assimilation des exercices d'intonation. Les enfants sont appelés à identifier correctement un groupe de sons que le maître a fait entendre. Chaque chapitre contient un certain nombre de dictées qui sont données sous forme de devinettes. *(cf. Appendice I)*

Mémorisation visuelle: Jeux d'observation et de mémorisation visuelles *(cf. Appendice I)*
Les enfants devront s'habituer à observer attentivement et à retenir une courte phrase qu'ils chanteront ensuite en entier, de mémoire. Cette faculté d'enregistrer visuellement une phrase dans son ensemble est nécessaire au musicien, qui pourra ainsi l'exécuter avec intelligence. Ces exercices de mémorisation sont donnés quotidiennement sous forme de schémas mélodico-rythmiques. *(cf. Appendice I)*

Gestes du bras et des doigts: Lorsque la mélodie s'élève ou s'abaisse, le bras s'élève ou s'abaisse par échelon. Pour varier l'étude d'un exercice, on représente aussi les notes en se servant des doigts. Ces gestes, exécutés chaque jour, fixent l'attention des enfants sur ce qu'ils doivent chanter et permettent au maître de contrôler le travail mental de ses élèves.

R E M A R Q U E

Au début de leur éducation musicale, les enfants utilisent la notation chiffrée et chantent en hauteur relative (système du do mobile), les demi-tons étant toujours placés entre 3-4 (mi-fa) et 7-$\dot{1}$ (si-do). La notation chiffrée se présente de la manière suivante:

SOL	LA	SI	DO	RE	MI	FA	SOL	LA	SI	DO	RE	MI
$\underset{\bullet}{5}$	$\underset{\bullet}{6}$	$\underset{\bullet}{7}$	1	2	3	4	5	6	7	$\dot{1}$	$\dot{2}$	$\dot{3}$

On retrouve cette série complète de sons, ou des fragments, dans l'étendue de la voix humaine. Le maître devra cependant être attentif au fait que les lettres *C,D,E,F,G,A,* au début des exercices, indiquent la hauteur absolue (diapason) dans laquelle sera chanté chacun des exercices.

Combinaison des éléments

Chacun des éléments musicaux ayant été travaillé isolément, l'heure est venue de les combiner graduellement.

Chants sans paroles: Chaque chapitre propose quelques mélodies combinant les difficultés des exercices d'intonation et des exercices rythmiques travaillés isolément.

Vocalises: Combinaison du timbre avec la hauteur et le rythme.

Exercices d'intonation: Combinaison de la hauteur et du rythme sous la forme d'applications mélodiques. Les enfants chantent avec le nom des notes.

Tableaux rythmiques: Combinaison de plusieurs "mots rythmiques" conduisant à la constitution de la phrase musicale.

Exercices de notation: Combinaison sous forme orale et écrite de schémas rythmiques et mélodico-rythmiques.

Improvisation: Combinaison mélodico-rythmique sous forme de question et réponse.

Chants avec paroles: La combinaison de tous les éléments: intonation, rythme, timbre, texte, exige un immense effort de concentration d'esprit de la part des enfants. Aussi, on ne saurait trop recommander au maître de ne pas précipiter ce travail pour ne pas décourager les enfants qui perdraient, peu à peu, le plaisir qu'ils trouvent dans l'étude de la musique.

Le maître utilisera d'abord des chansons enfantines populaires, déjà connues: *"Ah! mon beau château", "Frère Jacques", "Sur le Pont d'Avignon", etc,* pour éveiller et développer le sens rythmique de ses élèves. Puis, il fera un choix dans le répertoire folklorique et liturgique.

Improvisation: Conversation musicale individuelle avec paroles.

PLAN DE LECON POUR LE LIVRE I

Le présent ouvrage comprend le travail que doivent faire, durant l'année scolaire, les enfants de 6 à 7 ans, à raison d'une leçon de 20 minutes 5 fois par semaine. Pourtant, le contenu de chaque chapitre peut être présenté en plus ou moins de leçons, selon l'âge des enfants.

Pour la préparation et la présentation des leçons, nous proposons au maître le plan suivant:

1. 5 leçons-modèles groupant la matière du chapitre I.

2. La matière et la pédagogie du chapitre II.

3. Le plan des leçons, en tête des chapitres I, II, III, IV, V, IX, XV et XVIII.

4. Le résumé de la matière des 23 chapitres. (Appendice II)

5. Dix suggestions pour les maîtres (Appendice I)

"Comment... faire le plan d'une leçon
enseigner une vocalise
aider les non-chanteurs à trouver leur voix
enseigner un exercice d'intonation
faire des dictées mélodiques
faire des exercices d'observation et de mémorisation visuelles
présenter un schéma rythmique
faire une dictée rythmique
enseigner un chant sans paroles
enseigner un chant avec paroles

R E M A R Q U E

Chaque chapitre fournit approximativement la matière d'une semaine d'étude. Toutefois, cette répartition n'est pas absolue:

La première année, le maître progressera moins sûrement que lorsqu'il enseignera cette méthode pour la seconde fois. S'il doit aller moins vite dans les premiers chapitres, il ne se découragera pas, car ce qui est important, c'est d'établir avant tout des bases très solides.

Une classe à grand effectif peut ralentir la vitesse de croisière. Dans ce cas, un chapitre comportera plus de leçons que celles prévues.

Le maître de musique venant donner sa leçon 1, 2 ou 3 fois par semaine, répartira la matière du cours de façon à parcourir le programme annuel.

Pour les enfants plus âgés - de 10 à 15 ans - le maître adoptera une allure plus rapide et présentera des leçons adaptées à leur âge.

La matière de ce livre doit être considérée comme un tout organique et non comme une collection de fragments isolés. Chaque exercice a son but particulier, chaque exercice sert de base au suivant. Le maître qui se risquerait à intervertir l'ordre de leur présentation, détruirait la cohésion de tout l'édifice.

MATERIEL

Pour satisfaire à l'enseignement de la méthode, nous recommandons le matériel suivant:

un diapason chromatique
En aucun cas, le maître ne devra se fier à son seul instinct pour fixer la tonalité.

un tableau noir avec des craies de couleur

une baguette, verte à une extrémité: on chante
rouge à l'autre: on pense

un tourne-disques ou un lecteur de cassettes.

TABLE DES MATIERES

Chapitre Un

Nous donnons, au préalable, la matière du chapitre: VOCALISES, INTONATION, RYTHME, ACTIVITE CREATIVE, NOTATION, DICTEES, CHANTS. *Ensuite, cinq leçons-modèles, chacune d'une durée approximative de 20 minutes, illustreront la pédagogie préconisée par la méthode WARD.*

MATIERE DU CHAPITRE

Vocalises

Début de la classification des voix

Vocalise 1

1 = Ab - Bb - C

1 = Ab - F - G

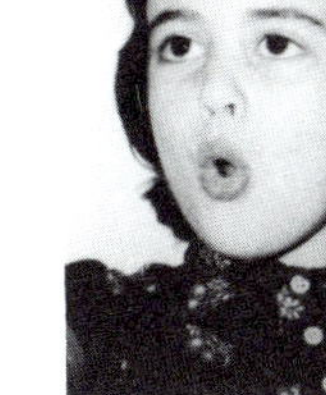

Vocalise 2

Intonation

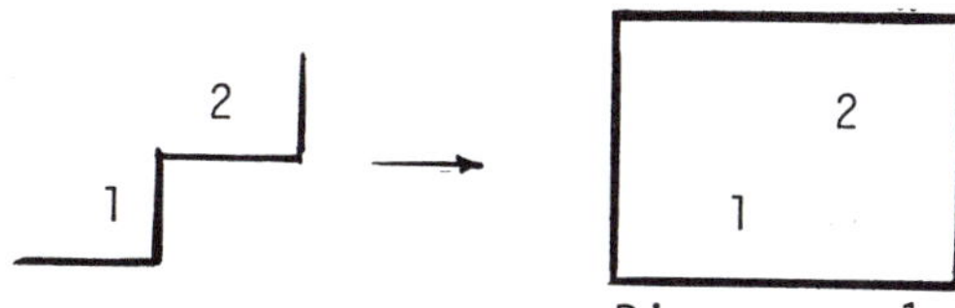

Exercice 1 sur le diagramme 1

1 = Ab

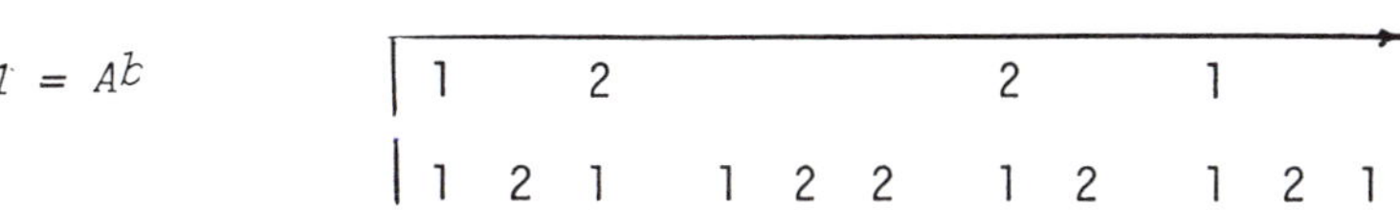

Exercice 2 sur le diagramme 1

1 = Ab

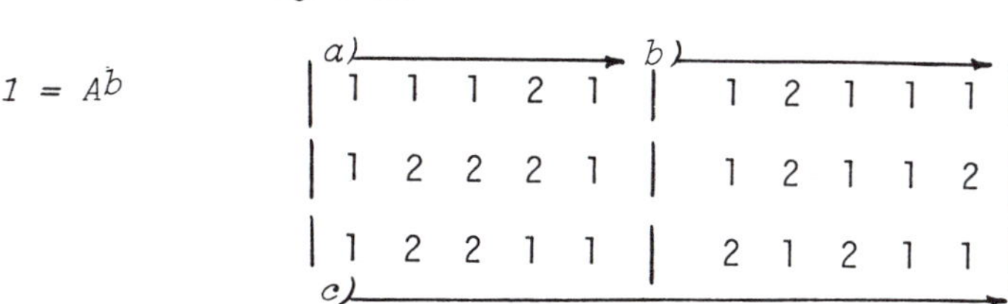

Rythme

Tableau rythmique 1

Explication des signes:

Une barre, **|** = une note par pulsation

Chaque point ajoute une pulsation supplémentaire.

| . = 2 pulsations

| . . = 3 pulsations

Langage métrique

la = **|** Note pour la durée d'une pulsation.

lon = **| .** Note pour la durée de deux pulsations. Ce terme est aussi utilisé pour des notes de plus de deux pulsations.

Schémas rythmiques

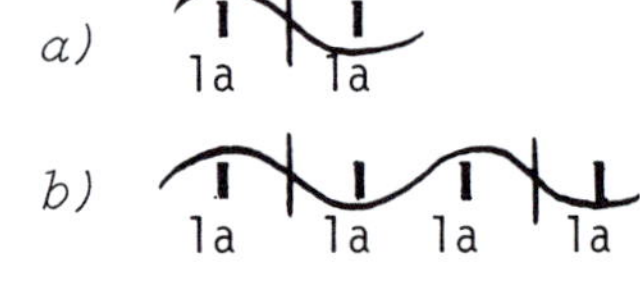

Les barres de mesure ont la fonction habituelle de définir les unités métriques du rythme: à deux temps, trois ou davantage.
La courbe rythmique indique le levé et le posé du geste rythmique.

Geste rythmique 1

Geste rythmique 2

Geste métrique

Les enfants marquent chaque temps, l'index frappant légèrement la paume de l'autre main. La durée des notes de deux, trois ou quatre temps (ou plus) sera mesurée de même, mais sans disjoindre les deux mains.

| = la

| . = lon

Activité Créative

1ère étape - Improvisation: Conversation musicale sous forme de question et réponse. Le maître chante une question, les élèves répondent en utilisant la même formule mélodique.

Le jeu de la balle $\dot{1} = B^b$

Les enfants n'ont pas besoin de connaître le nom des notes qu'ils chantent.

$\dot{1}$——————$\dot{1}$ 6 ... $\dot{1}$ $\dot{1}$ 6
Le maître: Voici la balle rouge. Je la lance. *Les enfants:* Je l'attrape.

5——————5 $\dot{1}$ ... 5 5 $\dot{1}$
Le maître: Voici la balle verte. Je la lance. *Les enfants:* Je l'attrape.

$\dot{1}$—————— $\dot{1}$ 6 4 ... $\dot{1}$ 6 4
Le maître: Voici la balle bleue. Je la lance. *Les enfants:* Je l'attrape.

Conversation musicale $1 = B^b$

Gamme des couleurs - Découverte d'objets - Activités - Identité

$\dot{1}$——————6 ... $\dot{1}$——————6
Le maître: Quel est ton nom? *Les enfants:* Mon nom est Jean.
Quelle est la couleur du ciel? Le ciel est bleu.
Que fait le pin - son? Le pinson chante.

5——————$\dot{1}$ ... 5——————$\dot{1}$
Le maître: Quelle est la couleur de l'herbe? *Les enfants:* L'herbe est verte.
Où demeures- tu? Je demeure à Fribourg.
Quel âge as- tu? J'ai six ans.

$\dot{1}$———6 4 ... $\dot{1}$——————6 4
Le maître: Aimes-tu chanter ? *Les enfants:* Oui, j'aime chanter.
Où dort ton chien? Mon chien dort dans la niche.
Où est la voiture? La voiture est au garage.

Notation

Notation chiffrée

1 = DO
2 = RE

Notation sur les doigts

Le maître se sert de la main gauche.
les enfants de la main droite.

1 = DO  2 = RE

Geste mélodique

Le maître se sert de la main gauche,
les enfants de la main droite.

DO RE

Dictées

Mémorisation visuelle $1 = A^b$

"Observez et mémorisez"

Les exercices de mémorisation visuelle sont donnés sur le diagramme 1 figurant au tableau, avec la baguette, ou avec le geste mélodique, ou sur les doigts. Le maître peut aussi écrire les chiffres au tableau et les effacer ensuite de gauche à droite. Les enfants observent, puis chantent de mémoire.

1 2	1 2 2	1 1 2	1 2 2 1
2 1	2 1 1	1 2 2	1 1 2 2

Dictées mélodiques $1 = A^b$

"Ecoutez"

Le maître chante un groupe de notes sur la syllabe NU. Les enfants doivent identifier les notes sur le diagramme et les chanter en faisant le geste mélodique approprié.

Dictées rythmiques $1 = A^b$

Le maître chante la dictée sur la syllabe NU en faisant le geste rythmique I ou II.

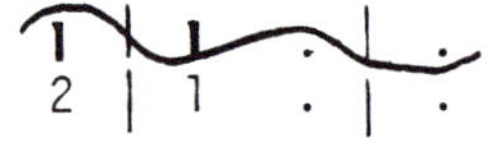

Chants

Application mélodique du tableau rythmique I

Mélodie 1 *1 = A*

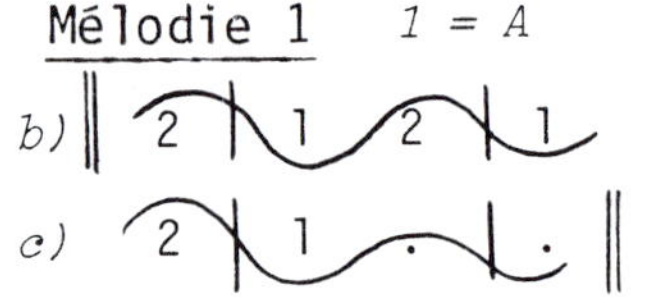

Mélodie 2 *1 = A*

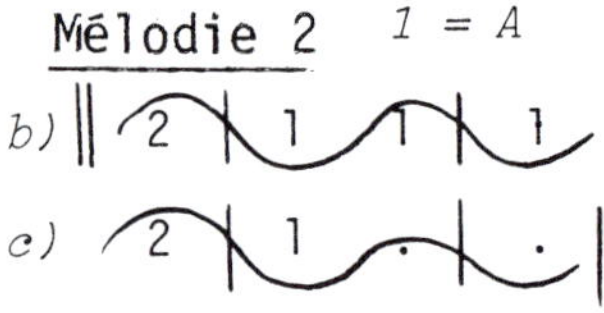

SUR LE PONT d'AVIGNON

1 = G ou F
Geste II

PEDAGOGIE POUR LE CHAPITRE I

Premier Jour

La première tâche du maitre est de grouper les enfants de la manière suivante:

1. Ceux qui peuvent entendre et reproduire des sons différents. Pour le moment, ces enfants seront appelés les Rossignols. On cherchera à obtenir d'eux un timbre clair et résonnant.

2. Ceux qui ne peuvent reproduire un son et qui bourdonnent sur une intonation grave. Pour le moment, ces enfants seront appelés les Rouges-gorges.

Cette répartition est très importante - bien que difficile - et le maître doit y procéder au début de l'année scolaire. Les Rouges-gorges seront assis ensemble et séparés des Rossignols. Ils écouteront davantage qu'ils ne chanteront. La raison de cette division en groupes est la suivante: Si les "bourdons" ne sont pas temporairement réduits au silence, aucun enfant de la classe ne pourra jamais entendre un son juste. Tôt ou tard, les "bourdons" trouveront leur voix chantante, s'ils écoutent avec attention les enfants qui chantent correctement. Du reste, ces voix "monotones" feront l'objet d'un traitement spécial.

Vocalise 1

Le maître chante un "Nu" prolongé sur A^b.

Les enfants sont invités à l'imiter.

Le maître écoute attentivement, sans avoir l'air surpris du chaos tonal. Les enfants qui sont capables de répéter correctement le son donné sont séparés immédiatement des autres. Ils seront dorénavant appelés Rossignols.

Le maître répète "Nu" et explique que nous avons tous deux voix:

1. Une voix - "comme je parle maintenant" -et

2. une voix pour chanter. Le maître donne une illustration.

Les enfants sont debout

"Certains enfants mettent plus de temps que d'autres à trouver leur voix chantante. Elle peut être cachée comme un secret. Mais elle est là. Comment pouvons-nous la trouver? En écoutant."

Le maître chante "Nu" sur *C*. Les enfants l'imitent.

Le maître chante "Nu" sur *A* ou *B*. Après deux ou trois tentatives, il passe au deuxième élément de la leçon.

Exercice d'intonation 1 Présentation de DO et RE.

Les enfants sont assis

Le maître chante deux fois la syllabe "NU" sur A^b, en faisant de la main gauche la geste mélodique à la hauteur de DO.

Les enfants l'imitent en faisant le geste mélodique de leur main droite.

Le maître: "Combien de notes avez-vous chantées?"

Après la réponse des enfants, le maître chante à nouveau deux fois la syllabe "NU", la première sur *A* bémol, la seconde sur *B* bémol, en faisant de la main un grand geste mélodique ascendant.

Le maître: "Combien de notes ai-je chantées? (deux)

Le maître: Etaient-elles à la même hauteur? (non)

Le maître dessine deux marches d'escalier et place les chiffres 1 et 2 sur chaque marche respective.

Le maître chante à nouveau les deux notes sur la syllabe "NU" en faisant le geste mélodique.

2
1

Le maître invite les Rossignols à chanter ces deux "NU" en faisant le geste mélodique. Les Rouges-gorges font les gestes, mais ne chantent pas.

Le maître annonce que chaque note a un nom. "Ces deux notes s'appellent DO et RE".

2
1

Diagramme 1

Le maître efface les marches et encadre les chiffres. Le diagramme 1 est constitué.

En utilisant la baguette, le maître montrera et chantera la premiére ligne de l'exercice d'intonation 1: (DO = 1, RE = 2).

1 2 2 1

En faisant le geste mélodique, les Rossignols l'imitent, les Rouges-gorges écoutent.

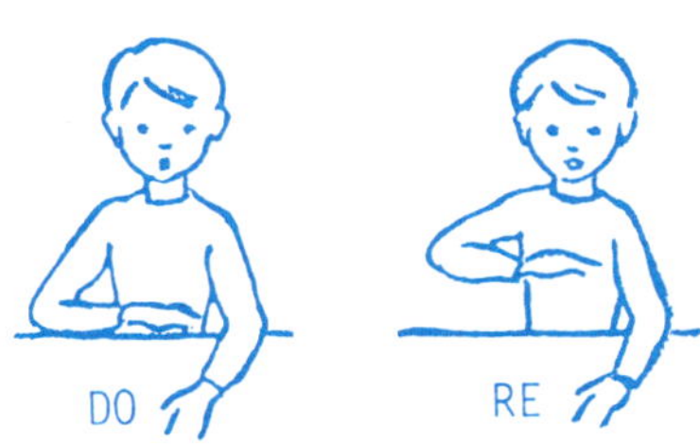

Premier Jour

Geste rythmique 1

Les enfants sont debout et occupent une place qui leur permet de mouvoir leurs bras sans toucher leurs voisins.

Tous prennent la "position de départ" et la maintiennent momentanément (Rossignols et Rouges-gorges).

Tous prennent la "position d'élan" et la maintiennent.

Tous prennent la "position du posé" et la maintiennent.

Les positions d'élan et de posé sont maintenant alternées lentement. Terminer avec les bras croisés, comme indiqué dans le dessin.

Le geste doit être travaillé assez lentement jusqu'à ce que le mouvement de tout le corps ait été assimilé: les bras se mouvant librement à partir des épaules, les poignets souples, les doigts pendants - aussi bien dans les mouvements montants que descendants, le poids du corps sur le pied gauche placé en avant, le pied droite posé en angle et procurant l'équilibre.

Le mouvement ne devient rythmique que lorsqu'il peut être répété plusieurs fois assez rapidement et sans s'arrêter.

Après avoir enchaîné six ou sept mouvements de haut en bas, le maître passe à nouveau à l'intonation.

Exercice d'intonation 1

Les enfants sont assis

Le maître montre le diagramme 1 (DO et RE), puis chante la ligne 2 de l'exercice, tout en indiquant les chiffres avec la baguette:

2
1

1 2 1   1 2 2   1 2   1 2 1

Les Rossignols l'imitent en faisant le geste mélodique approprié. Les Rouges-gorges font le même geste, mais ne chantent pas.

Notation au moyen des doigts

Pour varier, les notes DO et RE peuvent être montrées sur les doigts.

Le maître montre DO et RE en chantant les deux notes. Le maître utilise les doigts de sa main droite, tandis que les enfants, tournés vers lui, se servent des doigts de leur main gauche.

1. Le maître montre DO RE. Les Rossignols chantent ces notes.

2. Le maître chante DO RE. Les Rossignols montrent les notes sur leurs doigts. Les Rouges-gorges peuvent également les montrer, mais ne chantent pas.

Dictée mélodique

Le maître: "Nous allons jouer aux devinettes. Vous regarderez le diagramme et vous devinerez le nom des notes que je chanterai."

Le maître chante les notes DO et RE en utilisant la syllabe NU.

Tous font le geste mélodique, mais seuls les Rossignols chantent les noms des notes.

Le maître: "Est-ce que quelqu'un pourrait descendre l'escalier et chanter RE DO?" Le maître indique les notes et les chante.

2
1

Les enfants l'imitent.

Vocalise 1

Les enfants sont debout

1 = A^b ‖ 1 ——— / Nu ——— ‖

Le maître donne le ton et invite les Rossignols à chanter. Ensuite, le maître répète la vocalise 1 sur A bémol et invite les Rouges-gorges à l'imiter.

Vocalise 2

1 = A^b ‖ 1 1 . . / Nu Nu ——— ‖

Le maître chante la vocalise 2. Les enfants l'imitent.

Mémorisation visuelle

Le maître annonce un nouveau jeu avec DO et RE.

"Regardez bien les notes que je montre sur le diagramme et mémorisez-les."

Le maître chante "Voici DO", *(sur A^b)*, puis indique 1 2 2 .

	2
1	

Les enfants observent, puis chantent de mémoire en faisant le geste mélodique: 1 2 2
DO RE RE

"Maintenant, regardez les notes sur mes doigts. Qui pourrait les chanter?"

1. Le maître chante en montrant les notes sur ses doigts.

2. Les enfants observent et chantent en montrant simultanément les notes sur leurs doigts.

Les Rouges-gorges peuvent participer au jeu des doigts, mais en silence.

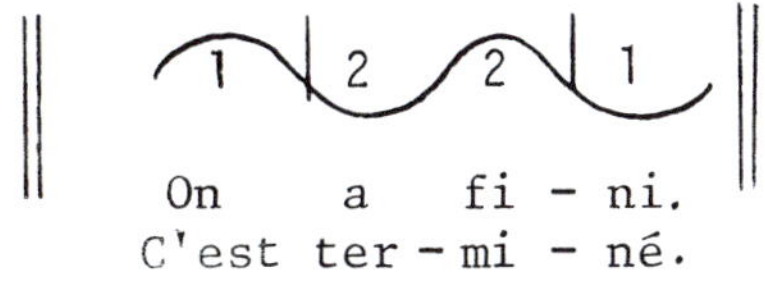

Fin du premier jour

DANSONS LA CAPUCINE

Pour accompagner le Geste II

DEUXIEME JOUR

Préparation au tableau:

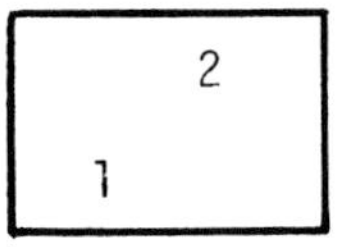

Suivre approximativement le même plan de travail que le premier jour.

Vocalise 1 — Les enfants sont debout

Le maître chante NU sur C, en exagérant la vibration du "N".

Les Rossignols l'imitent.

Le maître chante NU sur *E*^{b} et invite les Rouges-gorges à l'imiter. Lorsque les Rouges-gorges chantent, le maître écoutera attentivement, afin de découvrir les enfants qui se donnent beaucoup de peine pour trouver la note juste et qui parfois y parviennent. Ils doivent être séparés des bourdons et placés dans un nouveau groupe, les Pinsons, par exemple.

Rappelez-vous que les vocalises doivent être chantées lentement.

Exercice d'intonation 1 - ligne 2 — Les enfants sont assis

Le maître: "Qui est-ce qui se souvient des notes que nous avons chantées hier? Qui peut les montrer sur ses doigts?"

"Ecoutez ce que je chante. Puis, vous me montrerez les notes sur vos doigts." Il chante 1 2 1 1 2 2 plusieurs fois avec le geste mélodique pour DO RE. Chaque fois, les enfants répondent avec leurs doigts.

1 = A^b En se servant du diagramme 1, le maître invite les Rossignols à chanter en suivant correctement les notes indiquées avec la baguette.

Les Pinsons et les Rouges-gorges essaieront également de chanter la ligne, par exemple sur F ou E. (tonalité plus grave). Tous font le geste mélodique.

Deuxième Jour

Geste rythmique 1

Le maître insistera sur la précision et l'unité des gestes. La classe peut être divisée, afin qu'une moitié puisse observer l'autre moitié exécutant l'exercice. Bien établir la position des bras, des poignets et des pieds.

levé posé = un rythme
Comme la respiration:
aspirez = levé
expirez = posé

Dictée mélodique — Les enfants sont assis

Après avoir fait chanter les notes sur le diagramme 1, le maître dit:

"Ecoutez bien, je commence avec DO et vous devinez les autres notes."

Le maître chante sur NU en faisant le geste mélodique: 1 2 2

Les enfants chantent 1 2 2 sur NU en faisant le geste.

Les enfants répètent en chantant le nom des notes: DO RE RE.

Finalement, tous montrent 1 2 2 sur les doigts.

Même procédé pour 1 1 2 et pour 2 1 1.

2
1

Mémorisation visuelle

Le maître: "Mes enfants, observez et mémorisez."

Le maître chante DO et indique sur le diagramme 1:

1 2 2 1

Les enfants observent. Les Rossignols chantent avec le nom des notes. Les Pinsons et les Rouges-gorges font le geste.

Le maître chante DO et indique en silence les notes sur les doigts de sa main droite.

1 1 2 2

Les enfants observent. Les Rossignols chantent les notes. Les Pinsons et les Rouges-gorges montrent les notes sur leurs doigts.

Vocalise 1 — Les enfants sont debout

1 = A Diviser la classe de telle façon que chaque groupe écoute à tour de rôle. Attirer l'attention des enfants sur la forme de la bouche: lèvres placées en avant, comme pour siffler, la bouche s'ouvre en laissant tomber le menton.

Deuxième Jour

Conversation musicale

Le jeu de la balle

En chantant, le maître fait semblant de lancer une balle à quelqu'un dans la classe. L'enfant attrape la balle, s'il parvient à répondre sur le même ton. Si la réponse est fausse, l'enfant n'a pas attrapé la balle.

	1̇ ———— 1̇ 6		1̇ 1̇ 6
Le maître:	Voici la balle rouge, je la lance.	*L'enfant:*	Je l'attrape.
	5 ———— 5 1̇		5 5 1̇
Le maître:	Voici la balle verte, je la lance.	*L'enfant:*	Je l'attrape.
	1̇ ———— 1̇ 6 4		1̇ 6 4
Le maître:	Voici la balle bleue, je la lance.	*L'enfant:*	Je l'attrape.

Dictée rythmique

Les enfants sont assis

Le maître chante un seul rythme en faisant le geste rythmique:

Les enfants l'imitent.

Le maître: "Ce schéma est-il sur le tableau?" Un enfant est invité à s'avancer et à le montrer sur le tableau.

Le maître: "Nous allons essayer de dessiner cette figure en chantant." Un enfant dessine avec son doigt, sans craie, sur le tableau. Les autres dessinent dans l'air.

Le maître chante DO DO en dessinant très nettement les 2 bâtons sur le tableau.

L'enfant au tableau, passe son doigt exactement sur le dessin du maître.

Les autres chantent et font le geste dans l'air. Recommencer plusieurs fois jusqu'à ce que le tracé de l'enfant soit net.

Chant 1

1=A Les enfants sont debout

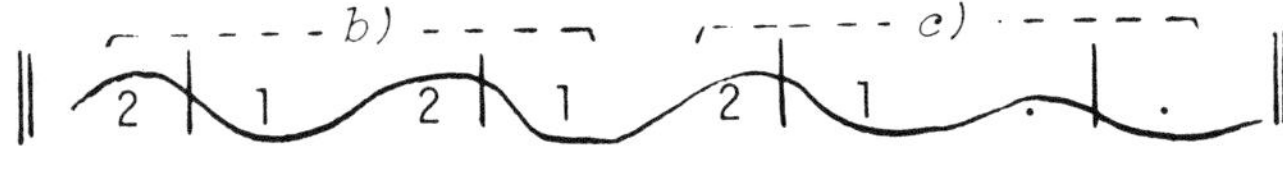

Le maître montre le schéma *a)* sur le tableau et le chante une fois en faisant le geste mélodique.

Le maître répète avec le geste rythmique.

Les enfants l'imitent: d'abord les Rossignols, puis les Pinsons. Les Rouges-gorges font le geste sans chanter.

Chantez trois fois successivement le schéma *a*. Pour terminer, prenez la position finale de repos.

Fin du deuxième jour

TROISIEME JOUR

Préparation au tableau

Suivre le plan de travail du premier et du deuxième jour.

A ce moment, la répartition des voix dans les groupes des Rossignols, des Pinsons et des Rouges-gorges devrait être assez avancée, afin que de beaux sons puissent être entendus. En général, les Rossignols chantent d'abord. Ainsi, un son pur peut être entendu par tous. Puis c'est le tour des Pinsons. Certains d'entre eux peuvent être promus, sitôt qu'ils peuvent chanter correctement sur une note donnée. Les Rouges-gorges devraient être soumis à de petits tests en groupe.

Vocalise 1 — Les enfants sont debout

Le maître chante: *1 = B* || 1 ______ Nu ______ ||

Les enfants écoutent attentivement. Les Rossignols chantent plusieurs fois en essayant d'obtenir une voix résonnante.

Les Pinsons imitent les Rossignols en essayant d'acquérir la même qualité de son.

Le maître chante sur *F* et les Rouges-gorges l'imitent.

Durant ces vocalises, le maître devrait circuler parmi les groupes pour entendre les bourdons et découvrir les enfants qui font des progrès.

Conversation musicale

Continuer le jeu de la balle en faisant particulièrement attention aux Rouges-gorges, qui chanteront sur des notes plus graves, par exemple sur *F* ou E^b.

Intonation — Les enfants sont assis

Le maître fait observer le diagramme 1 préparé au tableau et chante DO RE en utilisant la baguette.

Les enfants l'imitent en faisant le geste mélodique.

Le maître: "Maintenant, nous allons descendre l'escalier." Il chante RE DO en faisant le geste mélodique du bras gauche. Les enfants l'imitent en se servant du bras droit pour le geste. Ensuite, exercez RE DO sur les doigts.

Troisième Jour

Exercice d'intonation 2

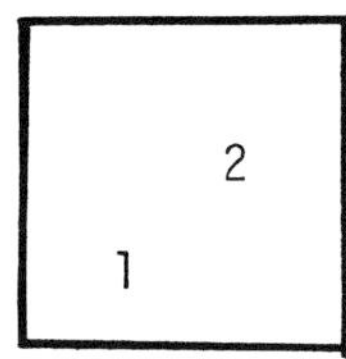

Diagramme 1

Les enfants sont assis

Avec la baguette, le maître indique sur le diagramme 1 les notes de l'exercice d'intonation 2. Les Rossignols chantent. Utilisez uniquement les trois lignes du segment a).

a)

1	1	1	2	1
1	2	2	2	1
1	2	2	1	1

Dictée mélodique

Après l'exercice d'intonation, le maître donne la dictée mélodique. En conservant le diagramme 1 bien en vue des élèves, le maître chante DO *(1 = A^b)*, fait une pause, puis chante sur la syllabe NU:

2 2 2 1
NU NU NU NU

Un enfant est invité à venir au tableau et à identifier correctement les sons chantés en indiquant les chiffres sur le diagramme.

Une seconde dictée est donnée par le maître: 2 1 2 1 Un deuxième enfant est invité à venir au tableau pour identifier et chanter les notes données.

Mémorisation visuelle

Le maître montre, en silence, 4 notes avec un des procédés suivants:

- Sur le diagramme 1, avec la baguette rouge
- Sur les doigts
- Avec le geste mélodique

Les enfants chantent de mémoire:

1 2 2 1
2 1 2 1
2 1 1 1

Le maître peut varier la présentation:

Il invite les enfants à observer ce qu'il écrit au tableau, 2 1 2 1

Il efface lentement les chiffres de gauche à droite.

Les enfants chantent de mémoire.

Troisième Jour

Dictée mélodique

Le maître: "Ecoutez et dites-moi le nom des notes que je chante."

1 2 2 1
NU NU NU NU

Les enfants répètent sur NU, puis chantent avec le nom des notes en faisant le geste mélodique.

Ensuite, le maître se sert des doigts pour dicter en chantant sur NU: 1 2 2

Les enfants se servent des doigts, puis du geste mélodique. Finalement, ils chantent le nom des notes.

Répétez ce processus pour d'autres dictées: 2 2 1

2 1 1

1 2 1

Geste rythmique 1 — Les enfants sont debout

Les enfants sont debout dans la position de repos, bras croisés, appui du corps sur la jambe droite placée en arrière.

Le maître: "Nous allons faire huit petits rythmes, c'est-à-dire huit fois levé - posé."

"Attention, en position de départ." Les enfants étendent les bras horizontalement, le poids sur la jambe gauche (en avant). Ils gardent cette position jusqu'à ce que le maître donne l'ordre de départ:

"Hop-la, partez", départ, en levant et en baissant les bras.

Les enfants commencent le geste rythmique.

Entre l'ordre de départ et la réponse des enfants, il ne devrait pas y avoir d'hésitation, ni de pause.

Pendant l'action, ils comptent:

Hop - un
Hop - deux ... etc.
Après Hop - huit, ils reprennent la position de repos.

Répéter pour obtenir une exécution bien précise.

Troisième Jour

<u>Notation</u> - traits verticaux - courbe rythmique - barres de mesure

Présentation écrite du tableau rythmique 1.

<u>1. Schéma *a)*</u>

Le maître chante DO DO en dessinant deux traits verticaux sur le tableau avec une craie blanche.

Un enfant est invité à venir au tableau et à passer, avec son index, sur le dessin du maître. Il dessine ensuite sur le tableau avec le même doigt,(toujours sans craie). Si le geste est précis, il dessine les deux traits avec la craie, en rythme.

Simultanément, les autres enfants font deux traits dans l'espace.
Les Rossignols chantent DO DO *(1 = A)*, tout en dessinant des traits dans l'air.
Les Pinsons et les Rouges-gorges font les traits, mais en chantant très doucement.

Le maître chante DO DO tout en dessinant la courbe rythmique au moyen d'une craie de couleur.

Les enfants chantent et dessinent la courbe dans l'espace.

Pour terminer, le maître place la barre de mesure (d'une autre couleur) entre les deux notes.

<u>2. Schéma *b)*</u>

Même procédé que pour le schéma *a)*(ci-dessus). Puis, en montrant le schéma *b)* préparé au tableau:

"Combien y a-t-il de DO?"
"Combien de <u>levé</u>, combien de <u>posé</u>?"

<u>Les enfants sont debout</u>

Sur une autre partie du tableau, le maître écrit en mesure, le schéma *b)* dans l'ordre suivant: <u>notes</u>, <u>courbe rythmique</u>, <u>barres de mesure</u>.

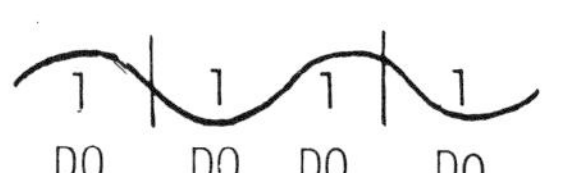

Les Rossignols sont invités à chanter quatre DO en faisant le geste rythmique 1. Tous les autres font le geste, mais ne chantent pas. *(1 = A)*

2 2 2 2
RE RE RE RE

Les Rossignols sont invités à chanter quatre RE. Tous les autres font le geste.

"Nous avons chanté DO, puis RE quatre fois. Qui peut chanter ceci?"

2 1 2 1

L'enfant qui chante la mélodie correctement vient devant la classe et répète l'exercice en faisant le geste. Les Pinsons répètent. Les Rouges-gorges font le geste.

3. Schéma *c)*

"Si l'on ajoute des points à un rythme, cela signifie que le son est tenu longtemps. Chantons, par exemple, un rythme:

Maintenant, j'ajoute deux points à la dernière note et écoutez bien ce qui se passe:"

Le maître chante le rythme sur DO DO en tenant la seconde note pendant deux temps de plus et prenant la position de repos sur le dernier point.

"Avez-vous remarqué ce qui s'est passé?"

Les Rossignols l'imitent en faisant le geste rythmique, puis prennent la position de repos. Les autres répètent le geste.

Dictée rythmique

Les trois schémas du tableau rythmique 1 étant connus, le maître en chante un, en faisant le geste rythmique.

"Lequel des trois schémas ai-je chanté?"
Tous répètent en faisant le geste.

2 1

Le maître chante d'autres schémas.
"Lequel ai-je chanté, cette fois-ci?"

2 1 . .

Le maître chante le troisième schéma.

2 1 2 1

Tous répètent en faisant le geste rythmique.

"Répétez après moi:"

2 1 2 1

C'est ter - mi - né.

Fin du troisième jour

QUATRIEME JOUR

Préparation au tableau

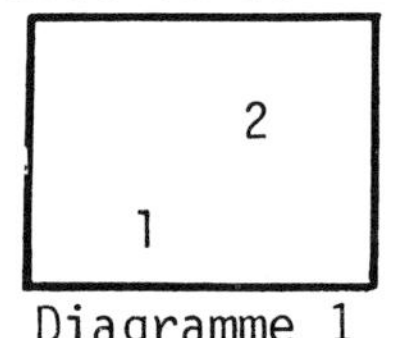

Diagramme 1

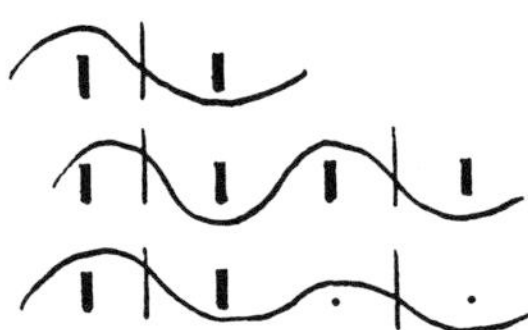

Les enfants sont répartis pour la leçon de musique dans les groupes suivants:

les Rossignols
les Pinsons
les Rouges-gorges

Vocalise 1 — Les enfants sont debout

1 = D

Le maître chante NU sur D, en exagerant la vibration du Nnnn. Les Rossignols l'imitent, en exagérant le son Nnnn. Les Pinsons l'imitent également. Les Rouges-gorges écoutent.

Un enfant, dont la voix est claire et résonnante, chante seul. Tous les autres écoutent. Les Rossignols l'imitent. Les Pinsons également. Même travail sur F ou G avec les Rouges-gorges.

Conversation musicale — Les enfants sont assis

Le maître choisit des phrases nouvelles et désigne des enfants qui n'ont pas encore participé spontanément à ce jeu. Bientôt, tous les enfants y prendront un grand plaisir.

Exercice d'intonation — sur le diagramme 1

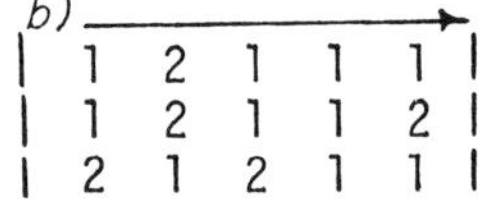

Le maître fait chanter l'exercice par groupes.

Sur le diagramme (les enfants font le geste mélodique)
Sur les doigts (les enfants montrent les notes sur leurs doigts).

Quatrième Jour

Geste rythmique II *Voir page 2* Les enfants sont debout

Le geste II est le même que le geste I, mais les bras sont élevés de côté, comme les ailes d'un oiseau. Le mouvement levé et posé est identique. Le maître répète huit fois avec les enfants en comptant:

Hop-un, hop-deux, hop-trois...hop-huit.
Les enfants prennent ensuite la position de repos.

Deux enfants, spécialement précis et gracieux, viennent devant la classe comme modèles et la conduisent.

Dictée Les enfants sont assis

Dictée mélodique: Avec le diagramme bien en vue, le maître chante une dictée sur NU pendant que les enfants écoutent.

a) 1 1 2 2 b) 1 2 2 2 c) 2 2 1 1 d) 1 2 1 1

Ils la répètent sur NU, puis un enfant chante chante avec le nom des notes. Tout le monde répète.

Mémorisation visuelle: Le maître indique sur le diagramme 1, avec la baguette rouge, une série de notes. Les enfants observent et chantent de mémoire. On peut également procéder avec le geste mélodique ou sur les doigts:

1 1 1 2 2 2 2 1 1 1
1 1 2 1 1 2 1 1 2

Vocalise 2 Les enfants sont debout

Le but de la vocalise 2 est de parvenir à donner beaucoup de légèreté à la voix sur l'élan du rythme.

1 = B^b

Puis le maître chante la vocalise sur *G* ou *F* pour les Rouges-gorges. Il découvrira peut-être l'un ou l'autre enfant en progrès.

Observez et mémorisez

Quatrième Jour

Geste métrique et langage métrique *Voir page 2*

"Les enfants marquent chaque temps en frappant dans la paume de la main gauche avec l'index de la main droite et disent: la"

Exemple: la la la la la la

"Chantons le schéma a" *(1 = A)* Répéter plusieurs fois en faisant une pause entre chaque essai.

la la

"Chantons le schéma b"

la la la la

Répéter plusieurs fois.

"Vous remarquez que le schéma c) contient une note longue. Comment l'expliquer? Par les points qui sont ajoutés au deuxième bâton. Quand vous voyez des points à côté d'une note, vous dites lon pour cette note et vous pressez à l'intérieur de la paume de votre main pour chaque point. Exemple:

la lon ______

Répéter plusieurs fois.

Mélodie 1 *1 = A*

"Nous allons maintenant combiner le deuxième et le troisième schéma pour faire une mélodie. Chantons avec le geste métrique et le langage métrique."

b *c*

la la la la la lon ______

"Nous chanterons maintenant avec le nom des notes."

Les enfants sont debout

Le maître chante sur la syllabe NU avec le geste rythmique 1.

Les enfants l'imitent.

2 1 2 1

2 1 . .

Le maître chante avec le nom des notes en faisant le geste.

Les enfants l'imitent.

2 1 2 1 2 1 . .

C'est tout pour aujourd'hui ______

Fin du quatrième jour

CINQUIEME JOUR

Préparation au tableau

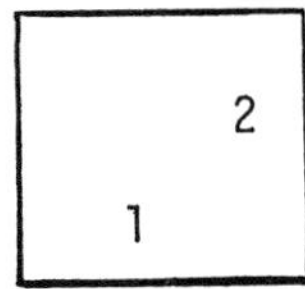

Conversation musicale Les enfants sont debout

($\dot{1}$ = B^b) *Le maître:*

$\dot{1}$——— 6
Bonjour, les Rossignols
Bonjour, les Pinsons
Bonjour, les Rouges-gorges

Les enfants:

$\dot{1}$——— $\dot{1}$ 6
Bonjour, Monsieur.

5——— $\dot{1}$
Comment allez-vous?

5——— 5 $\dot{1}$
Nous allons bien, merci.

Vocalise 1

"Chantons un beau son:"

1 = C ‖ 1 ——— ‖
Nu ———

Le maître exagère la vibration du Nnnn.

Les Rossignols répètent.

1 = G pour les Pinsons

1 = C pour les Rossignols

1 = A pour les Pinsons

1 = F pour les Rouges-gorges

(Ne pas passer trop de temps ici.)

Exercice d'intonation 2 sur le diagramme 1 Les enfants sont assis

1 = A

Les Rossignols suivent la baguette pour la partie *a)*
Les Pinsons suivent la baguette pour la partie *b)*
Les Rossignols et les Pinsons suivent la baguette pour la partie *c)*

Les parties de l'exercice peuvent être également montrées au rétroprojecteur.

Cinquième Jour

Tableau rythmique 1   Les enfants sont debout

1. Avec le geste métrique et le langage métrique:

   Revision ❙ = la   ❙ . . = lon

   1 = A

   ❙ | ❙
   la la

   ❙ | ❙ ❙ | ❙
   la la la la

   ❙ | ❙ . | .
   la lon ____

   (Rappel: La main droite presse la paume de la main gauche pour chaque point.)

2. Répéter chaque ligne plusieurs fois en chantant DO et en faisant le geste rythmique 1. Perfectionner la qualité plastique et rythmique des gestes.

   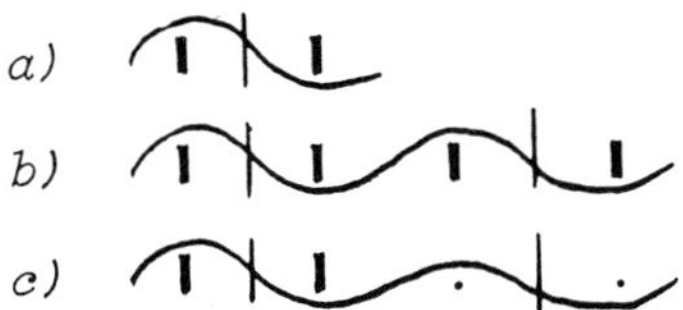

3. Répéter plusieurs fois avec le nom des notes et en faisant le geste rythmique.

   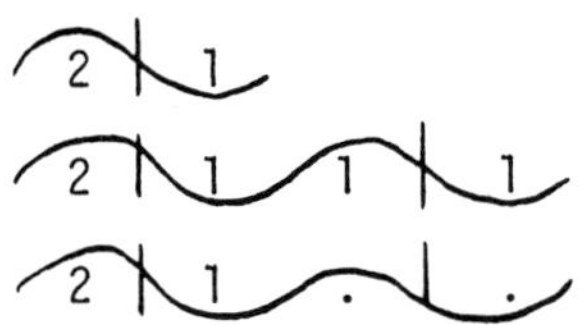

Mélodie 2   Application mélodique des schémas *b)* et *c)*.

Le maître chante la première ligne en faisant le geste rythmique 1.
Les Rossignols et les Pinsons répètent.
Les Rouges-gorges font le geste, mais ne chantent pas.

Le maître chante la seconde ligne dans la position de repos.
Les Rossignols et les Pinsons répètent. Les Rouges-gorges font le geste, mais ne chantent pas.

Les Rossignols sont invités à chanter deux lignes sans s'arrêter.
Les Pinsons répètent.

Dictées mélodiques - Diagramme 1 sous les yeux   Les enfants sont assis

Le maître: "Voilà DO *(1 = A)*", et il chante sur NU l'une de ces dictées:

1	1	2	2	2	2	2	1	1	1	1	2	1	2	1
NU	NU	NU	NU	NU	NU	NU	NU	NU	NU	NU	NU	NU	NU	NU

Les enfants répondent avec le nom des notes.

Cinquième Jour

Mémorisation visuelle "Observez et mémorisez"

Le maître dicte silencieusement l'un des groupes de notes suivants, en montrant avec la baguette rouge les chiffres sur le diagramme, ou en utilisant les doigts.

1 2 2   2 2 1   1 2 1
1 1 2   2 1 1   1 2 1

Les Rouges-gorges montrent les notes sur les doigts pendant que les Rossignols et les Pinsons chantent.

Vocalise 2

1 = C

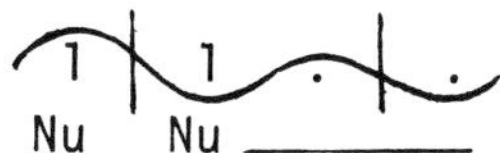

A chanter avec le geste rythmique, puis sans geste, mais en faisant entendre le rythme. Lier vocalement le levé et le posé en faisant résonner le Nnnn entre les deux sons. Travailler individuellement cet exercice. Tester les Pinsons et les Rouges-gorges pour une promotion possible.

Le maître donne le premier modèle pour les Rossignols. Ensuite les Pinsons.

Le jeu de la balle

Le maître choisit un enfant à qui "la balle" sera lancée. L'enfant a attrapé la balle seulement s'il a réussi à prendre le ton. Plusieurs autres essaient de l'attraper.

$\dot{1}$ ———————— $\dot{1}$ $\dot{1}$ 6 $\dot{1}$ $\dot{1}$ 6
Voici la balle rouge. Je la lance.   Je l'attrape.

5 ———————— 5 5 $\dot{1}$ 5 5 $\dot{1}$
Voici la balle verte. Je la lance.   Je l'attrape.

$\dot{1}$ ———————— $\dot{1}$ 6 4 $\dot{1}$ 6 4
Voici la balle bleue. Je la lance.   Je l'attrape.

Un enfant peut également être invité à lancer la balle à un ami en utilisant une des formules ci-dessus.

Geste rythmique 1 Les enfants sont debout

Contrôler la position de départ, le levé, le posé et la position de repos.

Les Rossignols et les Rouges-gorges font le geste pendant que les Pinsons disent:
"Hop - un, hop - deux, hop - trois, hop - quatre."

Les Pinsons et les Rouges-gorges font le geste pendant que les Rossignols continuent:
"Hop - cinq, hop - six, hop - sept, hop - huit."

Cinquième Jour

Identification d'un schéma rythmique   Les enfants sont assis

Le maître écrit trois schémas au tableau et chante l'un d'eux. Les enfants répètent et identifient le schéma, puis le

chantent avec le langage métrique et le geste métrique.

a) 2 | 1

b) 2 | 1 1 | 1

c) 2 | 1 . | .

Les enfants sont debout

Les enfants chantent avec le nom des notes en faisant le geste métrique. *(1 = A)*

Individuellement, puis en groupes, les enfants sont invités à chanter les schémas *b)* et *c)* en faisant le geste rythmique 1.

Le maître:

Les enfants répètent.

Fin du cinquième jour

A LA VOLETTE

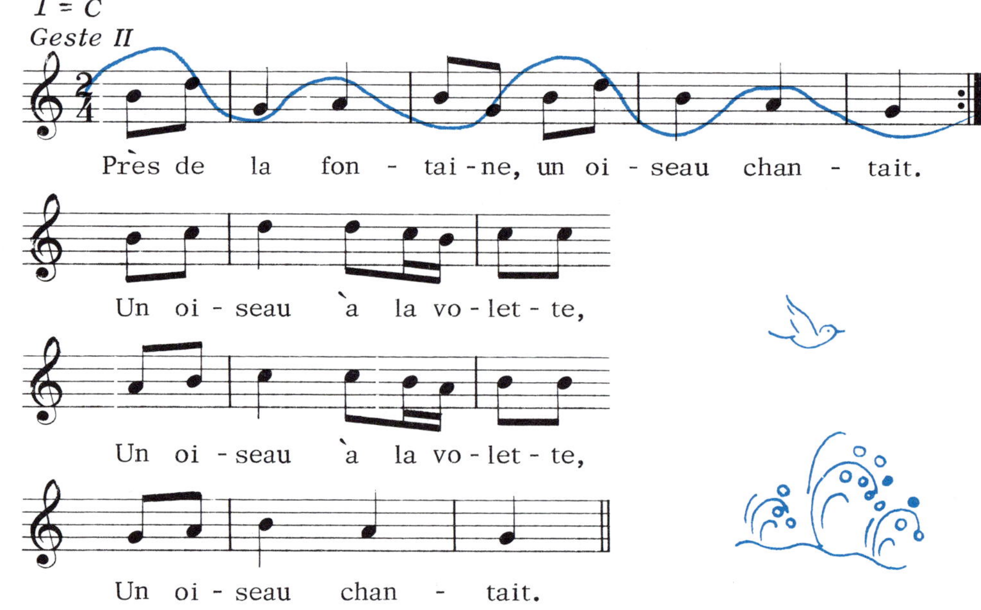

PRINCIPES PEDAGOGIQUES S'APPLIQUANT A LA PRESENTATION DE LA MATIERE DU CHAPITRE I

Au terme de cette série de leçons de vingt minutes, proposées comme modèles pour la présentation de la matière du chapitre 1, les enfants devraient:

1. avoir progressé du connu vers un inconnu relatif;
2. avoir assimilé une variété d'idées musicales grâce à des procédés éveillant leurs facultés sensorielles.

D'autre part, au cours d'une leçon qui relève d'un bon plan, les périodes de concentration d'esprit alterneront avec des périodes de détente relative et avec celles où on prépare l'assimilation.

Résumé des buts poursuivis jusqu'ici

On a établi plusieurs éléments de base importants qui s'avèreront indispensables pour la suite.

1. Les élèves ont été répartis en trois groupes:

    Les Rossignols: très bonnes voix, justes, claires et résonnantes.
    Les Pinsons: assez bonnes voix, justes, mais sans clarté ni légèreté..
    Les Rouges-gorges: (les monotones).

2. On a recherché la légèreté, la clarté, la résonance des voix enfantines.

3. Le rythme, dans sa forme la plus élémentaire (levé - posé), a été présenté au moyen de gestes, de mémorisations visuelles et auditives.

4. La relation tonale entre DO et RE a été établie solidement au moyen de procédés variés.

5. L'enfant de 6 ans est un être imitatif. La tâche du maître est de l'amener, le plus rapidement possible, de l'imitation au libre exercice de ses facultés, en suivant sa propre imagination. Sur cette route, il deviendra un "penseur musical" et non pas seulement un perroquet.

Suggestions pour les maîtres

Quand le maître donne sa leçon, il doit réduire au minimum les commentaires et éviter les bavardages inutiles. A la leçon de chant, on fait de la musique et non de l'élocution.

Le maître doit éviter de chanter avec les enfants. Il doit les écouter chanter pour pouvoir les corriger.

Chapitre Deux

	1	2	3	4	5
Debout	Salutation musicale	Voc. 1	‖ 1 NU ______	‖	
Vocalises	Groupe I 1̣ _____ 6 Jeu de la balle	Travail avec le groupe II 1 _________ 3 Quel est ton nom ?	Travail avec le groupe III 1̣ _________ 6 Jeu de la balle	Groupes I et II Conversation musicale avec paroles (1 - 5)	Groupes I et II Jeu des couleurs 1̣ __ 6 __ 4 Travail avec le groupe III
Assis *Intonation*	**Présenter** Diagramme 2 [1 2 3] Ex. 3 a Groupes I et II avec la baguette Groupe III : geste mélodique	**Réviser** Diagramme 2 → Ex. 3 a avec la baguette 3 b avec le geste mélodique Groupes I et II	Groupes I et II Ex. 3 b : sur diagramme 2 → Groupe III : geste mélodique le MI sur les doigts 3 2 1 3 2 1 1 1 3 3 3 2 1	Groupe I Ex. 3 c : sur diagramme 2 → 1 1 1 2 3 3 3 3 2 1 Groupe III : geste mélodique	**Reviser** Ex. 3 a, b, c Groupes I et II geste mélodique Groupe III - notation sur les doigts
Debout *Rythme* **Gestes**	**Rév.** geste rythmique I Etablir la position Faire le geste au rythme de la respiration 1 1	Geste rythmique II → Nouvelle position. Sur le rythme de la respiration. Répéter quatre fois.	Chanter le schéma rythmique b, après le maître sur DO RE MI → Souplesse des poignets Précision du rythme Inclure le groupe III	Le groupe I chante le schéma rythmique b sur DO RE MI, le groupe II répond. → Apprendre à s'arrêter avec précision	Schéme rythmique c Le maître chante, les élèves l'imitent. Contrôle individuel
Assis	**RECHANTER D'ABORD LES NOTES SUR LE DIAGRAMME 2**				
Dictées	**auditives** 1 2 3 1 2 3 3 **visuelles** (baguette) 1 2 3 3 3 1 1 1 2 3	1 2 3 3 2 3 1 2 3 2 3 (geste mélodique) 1 2 3 3 2 1 2 3 3 2 1	1 1 2 3 2 3 3 2 3 2 1 (sur les doigts) 1 1 2 3 2 1 1 2 3 3	1 2 3 2 3 2 1 2 3 (geste mélodique) 1 1 1 2 3 2 1 2 3	1 2 2 1 1 2 3 1 1 1 2 3 (sur les doigts) 1 1 2 3 2 3 2 1
Debout *Vocalises*	Vocalise 2 1 1		Vocalise 3 1 1 1 1		Vocalise 2 1 1 Groupe III : promotion éventuelle
	Contrôle de chaque groupe I - B♭ II - A♭ III - F	Groupe I A♭ B♭ Groupe II G A♭	Groupe I - A B♭ Groupe II - A♭ Groupe III - G Travail individuel		
Assis **Schémas rythmiques** *Rythme* **Dictées**	1 1 1 1 1 1 1 1 2 3	langage métrique la la la la la lon 1 1 2 3 3 3	Tableau rythmique 1 Langage métrique Combinaison b et c 3 2	Combinaison b et a 3 3 2 1	Combinaison a et c 2 3 2 1
Debout *Chants*	le maître 1 2 2 1 Al - le - lu - ia les élèves : 2 1 A - men.	mélodie 3 ‖ 1 1 2 3 3 3 . . 3 3 2 1 1 1 . . ‖ Groupe I chante la mélodie Groupes II et III font le geste.	mélodie 4 ‖ 2 1 2 3 3 2 . . 2 1 2 3 2 1 . . ‖ Finir la classe avec 1 2 2 1 2 1 Al- le- lu- ia A- men	mélodie 5 ‖ 1 1 1 1 2 3 3 3 3 3 2 1 ‖	mélodie 6 ‖ 1 1 2 3 2 1 1 1 . . ‖ Dialogue maître - élèves : Reine des Cieux Groupes I et II chantent avec le geste Groupe III ne fait que le geste.

Chapitre Deux

Un modèle de plan de travail, pour l'enseignment du contenu du Chapitre II, en cinq leçons, est proposé à la page 26. La pédagogie est donnée dans les pages qui suivent.

MATIERE DU CHAPITRE

Vocalises

Poursuivre la recherche de la qualité du timbre. Continuer à grouper les voix.

Révision: Vocalise 1 — *1 = Ab - Bb - C* ‖ 1 —— / Nu —— ‖

Révision: Vocalise 2 — *1 = Ab - Bb - C* ‖ 1 | 1 / Nu | Nu ‖

Vocalise 3 — *1 = Ab* ‖ 1 | 1 1 | 1 / Nu | Nu Nu | Nu ‖

Intonation

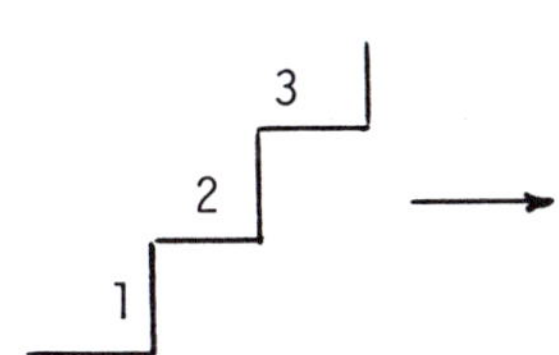

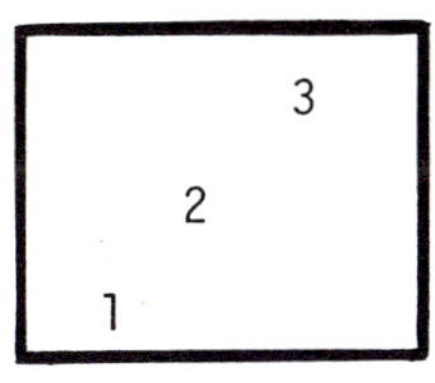

Diagramme 2

Exercice d'intonation 3

1 = Ab

a) → b) →

1 2 3	3 2 1
1 2 3 3 3	3 2 1 1 1
1 1 1 2 3	3 3 3 2 1

c) →

Activité Créative

Etape 1 - Improvisation

Réviser la conversation musicale comme elle est présentée au Chapitre 1. Ajouter de nouvelles phrases et de nouvelles formules mélodiques.

Le maître salue:

$\dot{1}$ —— 6	1 —— 3	4 —— 6 — $\dot{1}$
Bonjour, les Rossignols.	Quel est ton nom?	Où est l'horloge?

Notation

<u>Notation chiffrée</u> 1 = DO

2 = RE

3 = MI

<u>Notation avec les doigts</u>

<u>Geste mélodique</u>

Révision du tableau rythmique 1 et application mélodique

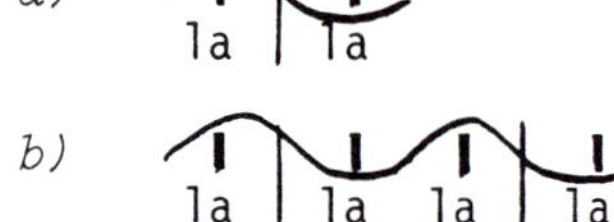

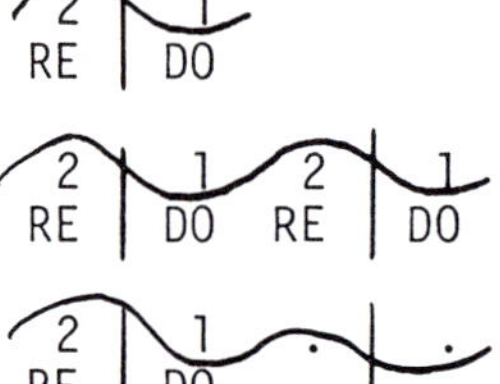

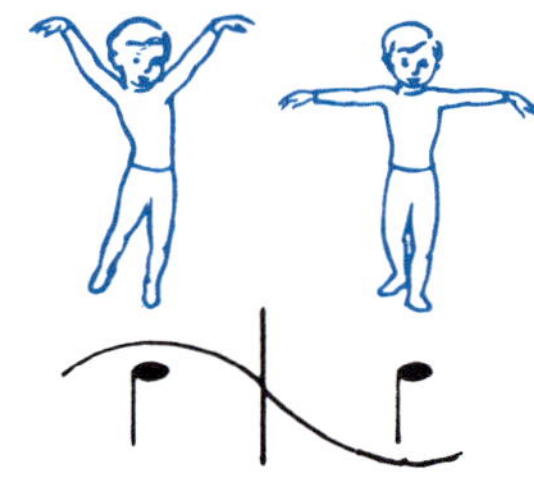

Geste rythmique II

Revoir le geste métrique comme au Chapitre 1.

Chanter avec le langage métrique et le geste métrique; avec le geste rythmique II.

N.B. *Voir page 33* pour application mélodique à des schémas rythmiques sous forme de dialogue entre maître et élèves.

Dictées

Dictées mélodiques 1 2 3 3 2 1 1 2 3 3 2 3 1 2 3 3 3

1 2 3 3 2 1 2 3 2 3

Mémorisation visuelle 1 2 3 3 2 1 *(Voir les plans des leçons pour des dictées supplémentaires.)*

1 2 3 2 1

1 2 3 3 2 3 2

3 2 3 2 1 1 1 1 2 3

Dictées rythmiques

Chants

Application du tableau rythmique 1

Mélodie 3 *1 = A♭*

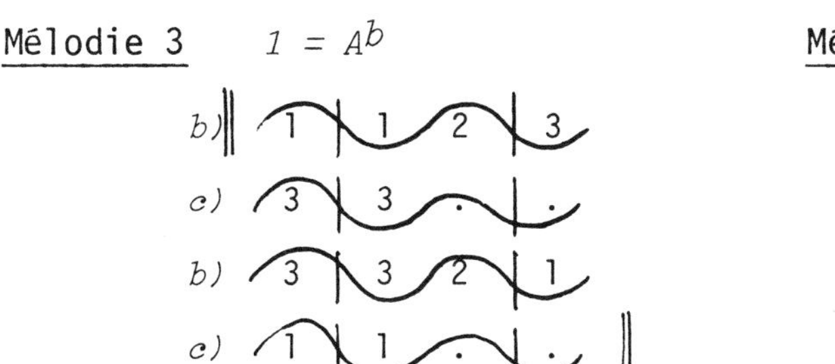

Mélodie 4 *1 = A♭*

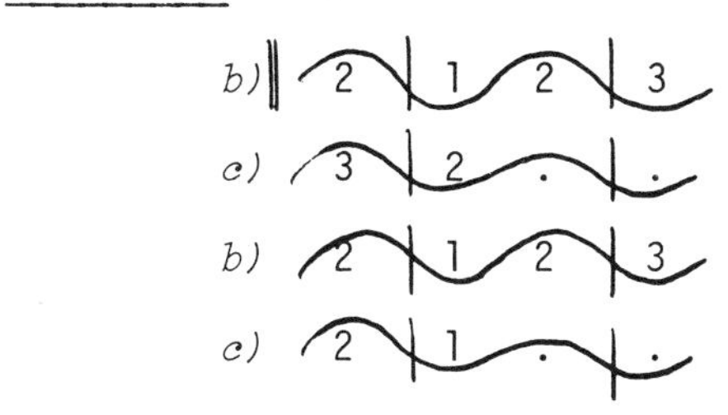

Mélodie 5 *1 = A♭*

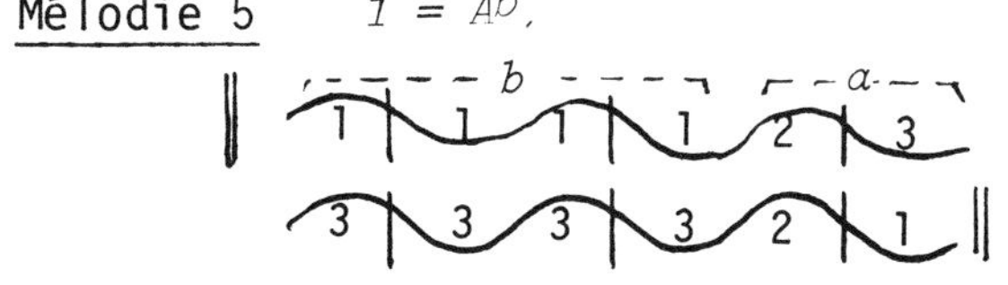

Mélodie 6 *1 = A♭*

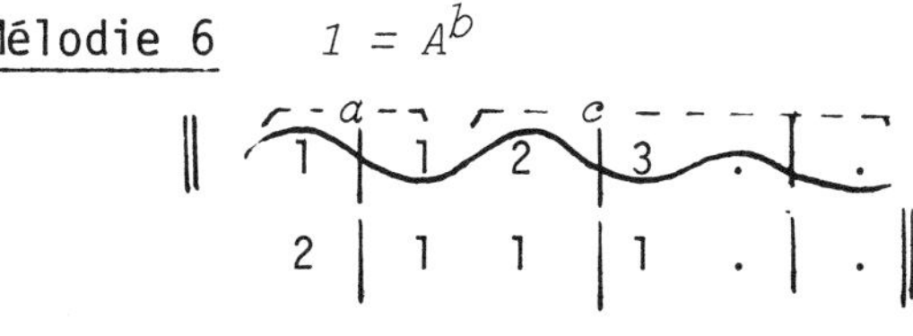

MELODIES ET PAROLES

1 = A♭

A- men

A - men

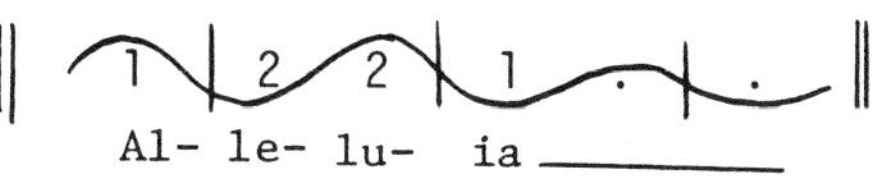

Voir mélodies avec paroles page 35.

PEDAGOGIE DU CHAPITRE II

Dès ce deuxième chapitre, la tâche du maître est plus aisée: les voix ont été groupées; les Rossignols chantent toujours les premiers, puis les Pinsons. Les Rouges-gorges, pour la plupart, écoutent chanter et prennent part à d'autres activités: les gestes mélodique et rythmique, les exercices de notation sur les doigts, les jeux de devinettes, etc. Si le maître de classe donne lui-même la musique, il pourrait apporter une aide spéciale aux Rouges-gorges, en dehors de la leçon de musique journalière.

Vocalises   Les enfants sont debout

Attirer l'attention sur la forme de la bouche: creuser les joues et placer les lèvres en avant, comme pour siffler. Le maître doit maintenant viser à la bonne qualité de l'émission vocale, caractérisée par une résonance claire. *(cf. chapitre III p. 37)*

Vocalise 1: Son filé. Choisir les tonalités les mieux adaptées aux Rossignols et aux Pinsons. Ne pas oublier les Rouges-gorges. (Choisir des tonalités plus graves).

Vocalise 2: Combinaison de la mélodie et du rythme. A présenter immédiatement après la vocalise 1. Inviter de temps en temps un enfant à donner le modèle, en évitant d'interroger toujours le même. Accorder une attention particulière au levé.

Présentation de la vocalise

Le maître souffle B^b dans le diapason et chante NU sur le même ton. Les enfants écoutent attentivement.

Les Rossignols, puis les Pinsons répètent plusieurs fois, en essayant de produire un son clair, agréable et juste. On choisira une tonalité plus grave, par exemple *F*, pour les Rouges-gorges. Selon le résultat obtenu, le maître peut modifier le classement des voix.

Vocalise 3: Combinaison de la mélodie et du rythme.

Ici encore, le levé doit être léger. Lorsque un progrès est enregistré, le maître élève la tonalité pour les Rossignols et les Pinsons. Les Rouges-gorges écoutent tranquillement et participent au geste rythmique.

INTONATION   Les enfants sont assis

Présentation du MI

Le maître fait observer le diagramme 1 et chante sur NU, DO et RE, en faisant le geste mélodique. Les enfants répètent et retrouvent le nom des notes.

"Attention, vous allez entendre quelque chose de nouveau."

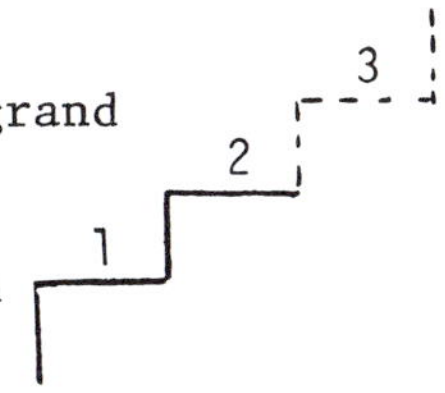

Sur NU, le maître chante DO et RE, puis MI, en faisant un grand geste d'élévation.

Les enfants rechantent les trois notes sur NU en faisant le geste mélodique avec leur bras droit.

"Avez-vous entendu ce qui est nouveau? Combien avons-nous de marches maintenant?" (trois)

Le maître dessine les marches et inscrit sur la troisième le chiffre 3. Le diagramme 2 est constitué.

Après avoir rechanté DO RE MI sur NU, le maître donne le nom de la troisième note: MI.

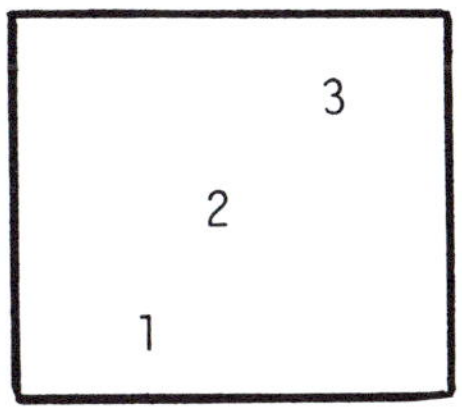

Les enfants chantent les trois notes avec leur nom, faisant le geste mélodique.

3
2
1

Exercice d'intonation 3

Le maître invite les enfants à chanter les notes de l'exercice d'intonation 3, lettre *a)*, qu'il leur montre avec la baguette. Durant une autre leçon, il leur présentera la lettre *b)*. La lettre *c)* pourra être donnée le troisième jour.

Le maître doit exiger une grande précision du geste mélodique. Ne jamais commencer à chanter avant que les enfants aient préparé leur geste. Les Rossignols et les Pinsons alternent. Les Rouges-gorges font les gestes, mais ne chantent pas.

"Nous pouvons également trouver la note MI sur nos doigts." Le maître montre et les enfants imitent.

On rechante cet exercice en utilisant la notation sur les doigts.

En présentant la matière de ce chapitre, la progression descendante 3 2 1 ne doit pas être omise. "Nous montons l'escalier, nous pouvons aussi le descendre." Cette progression s'opère sur le diagramme 2, soit avec le geste mélodique, soit avec la notation sur les doigts."

3 MI

Dans les passages descendants, les enfants ont souvent tendance à baisser. On doit, par conséquent, corriger les erreurs, aussitôt qu'elles ont été constatées. Il est bon de contrôler la justesse à la fin de l'exercice et même à la fin de chaque ligne, si cela est nécessaire. Ceci est très important, sinon l'oreille devient insensible aux imperfections et perd sa capacité d'entendre correctement.

RYTHME Les enfants sont debout

Présentation du geste rythmique II *(cf. dessin p. 28)*

Le geste rythmique II devra être aussi précis et aussi souple que le geste rythmique I.

Les enfants placent les bras latéralement (l'oiseau qui vole); le poids du corps sur le pied placé en avant; les poignets relâchés, les doigts demeurant allongés.

Exécuter le geste d'abord silencieusement au rythme de la respiration des enfants. L'action d'aspirer et celle d'expirer constituent un rythme complet. Répéter plusieurs fois lentement.

"Nous allons faire maintenant huit petits rythmes sans s'arrêter". Les enfants prennent la position de départ et le maître donne le signal:

A la fin d'une série de petits rythmes, les enfants prennent la position de repos.

Tableau rythmique 1

Préparation au tableau:

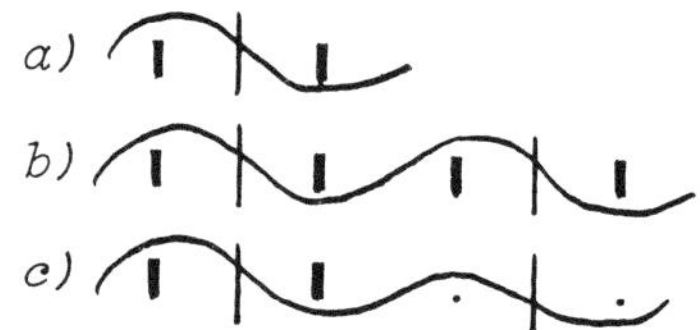

Réviser les schémas rythmiques avec le geste métrique et le langage métrique.

Les Rossignols et les Pinsons chantent alternativement les schémas rythmiques en faisant le geste rythmique II.

Dictée rythmique

Un enfant est appelé au tableau. Le maître chante le schéma *b)* sur la syllabe NU, en faisant le geste rythmique II.

1 1 2 3
Nu Nu Nu Nu

Pendant que toute la classe répète, l'enfant au tableau dessine les quatre traits du schéma rythmique *b)*, d'abord avec l'index, puis avec la craie, en gardant le tempo initial.

Le maître ajoute les barres de mesure, les chiffres et la courbe rythmique en utilisant des craies de couleur différente. Les Rossignols et les Pinsons chantent à nouveau la ligne ci-dessus en faisant la geste rythmique II. Les Rouges-gorges font le geste seulement.

Application mélodique des schémas rythmiques

Schéma *b)* *1 = A*

Le maître chante le schéma rythmique *b)* sur différentes notes. Les enfants répètent immédiatement chaque exemple. Chaque ligne est chantée dans un tempo rapide.

1. Le maître: Les enfants répètent.

1 | 1 1 | 1
DO DO DO DO

2 | 2 2 | 2
RE RE RE RE

3 | 3 3 | 3
MI MI MI MI

1 | 1 2 | 3
DO DO RE MI

2. Le maître:

3 | 3 3 | 3
MI MI MI MI

2 | 2 2 | 2
RE RE RE RE

1 | 1 1 | 1
DO DO DO DO

3 | 3 2 | 1
MI MI RE DO

2 | 1 2 | 1
RE DO RE DO

3. Le maître:

2 | 1 1 | 1
RE DO DO DO

1 | 2 2 | 1
DO RE RE DO

Schéma *c)* 4. Le maître:

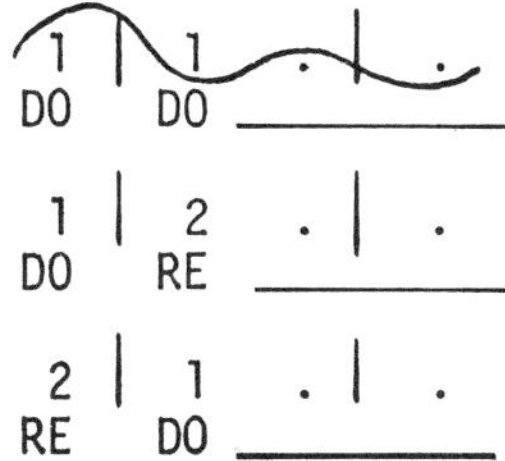

Dictée mélodique — Sur le diagramme 2 — Les enfants sont assis

3
2
1

Diagramme 2

Le maître invite les enfants à chanter 1 2 3 (DO RE MI) en faisant le geste mélodique (baguette sur le diagramme).

Ensuite, les enfants regardent le diagramme pendant que le maître chante plusieurs fois, sur la syllabe NU:

1 2 3   1 2 3 3

Les enfants répètent également sur NU. Leur attention est concentrée sur la répétition des notes. L'un d'entre eux identifie la mélodie en utilisant le nom des notes. Si la réponse est correcte, tous répètent en faisant le geste mélodique. Les Rouges-gorges participent à ce travail en montrant les notes sur le diagramme ou sur les doigts.

Le maître répète ce processus pour d'autres groupes de notes. *(cf. p. 29)*

Mémorisation visuelle — *"Observez et mémorisez"*

1. Le maître: "Faites attention aux notes que je vous montre sur le diagramme ou sur les doigts:"

   1 2 3 3 3

   Un enfant chante la phrase de mémoire avec le nom des notes. Si la réponse est exacte, les autres enfants sont invités à répéter la phrase, de mémoire, avec le nom des notes.

2. Le maître: "Faites attention aux notes que je vais écrire au tableau."

   1 1 1 2 3

   Le maître efface de gauche à droite. Un enfant est invité à chanter la phrase, sitôt qu'elle a été effacée.

   Les dictées auditives et visuelles doivent être données chaque jour. On en trouve une série à la page 29. On peut également dicter une ligne d'un chant étudié préalablement.

Activité créative — 1ère Etape

Poursuivre la conversation musicale avec paroles. Le maître pose une question; les élèves répondent sur la même formule mélodique.

1 ———— 3	1 ———— 3
Quel est ton nom?	Mon nom est Jean

Chants On est ASSIS pour le travail préparatoire
On est DEBOUT pour chanter la mélodie entière

Mélodie 3, sans paroles, sur les notes 1 2 3 (DO RE MI) avec un rythme binaire commençant sur une levée .

Après une courte préparation sur le diagramme 2, les enfants chantent la mélodie avec le geste métrique et le nom des notes. Finalement, les Rossignols et les Pinsons chantent séparément la mélodie avec le geste rythmique I ou II. Les Rouges-gorges font le geste, mais ne chantent pas.

‖ 1 | 1 2 | 3
la la la la

3 | 3 . | .
la lon

3 | 3 2 | 1
la la la la

1 | 1 . | . ‖
la lon

Répétez ce processus pour l'étude de chaque mélodie proposée. En outre, remarquez que chaque ligne d'une mélodie a son schéma rythmique correspondant.

Dans ces premiers chapitres, il n'est pas nécessaire d'enseigner toutes les mélodies données. Une ou deux suffisent.

Chants avec paroles Conclure chaque leçon avec:

1 = G ‖ 1 | 2 2 | 1 2 | 1 . | . ‖
Al- le- lu- ia. A- men.

Si le temps le permet, le maître peut chanter un verset et les enfants répondent.

REINE DES CIEUX

1. Le maître:

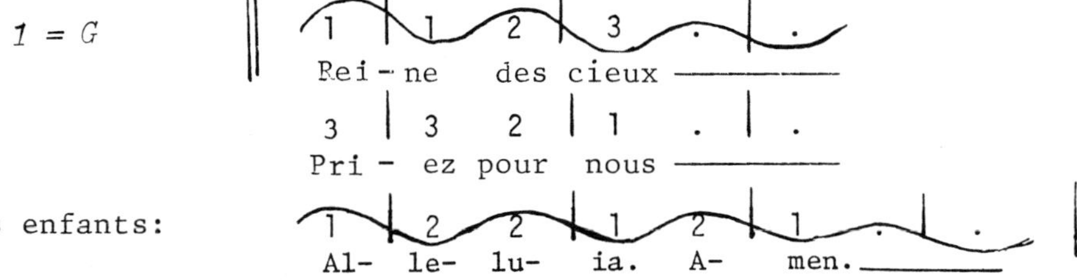

2. Le maître:

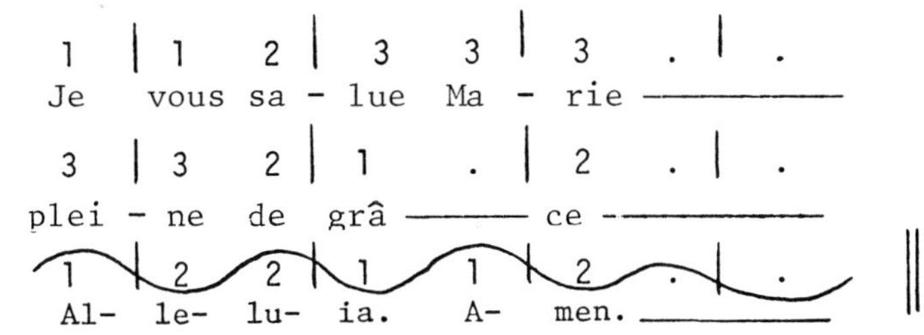

Chapitre Trois

	1	2	3	4	5
Debout *Vocalises*	Salutation musicale → Bonjour, les enfants 1̇ ———— 6 Vocalise 1 Groupe I - B^b Jeu de la balle Etape 1	→ Sentir la vibration du Nnnn Vocalise 1 Groupe II - A^b Quel est ton nom ? Groupe III	→ Vocalise 1 Groupe III - G Etape 2 Alterner les groupes I et II : Questions au sujet du temps	→ Vocalise 1 Groupe I - C Contrôle individuel pour un regroupement. Etape 2 : les enfants posent la question, le maître y répond.	→ Groupe I - C Groupe II - B^b Groupe III - G Etape 2 - Conversation musicale le temps
Assis *Intonation*	Diagramme 2 [1 2 3] → Ex. 4 Penser les notes (les 2 premières lignes 1 2 3 3 2 1 1 2 3 . 2 1	Lignes 3, 4, 5 → Sur les doigts **Présenter** diagramme 3 Ex. 5 [1 2 3 4 5] → ligne 1 Geste mélodique	Lignes 6 et 7 avec la baguette → la ligne 2 sur les doigts →	→ la ligne 3 avec la baguette et le geste mélodique →	→ les lignes 1, 2, 3 avec la baguette et la notation sur les doigts.
			LE GROUPE III MONTRE LES NOTES SUR LES DOIGTS ET AVEC LE GESTE MELODIQUE, MAIS NE CHANTE PAS.		
Debout *Rythme*	**Révision :** les gestes rythmiques I et II, pour la précision, lentement, sans musique, puis avec musique : soit sur cassette, soit chantée par le maître.		→ Utiliser l'application mélodique du tableau rythmique 2 →	→ →	→ →
Assis		**PREPARATION AUX DICTEES EN CHANTANT A NOUVEAU SUR LES DIAGRAMMES 2 ET 3**			
Dictées visuelles	baguette et geste mélodique 1 2 3 3 3 3 1 2 1 1 2 3	baguette : 1 2 3 4 5 5 4 3 2 1 geste mélodique : 1 2 3 4 5 1 1 1 2 3	baguette : 1 2 3 2 1 1 2 3 4 5 doigts : 1 2 3 2 1 1 2 3 4 5	baguette : 1 1 2 3 4 5 1 2 3 4 5 geste mélodique : 5 5 4 3 2 1 1 2 1 1 2 3	baguette : 1 2 3 3 4 5 5 4 3 3 2 1 doigts : 1 1 1 1 2 3 3 3 3 2 1 1
auditives	sur NU : 1 1 1 2 3 3 3 3 2 1	1 2 2 2 2 1 2 3 3 3 3	1 2 3 3 2 3 1 2 3 3 3 2	1 1 1 2 3 5 5 5 5	2 1 2 3 2 3 2 1 2 3 4 5
Debout *Vocalises*	Etude du timbre et du rythme Vocalise 4 Le groupe III ne fait que le geste. De temps en temps, contrôle individuel pour d'éventuelles promotions.		‖ 2 1 2 1 . . ‖ Nu Nu Nu Nu ——— Groupe I sur A^b (DO) Groupe II sur F (DO)	Groupe I sur B^b (DO)	Groupe II sur A^b (DO)
Rythme	Tableau rythmique 2 Groupe I ‖ 1 1 1 1 Groupe II 2 | 2 . | . Groupe II 2 | 2 2 | 2 Groupe I 1 | 1 . | . ‖ Groupe III : seulement les gestes	T. R. 2 - nouveau schéma c) 2 1 2 3 2 3 langage métrique geste rythmique II	d) 2 3 2 1 . . Règles pour placer les barres de mesure	c) 1 1 2 3 4 5 d) 5 5 5 5 . . Chanter avec le nom des notes	→
		Assis Dictées Le tableau rythmique 2 reste sous les yeux des enfants pendant les dictées	1 1 2 3 3 3	1 1 2 3 . .	5 5 4 3 2 1
Assis pour la préparation *Chants* **Debout pour l'exécution**	**Révision :** chants 5 et 6 Dialogue maître - élèves Reine des Cieux (chap. II)	mélodie 7 ‖ 2 1 2 3 2 3 2 | 1 2 | 3 2 | 1 ‖ **Réviser** : Reine des Cieux	mélodie 9 ‖ 1 1 2 1 1 1 2 3 . . 3 | 3 3 | 3 2 | 3 2 | 1 . | . ‖ **Un chant - conversation :** "Le réveil des fleurs"	mélodie 10 ‖ 1 1 2 1 . . 1 | 1 2 | 3 4 | 5 5 | 5 5 | 5 . | . 5 | 5 4 | 3 2 | 1 ‖	→ **Réviser** : Reine des Cieux

Chapitre Trois

Vous trouverez dans ce chapitre des suggestions pour l'enseignement des différents éléments. Un plan de leçon, sur la page opposée (cf. p. 36), propose une division possible de la matière en 5 leçons.

Vocalises

Commencer la leçon avec la vocalise 1. Accorder assez de temps pour obtenir la bonne résonance du son Nnnn.

Par exemple: Placer les doigts sur la tête pour sentir la vibration du Nnnn. Ensuite, enchaîner la consonne avec la voyelle (NU——).

<u>Vocalise 1</u> $1 = A^b - B^b - C$

|| 1 ——————
Nu —————— ||

Au milieu de la leçon, on ajoute la vocalise 4. Cet exercice combine mélodie et rythme suivant un schéma connu. Insister pour que la voix soit douce, légère et résonnante. Le maître ne doit pas chercher à obtenir le volume, mais la qualité du son.

<u>Vocalise 4</u>

A ce jour, la classe est divisée en trois groupes.

Les <u>Rossignols</u> (groupe I) chantent d'abord. Ensuite les <u>Pinsons</u> (groupe II). Les tonalités élevées leur sont réservées.

Les <u>Rouges-gorges</u> (groupe III) écoutent. De temps en temps, ils sont interrogés dans des tonalités plus graves, par exemple *E* ou *F*.

Le maître donne le modèle, mais ne chante pas avec les enfants.

Intonation

<u>Exercice d'intonation 4</u> Introduction des notes "pensées" sur le diagramme 2.

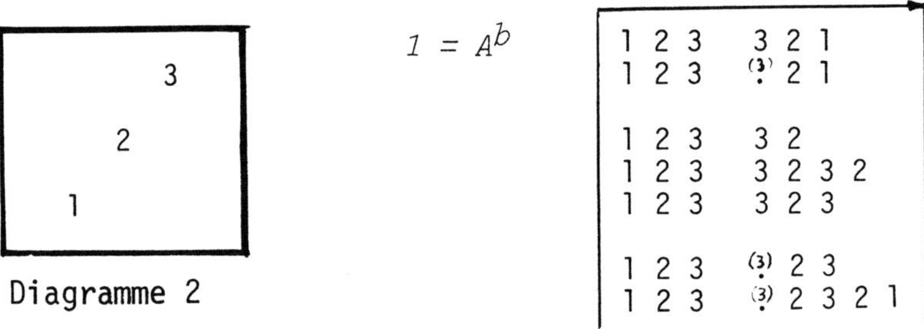

Diagramme 2

Lorsqu'apparaît un petit chiffre - note pensée -, le maître montre cette note avec l'autre bout de la baguette (rouge) et place le doigt sur les lèvres pour indiquer le silence. Les enfants pensent la note, mais ne la chantent pas. Ensuite, on chante les autres notes de l'exercice.

<u>Exercice d'intonation 5</u> Sur le diagramme 3

Découverte de deux nouveaux degrés: 4 = FA

5 = SOL

Le maître chante 1 2 3 4 5 sur la syllabe NU, en faisant un large geste mélodique. Ensuite, il construit un escalier avec 5 marches portant les 5 premières notes. Après la première leçon, il efface les marches et encadre les chiffres. Le diagramme 3 est constitué.

1 = F

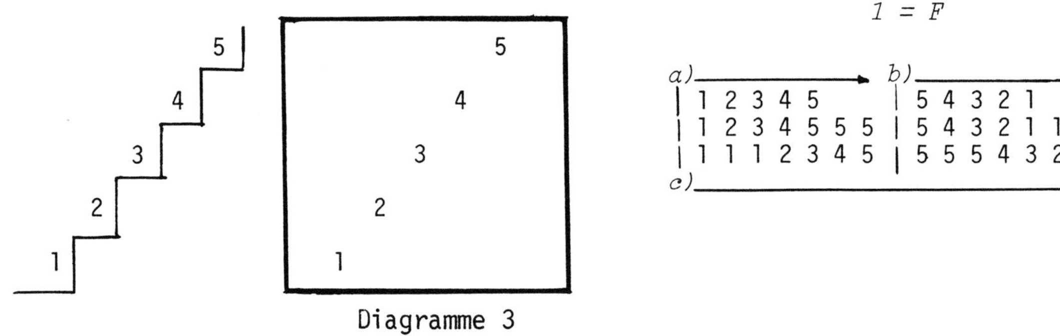

Diagramme 3

a) 1 2 3 4 5   *b)* 5 4 3 2 1
1 2 3 4 5 5 5 | 5 4 3 2 1 1 1
1 1 1 2 3 4 5 | 5 5 5 4 3 2 1
c)

En montrant les chiffres avec la baguette, le maître dit: DO RE MI FA SOL. Les enfants répètent le nom des notes en avant et en arrière, de façon à ce qu'il n'y ait aucune hésitation. Ensuite, le maître chante le pentacorde ascendant en montrant les chiffres sur le diagramme. Les enfants répètent. Le maître chante le pentacorde en descendant. Les enfants répètent. Le maître commence l'exercice d'intonation d'abord avec les Rossignols, puis avec les Pinsons. Les Rouges-gorges écoutent.

On indiquera aux enfants la place du FA et du SOL avec le geste mélodique, ainsi que la manière de les montrer avec les doigts.

Notation

Notation chiffrée

4 = FA

5 = SOL

Notation sur les doigts

FA

SOL

Geste mélodique

FA

SOL

Rythme

Régles pour placer les barres de mesure:

1) Placer la première barre de mesure devant la dernière note.
2) Rétrograder de deux temps pour placer les autres barres. Vérifier si la durée de la dernière note n'en nécessite pas d'autres.
3) Si une note est laissée seule au début, sa partenaire se trouvera à l'autre extrémité, (qu'il s'agisse d'une note ou d'un point) et chaque petite maison (mesure) contiendra deux notes.

Tableau rythmique 2

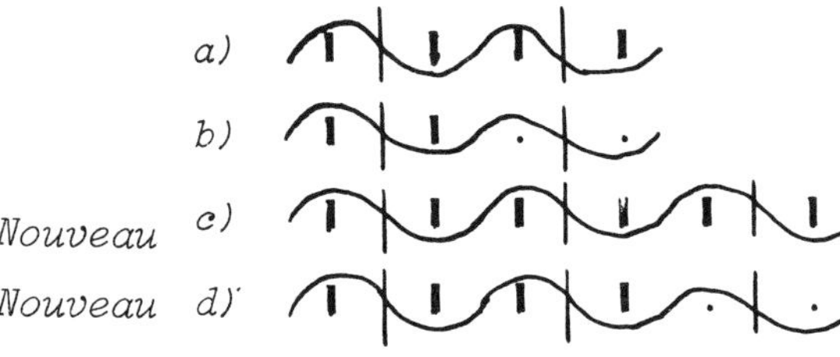

Application mélodique

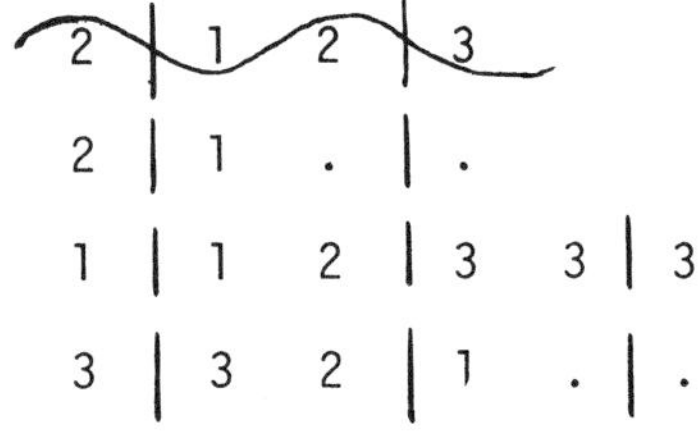

Deux schémas sont connus: *a* et *b*.

Les enfants les chantent d'abord avec le geste métrique, ensuite avec le geste rythmique I ou II. Les groupes peuvent alterner. Par exemple:

Les Rossignols (groupe I) chantent

Les Pinsons (gr. II) répondent avec

b) 2 2 . .

Ensuite, les Pinsons chantent

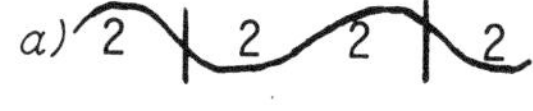

Les Rossignols répondent avec

b) 1 1 . .

Les Rouges-gorges (groupe III) font le geste, mais ne chantent pas.

Les deux nouveaux schémas *c)* et *d)* sont d'abord chantés avec le geste métrique et le langage métrique, pour préciser la durée des valeurs brèves et des valeurs longues.

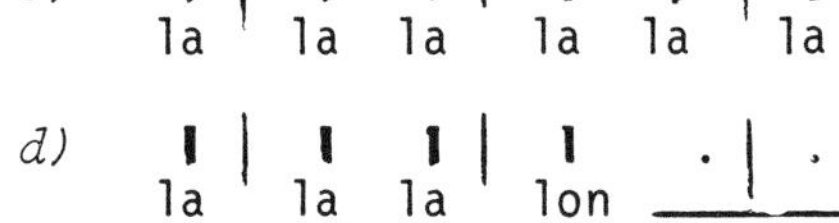

Lorsque ces schémas seront chantés avec aisance par les groupes I et II, à un tempo modéré, le maître fera l'application mélodique, ligne par ligne.

Dictées rythmiques

Les schémas *c)* et *d)* sont inscrits au tableau. Un enfant, de préférence du groupe III, est appelé au tableau. Le maître chante le schéma *c)* sur une application mélodique. Par exemple:

1 1 2 3 3 3
Nu Nu Nu Nu Nu Nu

La classe répète et l'enfant l'identifie parmi les schémas figurant au tableau. La classe le chante à nouveau, tandis que l'enfant dessine les traits, d'abord avec les doigts, puis avec la craie. Le maître ajoute les barres de mesure et dessine la courbe rythmique. Tous répètent avec le geste rythmique I ou II. On procédera de la même manière pour le schéma *d)*: 3 3 2 1 . .

Gestes rythmiques I et II *Révision*

Au point de vue rythmique, il n'y a aucune différence entre les gestes I et II. Seule la position des bras change. Aussi, on procédera à l'étude du geste rythmique II comme à celle du geste rythmique I.

Position de départ: Le corps prend appui sur le pied placé en avant, les bras allongés à la hauteur des épaules.

Levé: Tout le corps est entraîné vers le haut par le mouvement des bras, avant-bras et mains suivant en souplesse. Les pieds se trouvent alors tous les deux sur la pointe, le poids du corps toujours sur le pied en avant.

Posé: La "retombée" du corps doit se faire en souplesse, les bras horizontaux à la hauteur des épaules, le poids du corps bien établi sur le pied en avant.

Répéter plusieurs fois ces deux mouvements levé et posé.

Position de repos: Le dernier posé correspond au tout dernier temps. Croiser les bras souplement et prendre cette fois appui sur le pied en arrière, en position de repos.

On fait d'abord les gestes I et II sans musique, mais dans un tempo strict. Ensuite, un groupe chante une mélodie connue, tandis que l'autre groupe fait le geste correct, et inversement, Les enfants qui font le mieux les gestes sont invités à venir en face de la classe pour conduire leurs camarades.

Une cassette a été enregistrée spécialement pour ces gestes. Le maître peut également chanter des mélodies correspondant au geste II (binaire au levé).

Activité Créative

Improvisation. Conversations musicales (suite)

Révision - 1ère Etape *Leçon 1:* Le jeu de la balle et la conversation musicale. Imitation de la mélodie.

2ème Etape Les enfants posent la question. Le maître montre la possibilité d'un changement de mélodie pour la réponse.

Exemple:

	1 ——— 5		5 ——— 1
Enfant:	Quel temps fait-il aujourd'hui?	*Maître:*	Aujourd'hui, il fait beau.
	1 ——— 3 5		5 —— 3 1
Enfant:	Quelle heure est-il?	*Maître:*	Il est dix heures.

Inverser les rôles. Le maître pose la question et les enfants formulent une réponse avec une mélodie différente.

Dictées

Le diagramme 3 doit se trouver sous les yeux des enfants durant toute la dictée.

Dictées mélodiques

1 2 3 3 3 3 1 2 1 1 2 3	1 2 3 4 5 5 4 3 2 1	1 2 3 2 1 1 2 3 4 5	1 1 2 3 4 5 5 5 4 3 2 1	1 2 3 3 4 5 5 4 3 3 2 1
	1 2 3 4 5 1 1 1 2 3	1 2 3 2 1 1 2 3 4 5	1 2 3 4 5 1 2 1 1 2 3	1 1 1 1 2 3 3 3 3 2 1 1

Mémorisation visuelle

1 2 2 2 2 1 2 3 3 3 3	1 2 3 3 2 3 1 2 3 3 3 2	1 1 1 2 3 5 5 5 5	2 1 2 3 2 3 2 1 2 3 4 5

1 1 1 2 3
3 3 3 2 1

> Les dictées données dans ce chapitre ne doivent pas dépasser la note SOL.

On trouve les indications quant à la manière de donner les dictées auditives, visuelles et rythmiques dans la pédagogie du Chapitre II.

Chants

Application mélodique du tableau rythmique 2

Mélodie 7 $1 = A^b$

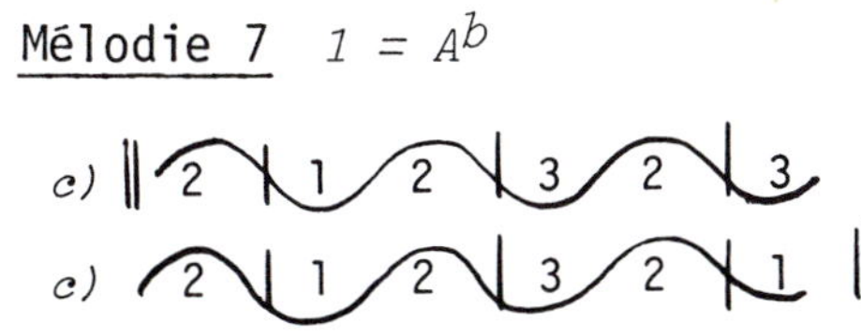

Mélodie 8 $1 = A^b$

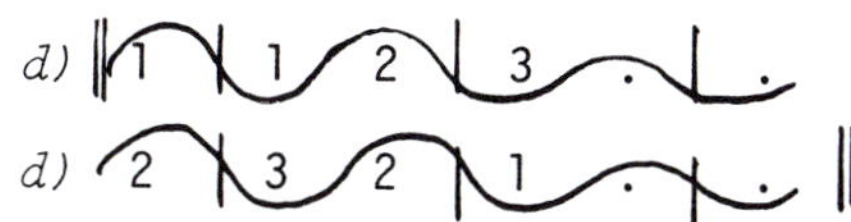

Mélodie 9 $1 = A^b$

Mélodie 10 $1 = G$

LE RÉVEIL DES FLEURS

CHANT — CONVERSATION

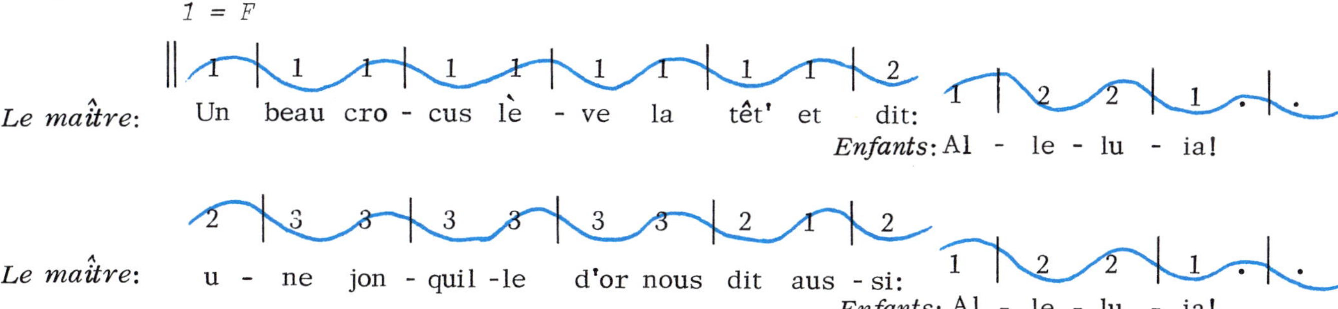

Les fleurs sont nées E - cou - tons - les

Enfants: Al - le - lu - ia! A men.

Chapitre Quatre

	1	2	3	4	5
Debout *Vocalises*	Salutation : Bonjour les enfants 1 ____ 3 ___ 5 Voc. 1 et 2 Gr. I – B^b Gr. II – A^b → Jeu de la balle Etape 1 Groupes I et II	Réponse des enfants sur les mêmes notes : Bonjour, . . . 1 = F Quel est ton nom ? Etape 2 Groupes I et II	1 ______ 3 ___ 5 → Etape 2 – Découverts des choses Groupes I et II Contrôles individuels pour promotions	→ Etape 2 – Question et réponse : l'enfant pose la question et le maître répond.	→ → Etape 1 Avec le groupe III Jeu des questions et réponses sur les mêmes notes.
Assis *Intonation*	Diagramme 3 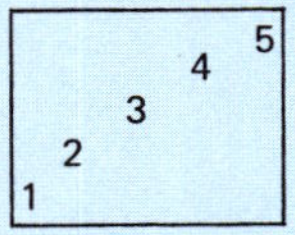 → [1 2 3 4 5] Ex. 6 a, b Groupe I → baguette geste mélodique	baguette notation sur les doigts	→ Ex. 7 a, b groupe I Ex. 6 a, b groupe II baguette	→ Ex. 8 a, b, c groupe I Ex. 7 a, b groupe II baguette et notation sur les doigts	→ **Révision** : Ex. 6a, b Groupes I et II le groupe III fait les gestes
LAISSER LE DIAGRAMME 3 AU TABLEAU DURANT LA DICTEE					
Dictées auditives	1 2 3 4 5 5 5 1 2 3 3 4 5	1 2 3 3 2 1 1 2 1	1 2 3 4 5 1 2 3 4	1 2 3 4 4 4 1 2 3 4 5 5 6	1 2 2 3 4 5 5 4 4 3 2 1
Dictées visuelles	1 2 3 3 4 5 baguette 5 4 3 3 2 1 au tableau puis effacer	1 2 3 4 4 3 2 1 baguette 1 2 3 4 4 4 4 doigts	1 2 3 4 4 3 2 1 baguette 1 2 3 4 3 2 1 au tableau puis effacer	1 2 3 3 3 2 baguette 5 4 3 3 2 1 doigts	1 2 3 4 3 2 1 baguette 1 2 3 4 4 3 2 1 geste mélodique
Debout *Rythme*	**Révision** : Geste I (bras en avant) et Geste II (bras de côté) 1. Sans musique, en aspirant et en expirant. Positions de départ, levé. posé, de repos. 2. Avec accompagnement musical : soit des mélodies populaires connues des enfants, des enregistrements sur cassette, ou une mélodie chantée par le maître. 3. Rythme binaire au levé. Tous les groupes participent.				
Assis *Activité Créative*	Etape 3 : conversation sans paroles → maître : 1 2 3 élève : 2 1	→ maître : 1 2 3 élève : 3 2 1	→ maître : 1 2 3 élève : 3 2 1	→	→ **Révision** : Etape 2 – avec paroles Groupes II et III
Debout *Vocalises*	Vocalise 5 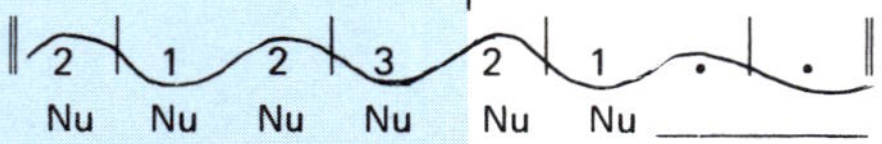 : 2 1 2 3 2 1 Nu Nu Nu Nu Nu Nu ___ Groupe I – **1 = G** les groupes II et III font le geste		Groupe II – **1 = G** Groupe I @ **1 = A^b** →	**LES ENFANTS DU GROUPE III FONT LE GESTE, MAIS NE CHANTENT PAS**	Groupe I**1 = B^b** II **1 = A^b** Groupe III voc. 1 **1 = G**
Assis *Rythme*	Tableau rythmique 2 : - Chanter les schémas a, b, c, d, A, avec le langage métrique et le geste métrique, recto-tono - Répéter en chantant sur les applications mélodiques - Faire des combinaisons de schémas **LAISSER LES SCHEMAS RYTHMIQUES SOUS LES YEUX DES ELEVES PENDANT LES DICTEES – REPETER LES REGLES POUR PLACER LES BARRES DE MESURE**				
Dictées	1 1 2 3 4 5	5 5 4 3 2 1	5 5 5 5 5 5	3 3 4 5	5 5 4 3
Debout *Chants*	**Réviser les chants étudiés antérieurement.** mélodie 11 - lignes 1 et 2 Identifier les schémas rythmiques	mélodie 11 – (fin) mélodie 12 Alleluia	**Réviser** les mélodies 11 et 12 Alleluia	mélodie 13 Reine des Cieux	**Réviser** mélodie 13 "Le réveil des fleurs"

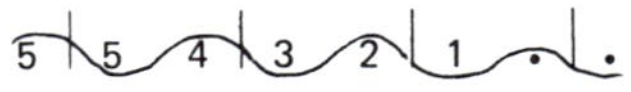

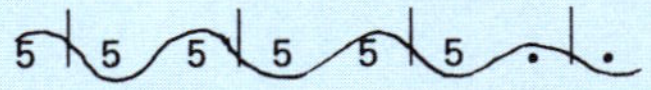

Chapitre Quatre

Vocalises - par imitation

Commencer chaque leçon avec les vocalises 1 et 2. Concentrer l'attention des enfants sur la qualité du son. S'efforcer de les rendre critiques quant au timbre de leur voix: le son est-il léger, souple, pur, résonnant? Commencer la vocalise avec un bon Nnnn ferme: le bout des doigts sur la tête pour sentir la vibration. Lorsque le son "ou" émerge, le bout des doigts quitte la tête dans un mouvement vers le haut comme une fleur déployant ses pétales.

Les Rossignols et les Pinsons chantent d'abord dans des tonalités plus élevées. Consacrer quelques minutes à chaque leçon aux enfants du groupe III, qui peuvent être l'objet d'une promotion possible.

Vocalise 5 *1 = Ab, Eb, Bb, G*

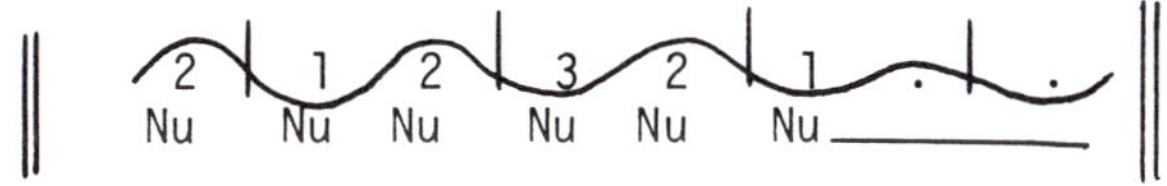

Durant la seconde partie du travail vocal, on combine la mélodie et le rythme avec la qualité du son. On procède par imitation, d'abord avec le geste rythmique, puis sans geste. Chanter legato, avec calme.

> En comparant plusieurs voix, il sera facile d'éveiller l'intérêt des enfants à la beauté du timbre. Cet intérêt et la joie musicale qui en résulte, aideront, plus qu'une critique à obtenir une sonorité très pure.

Intonation

Tous les exercices sur le diagramme 3

Les exercices de ce chapitre, et ceux des chapitres V, VI, et VII, se rapportent au pentacorde 1 2 3 4 5. Ils apportent une aide aux enfants en contribuant à leur faire assimiler ce qui a été étudié antérieurement.

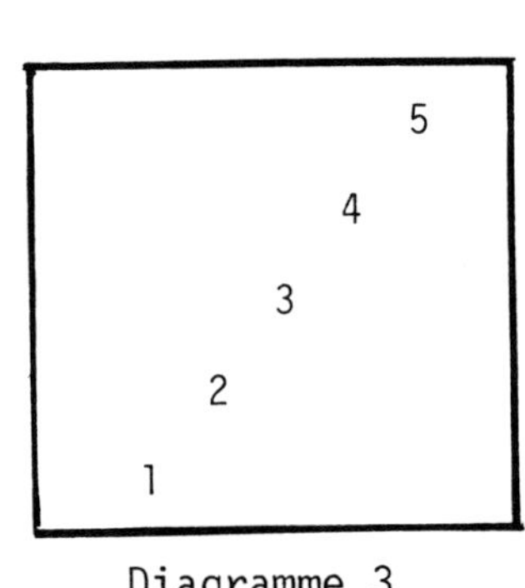

Diagramme 3

<u>Exercice 6</u> *1 = G* Arrêt sur chacune des notes du pentacorde.

```
a) ———————————→        b) ———————————→
| 1 2 3 4 5   |         5 4 3 2 1 |
| 1 2 3 4     |         5 4 3 2   |
| 1 2 3       |         5 4 3     |
| 1 2         |         5 4       |
| 1 2 3 4 5   |         5 4 3 2 1 |
```

<u>Exercice 7</u> *1 = G* Arrêt et répétition

```
a) ——————————————————————→     b) ————————————————————→
| 1 2 3 4 5   5 5 5       |     5 4 3 2 1   1 1 1 |
| 1 2 3 4     4 4 4       |     5 4 3 2     2 2 2 |
| 1 2 3       3 3 3       |     5 4 3       3 3 3 |
| 1 2         2 2 2       |     5 4         4 4 4 |
| 1 2 3 4 5 5 4 3 2 1     |     5 4 3 2 1   1 1 1 |
```

<u>Exercice 8</u> *1 = G* Arrêt, répétition et poursuite dans la même direction mélodique.

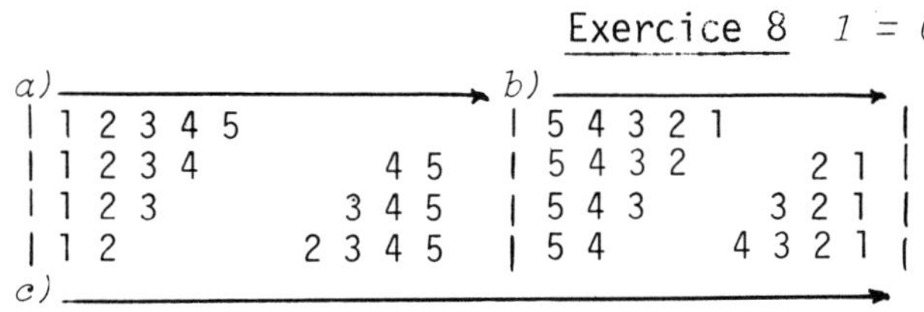

```
a) ——————————————————————→ b) ——————————————————————→
| 1 2 3 4 5                | 5 4 3 2 1                |
| 1 2 3 4           4 5    | 5 4 3 2             2 1  |
| 1 2 3           3 4 5    | 5 4 3             3 2 1  |
| 1 2           2 3 4 5    | 5 4             4 3 2 1  |
c) ———————————————————————————————————————————————————→
```

> Il n'est pas nécessaire d'attendre qu'un exercice d'intonation soit exécuté parfaitement par tous les enfants pour passer à un nouveau. Chaque exercice prépare le suivant qui, en retour, parfait le précédent. La progression ne manque pas de faire appel à la répétition, si nécessaire pour asseoir les bases d'une bonne connaissance.

Rythme

Application mélodique

A travailler avec:
le geste métrique
le langage métrique
le geste rythmique II

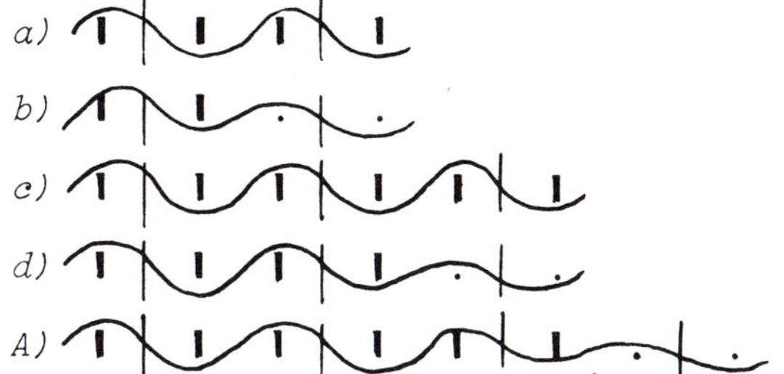

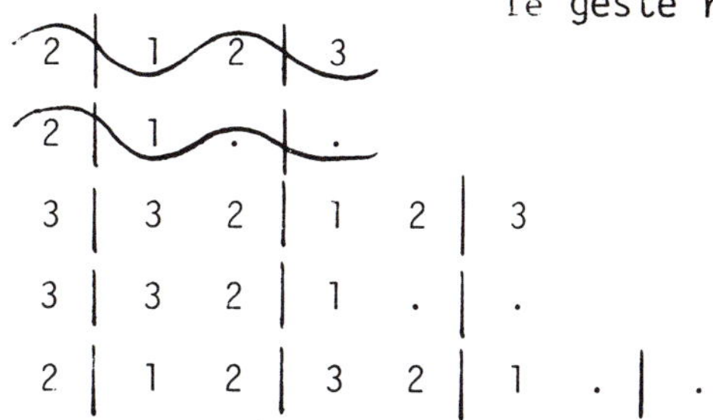

Pour battre les pulsations d'une note longue avec le geste métrique, presser gentiment le bout des doigts de la main droite dans la paume de la main gauche pour chaque point. Eviter de gonfler la voix pour chaque pression.
Pour signaler la fin d'un rythme, les doigts de la main gauche serrent le bout des doigts de la main droite.

<u>Combinaison des schémas</u>

Les schémas *a)* et *b)* sont juxtaposés pour former un plus long schémas *A)*.

Les enfants chantent le schéma *a)*, puis le schéma *b)*, comme deux mots rythmiques isolés, sur différentes notes comme au chapitre III, puis avec l'application mélodique proposée:

1. Les Rossignols (groupe I) chantent *a)*

   Les Pinsons (groupe II) chantent *b)*

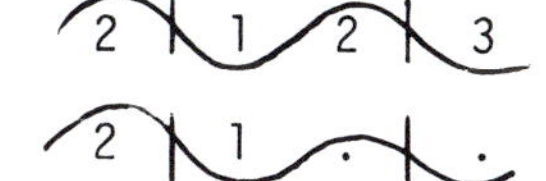

   <u>Obtenir que l'alternance se fasse sans aucune interruption.</u>

2. Les Pinsons chantent *a)*

   Les Rossignols chantent *b)*

   Les Rouges-gorges font le geste, mais ne chantent pas.

3. Les Rossignols et les Pinsons chantent ensemble le schéma *a)* et le schéma *b)* sans interruption, constituant ainsi le nouveau schéma *A*.

Le maître note le nouveau schéma au tableau:

Les enfants doivent s'habituer à combiner des schémas rythmiques: c'est la base de la construction d'une phrase musicale.

Notation

Notation chiffrée, notation sur les doigts et geste mélodique comme au *Chapitre III*.

Activité Créative

Conversation musicale - 3ème Etape

Le maître propose une conversation musicale sans paroles, en imaginant des oiseaux conversant entre eux.

Le maître: 1 2 (NU NU ou DO RE)

Les enfants: 2 1

Le maître: 1 2 3

Les enfants: 3 2 1

Répétition de l'exercice, mais avec un enfant qui pose la question et le maître qui répond.

Révision de la 2ème Etape: les réponses utilisant une formule mélodique différente de celle des questions.

Dictées

Le diagramme 3 reste sous les yeux des enfants

Dictées mélodiques: Le maître chante une dictée sur NU. Les élèves essaient de trouver les notes en faisant silencieusement le geste mélodique.

1 2 3 4 5 5 5   1 2 3   3 2 1   1 2 3 4   4 4   1 2   2 3 4 5
1 2 3   3 4 5   1 2   1   1 2 3 4 5   5   5 4   4 3 2 1

5 4 3 2 2 3 4 5   1 2 3 4 5   1 2 3 4 4 4   1 2 3 4 5
5 4 3 2   3 4 5   1 2 3 4   1 2   2 2 2   1 2 3 4

Mémorisation visuelle:

Le maître écrit un fragment sur le tableau, puis après un moment, l'efface de gauche à droite.
"Qui se souvient de ce que j'ai écrit?"

1 2 3   3 4 5   1 2 3 4   4 3 2 1   1 2 3 4   4 3 2 1   1 2 3   3 3 2
5 4 3   3 2 1   1 2 3 4   4 4 4   1 2 3 4   3 2 1   5 4 3   3 3 2

Dictées rythmiques: Durant la dictée, les schémas étudiés dans ce chapitre sont sous les yeux des enfants.

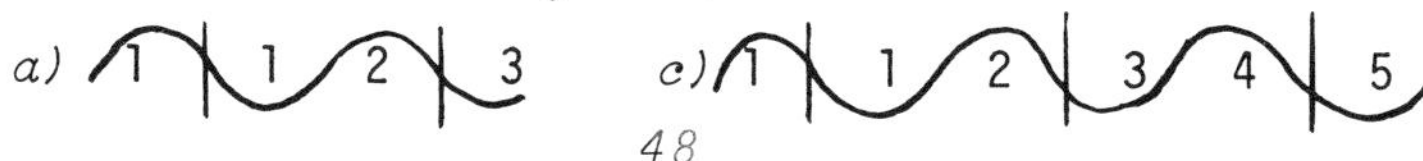

Chants

Application mélodique du pentacorde 1 2 3 4 5 avec des schémas rythmiques connus et des combinaisons.

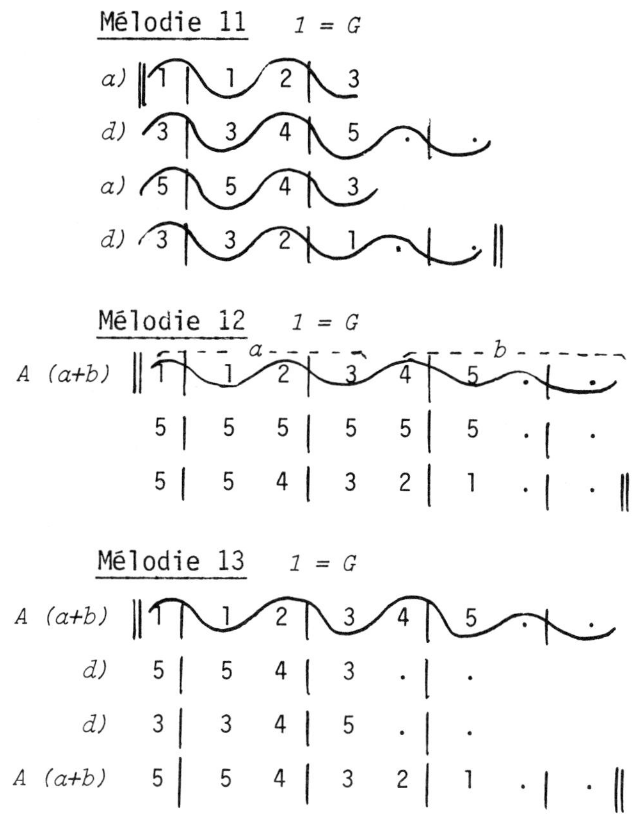

Révision des chants des chapitres II et III.

Pour maintenir l'intérêt des élèves durant toute la leçon de musique:

1. Parler au minimum.
2. Ne pas rester trop longtemps sur la même difficulté. Il est préférable d'y revenir plus tard.
3. Bien préparer le tableau noir. Avoir des enregistrements et des diapositives prêts à l'emploi.
4. Varier les positions debout et assis.
5. Passer rapidement d'une partie de la leçon à une autre.

Chapitre Cinq

	1	2	3	4	5
Debout *Vocalises*	Salutation i ______ 6 Bonjour, les Rossignols → les Pinsons **1 = B♭** les Rouges-gorges Etape 1 Réponse avec les mêmes notes Voc. 1 **1 = B♭ G D** Travail individuel pour le Gr. I	 Travail individuel pour le Gr. II	4 ______ 6 __ i Bonjour les Rossi -gnols les Pin- sons les Rouges-gorges Etape 1 — Réponse avec les mêmes notes Groupe I **1 = B♭, G, D** Groupe II **1 = G, A, B♭**	4 ______ 6 __ i Bonjour les Rossi -gnols → les Pin -sons les Rouges-gorges Etape 2 - Réponse avec d'autres notes Groupes I et II **1 = B♭ G** Exiger la résonance du Nnn	Jeu des couleurs "Voici la balle rouge"
Assis *Intonation*	Diagramme 3 → Ex. 9 avec la baguette Répéter horizontalement	→ Ex. 10 avec la baguette Répéter horizontalement	→ Exercice 11 Lignes 1 et 2 Notes pensées - baguette rouge d'abord les Rossignols	→ Ex. 11 Lignes 1 à 4 Notes pensées (suite) les Rossignols et les Pinsons seulement	Ex. 11 fin lecture horizontale
		LAISSER LE DIAGRAMME 3 SOUS LES YEUX DES ENFANTS DURANT LA DICTEE			
Dictées	NU – 1123 33 3345 55 Bag. rouge – 3321 11 Doigts – 5543 33	123 321 1234 4321 Geste mél. – 123 345 543 Tableau – 1221 123 45	1234 321 Doigts : 1234 4321 Baguette 123 21 / 333 221	1234 4321 Doigts : 12345 55 Tableau - 1234 321/ 123	3321 11 Geste mél. 1234 4321 Tableau - 123 345
Debout **Gestes**	**Rév.** geste rythmique II Travail avec le groupe III	Le maître chante une chanson ou utilise une cassette pour accompagner le geste.			
Rythme Etude des schémas		Tableau rythmique II Identifier les combinaisons a+b 2 1 2 3 2 1	**Présenter** T.R. 3 Geste métrique et langage métrique Identifier les schémas chanter les schémas sur DO	Identifier les combinaisons a+b 1 2 2 3 2 1 1 b+c 2 3 3 2 1	
Notation		**Présenter** : Notation sur portée	**Rév.** Notation sur portée 1 2 L'enfants dessine les notes **Révision** : Ex. 1 et 2	**Transcription** de la portée en notation chiffrée	**Transcription** des chiffres en notation sur portée 1 2 2 1 1 1 2 2
Activité Créative	Dialogue sans paroles → Etape 3 Enfants: 1 1 2 3 Le maître chante plusieurs réponses différentes.		Pinsons: 1 1 2 3 les Rossignols chantent les réponses	→	le maître: 1 1 2 3 Réponses individuelles
Debout *Vocalises*	Vocalise 5 : 2 1 2 3 2 1 Nu Nu Nu Nu Nu Nu		Groupe II **1 = G** Gr. I **1 = B♭** Travail individuel	Groupe III Voc. 1 **1 = A** promotions éventuelles	
		TABLEAU RYTHMIQUE SOUS LES YEUX DES ENFANTS			
Assis *Rythme* Dictées	T.R. 2 2 1 2 3 2 1	1 1 2 3 2 1 1 1 2 3	T.R. 3 2 1 1 1 2 1 1	→	2 1 2 3 2 1
Debout *Chants*	mélodie 14 Reine des Cieux	mélodie 14 Rossignols et Pinsons les Rouges-gorges font les gestes.	mélodie 15 **Révision** : mélodie 14 en dialogue entre les Rossignols et les Pinsons	mélodie 15 mélodie 14 →	

Chapitre Cinq

Vocalises

Vocalise 1 *1 = B – G – F*

Vocalise 5 *1 = B – G – F*

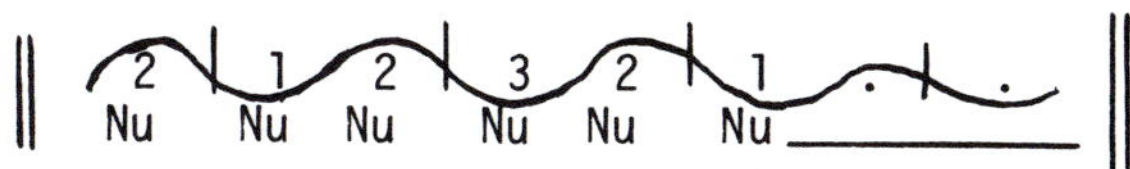

Dans cette série de leçons, on procédera au travail vocal par groupes et individuellement. On choisira des tonalités convenant aux différents groupes. Par exemple:

Rossignols sur une intonation élevée	- *B* ou *C*
Pinsons sur une tonalité plus grave	- *G* ou *A*
Rouges-gorges sur une intonation encore plus grave	- *E* ou *F*

Intonation

Tous les exercices sur le diagramme 3 *1 = G ou* A^b

Exercice 9

Arrêt, puis poursuite dans la même direction

1 2 3 4 5 5 5	5 4 3 2 1 1 1
1 2 3 3 4 5	5 4 3 3 2 1
1 2 3 3 3 4 5	5 4 3 3 3 2 1

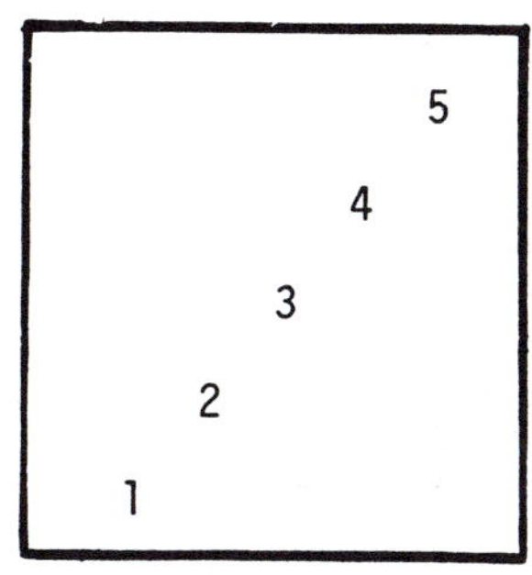

Diagramme 3

Exercice 10

Arrêt, répétition, changement de direction

1 2 3 4 5	5 4 3 2 1
1 2 3 4	4 3 2 1
1 2 3	3 2 1
1 2	2 1
1 2 3 4 5	5 4 3 2 1

Exercice 11

Arrêt, note pensée (au point), changement de direction

1 2 3 4 5	5 4 3 2 1
1 2 3 4 5	. 4 3 2 1
1 2 3 4	4 3 2 1
1 2 3 4	. 3 2 1
1 2 3	3 2 1
1 2 3	. 2 1
1 2	2 1
1 2	. 1

Nous recommandons d'utiliser une baguette en bois de 30 cm., verte à une des extrémités et rouge à l'autre, pour l'exercice d'intonation 11:
vert pour les notes chantées
rouge pour les notes pensées.

Rythme

Tableau rythmique 3   Application mélodique

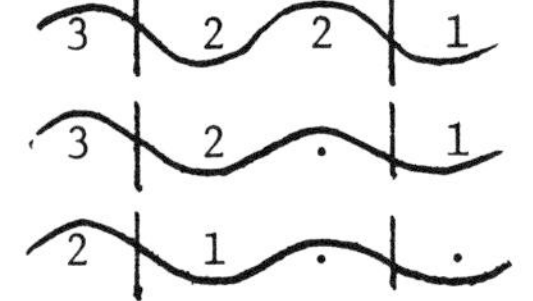

a)

Nouveau b) I | I . | I

c) I | I . | .

Avec le langage métrique et le geste métrique. Puis, avec le geste rythmique II.

Révision du tableau rythmique 2 Page 40

La ligne *b)* présente, pour la première fois, une note longue à l'intérieur d'un schéma rythmique. Jusque là, les notes longues étaient toujours placées à la fin du schéma. Le faire remarquer aux enfants. Pour des enfants plus lents, il serait bon de procéder à des exercices préparatoires. Par exemple:

Entendez-vous quatre DO courts?
Entendez-vous trois DO, le second est long?
Entendez-vous deux DO, le second est très long?

La craie de couleur clarifie l'image du rythme:
jaune: bâtons ou chiffres
rouge: barres de mesure
bleu : courbe rythmique

Dictées

Les dictées auditives et visuelles du chapitre IV sont révisées, pour obtenir de meilleurs résultats. On peut également utiliser des fragments des exercices d'intonation 9, 10 et 11.

Dictées rythmiques   Application mélodique du tableau rythmique 2

Le maître dicte les schémas avec une mélodie:

a) 2 | 1 2 | 3

b) 2 | 1 . | .

c) 1 | 1 2 | 3 2 | 1

d) 1 | 1 2 | 3 . | .

A) 2 | 1 2 | 3 2 | 1 . | .

Les élèves écrivent uniquement le schéma rythmique:

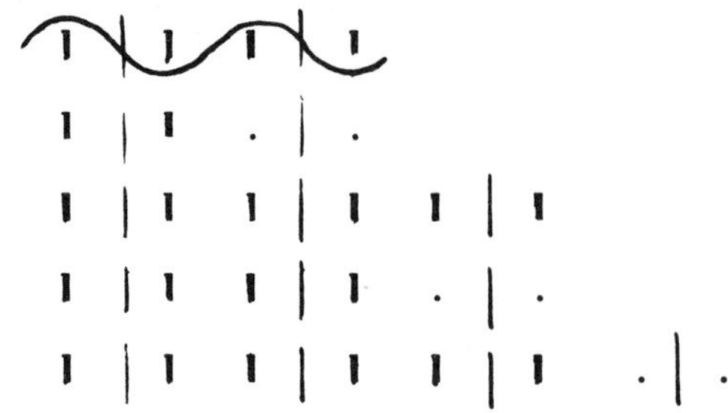

I | I . | .

I | I I | I I | I

I | I I | I . | .

I | I I | I I | I . | .

Notation

Nouveau: Notation sur portée

Les enfants ont appris à chanter les notes sur les diagrammes mélodiques. Le geste mélodique les a aidés à prendre conscience de la relation des sons entre eux. Ce travail a servi à préparer indirectement l'étude de la notation sur la portée musicale.

Le maître trace au tableau une ligne horizontale sur laquelle il écrit le chiffre 1, puis, au-dessus de la ligne et touchant celle-ci, le chiffre 2.

Les enfants chantent les deux notes.

Le maître "déguise" les chiffres en les recouvrant de craie:

"Maintenant, comment les reconnaître? Pour reconnaître DO, nous mettons au début de la ligne un signe, - <u>une clé</u> -, qui nous indiquera la place du DO: nous l'appellerons la clé de DO. Sachant où se trouve le DO, il sera facile de reconnaître le RE: il se trouve en-dessus."

Les enfants chantent les notes sur la portée d'une ligne.

Pour la lecture sur la portée, on peut utiliser les exercices d'intonation 1 et 2 du chapitre I.

Dans ce chapitre, les leçons peuvent également comprendre des exercices de transcription: Le maître place quelques notes sur la portée et demande aux enfants de les identifier en écrivant correctement les chiffres en-dessous des notes:

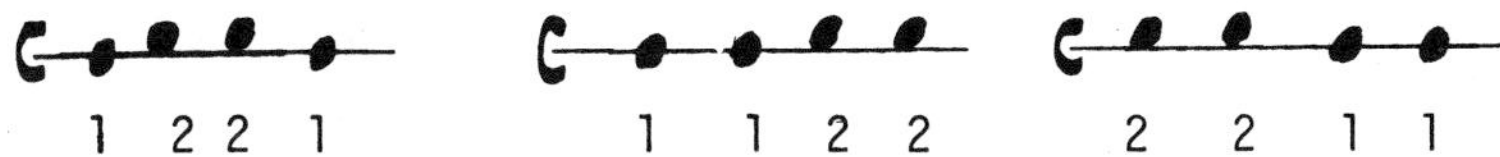

> Tous les enfants doivent participer activement à la leçon.

Activité Créative

<u>Conversation musicale</u>-3ème Etape Le jeu des Questions et Réponses se poursuit, sur le nom des notes, avec des fragments mélodico-rythmiques.

Le maître dessine au tableau un pentacorde ascendant et un pentacorde descendant.

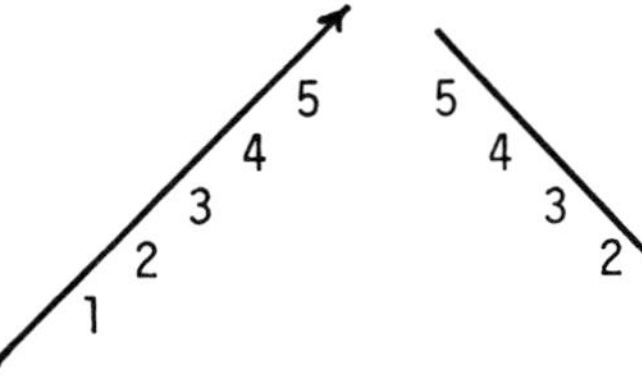

Le maître propose la règle du jeu: Si la question monte, la réponse descend. Par exemple:

Question	Réponse
1 2	2 1
1 2 3	3 2 1
1 2 3 4 5	5 4 3 2 1

Etape suivante: variété dans les réponses.
Le maître chante une question en faisant le geste rythmique II:

Les enfants répondent simultanément. Le maître fait remarquer que, même en musique, les réponses à une question peuvent être différentes.

Maintenant, les enfants chantent à plusieurs reprises cette petite phrase, à laquelle le maître donne chaque fois une réponse différente, qu'il note au tableau.

<u>Question</u> (enfants) <u>Réponse</u> (maître)

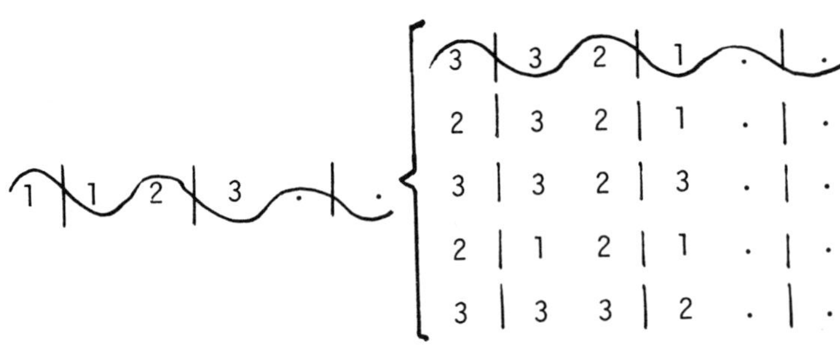

"Quelle est la plus jolie réponse?"

Chants

Application mélodique du tableau rythmique

Mélodie 14 *1 = G*

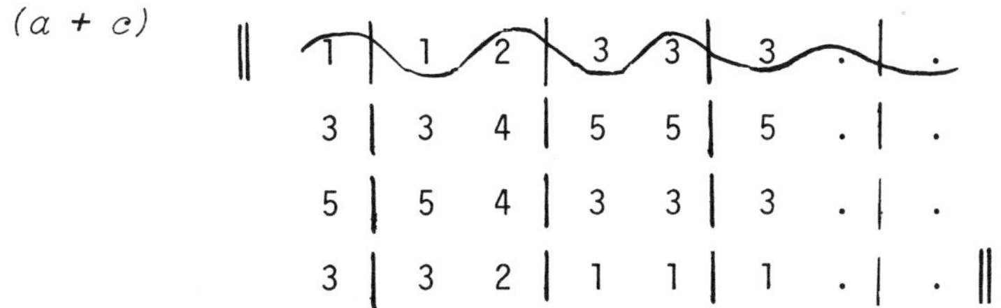

Mélodie 15 *1 = A*

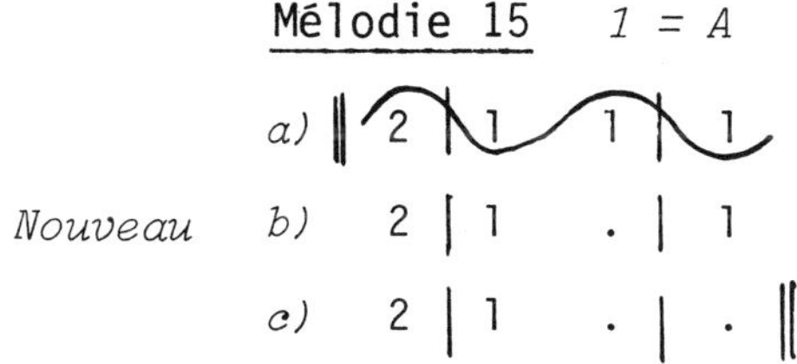

> A la fin de ce cinquième chapitre, les enfants devront avoir acquis une certaine aisance dans la pratique des différents exercices.
>
> Désormais, on ne recourra à l'imitation pure que lorsqu'un problème nouveau se présentera. Déjà, les enfants passent de la période d'imitation à la période de réflexion. Les exercices mélodiques et rythmiques seront gradués de manière à ce que les élèves puissent les exécuter avec un minimum de direction et presque sans aide apparente.
>
> La meilleure aide que le maître puisse donner à sa classe est une leçon bien préparée.

Chapitre Six

Vocalises

Révision Vocalise 1

1 = B♭ – C – D

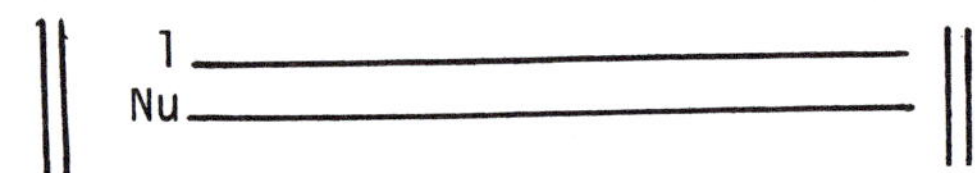

Prendre des tonalités plus élevées et plus graves pour les Pinsons et les Rouges-gorges.

Vocalise 6

1 = G – E♭ – A♭

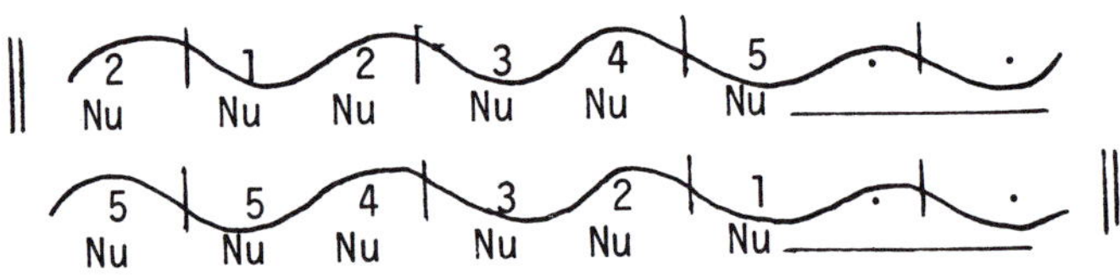

Cet exercice utilise les notes du pentacorde, maintenant familier aux enfants.

Chanter lentement, avec légèreté et clarté, en faisant bien entendre le rythme.

Faire résonner le son Nnnn entre le "levé" et le "posé".

Chaque ligne de la vocalise est chantée sur une unique respiration.

> Des exercices de respiration ne sont pas nécessires à ce stade du développement de l'enfant. Au contraire, ils vont à l'encontre de leur but, parce qu'ils provoquent une contrainte qui se traduit par une contraction des muscles. Il vaut mieux faire en sorte que les mouvements respiratoires soient pour les enfants un réflexe naturel plutôt qu'un acte de volonté. La phrase y gagnera en qualité expressive.

Intonation

Tous les exercices sur le diagramme 3.
Tout le travail d'intonation de ce chapitre est basé sur 1 2 3 4 5.
Ces exercices emploient avec une plus grande liberté les notes du pentacorde.
L'utilisation de la baguette doit être précise (notes pensées).
Pendant les exercices, vérifier fréquemment la justesse du DO et du SOL avec le diapason.

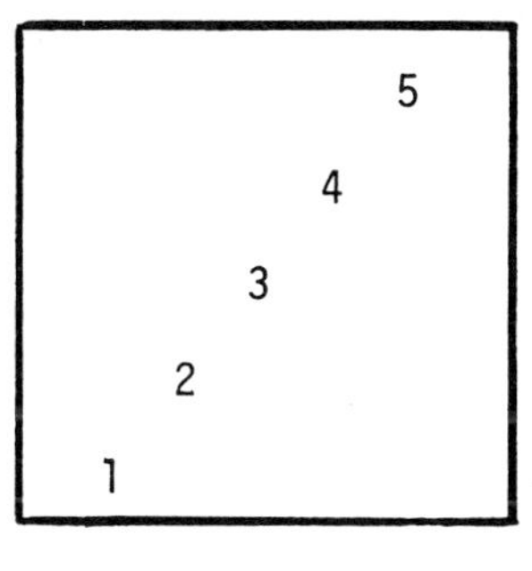

Diagramme 3

Exercice d'intonation 12 *1 = G*

5 4 3 2 1	1 2 3 4 5
5 4 3 2 1	. 2 3 4 5
5 4 3 2	2 3 4 5
5 4 3 2	. 3 4 5
5 4 3	3 4 5
5 4 3	. 4 5
5 4	4 5
5 4	. 5

Le pentacorde est chanté en descendant et en montant. Comme précédemment, le point représente une note "pensée". Il est considéré comme une note "tenue" et les enfants ne prennent pas leur respiration.

Exercice d'intonation 13 *1 = A^b ou A*

1	2	3	4	5	5	4	3	2	1
12	12		34	5	54		54	32	1
12	34		34	5	54		32	32	1

Les notes du pentacorde sont utilisées librement. Faire lire les groupes de notes mentalement avant de les chanter, pour obtenir une phrase musicale.

Exercice d'intonation 14 *1 = A^b*

1 2 3 4 5	5 4 3 2 1
1 1 2 1 2	2 1 2 1 1
1 2 1 2 2	1 2 2 2 1

Après avoir établi le pentacorde dans l'esprit des enfants, faire chanter les groupes de l'exercice: relation des sons conjoints DO - RE.

Ne jamais chanter avec les enfants. Les enfants corrigent eux-mêmes les notes fausses.

Rythme

Tableau rythmique 4

Le nouveau schéma présente une succession de notes longues; il sera chanté avec le geste métrique et le langage métrique, puis sur différentes notes. Quand le geste rythmique sera appliqué, il faudra veiller à respecter la longueur des notes, ce qui est souvent difficile.

a) la | la la | la

b) la | lon . | la

c) la | lon . | .

Nouveau d) la | lon . | lon . | lon . | .

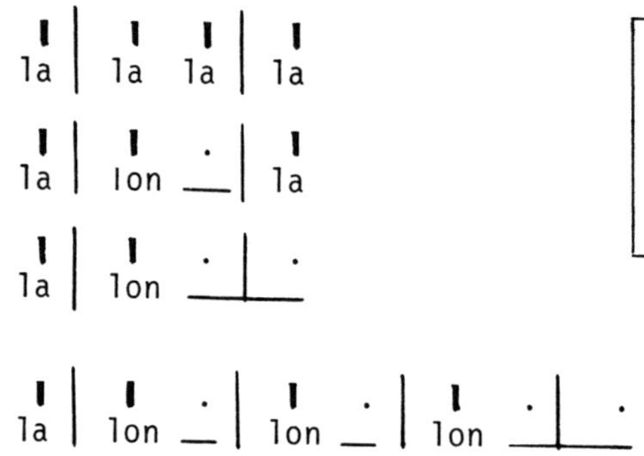

> Lorsque les enfants chantent un schéma rythmique, éviter les "coups de voix" sur les points des notes longues.

Combinaison de schémas rythmiques

Dans le chapitre IV, deux schémas rythmiques courts étaient juxtaposés pour constituer un schéma plus long. Nous découvrons ici de nouvelles combinaisons.

A (a + b)

(Connu) B (a + c)

C (b + c)

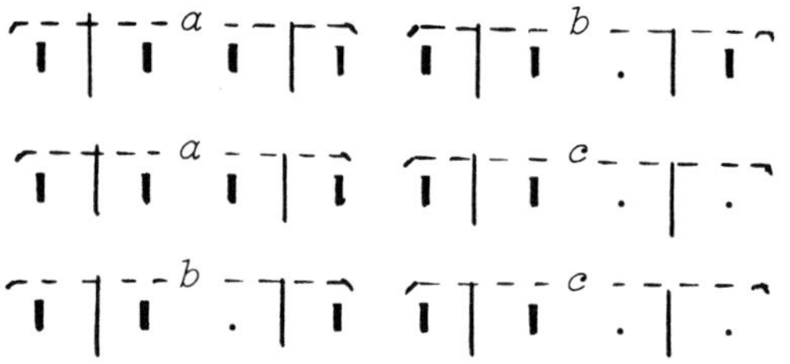

Application mélodique

B (a + b) 2 | 1 2 | 3 4 | 5 . | .

C (b + c) 5 | 5 . | 4 4 | 3 . | .

Nouveau d) 3 | 3 . | 2 . | 1 . | .

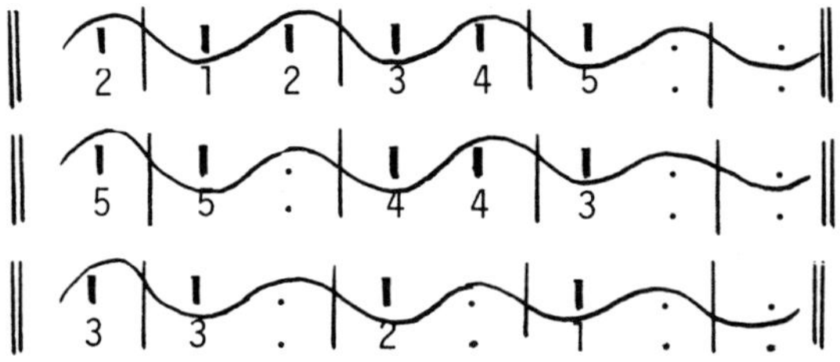

> Les schémas rythmiques doivent toujours être sous les yeux des enfants.

Notation

La portée de deux lignes DO, RE et MI

Révision de DO et RE en notation sur portée.

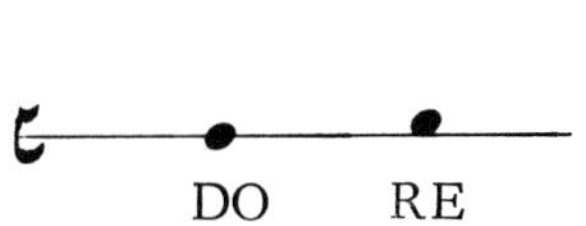

Exercice d'intonation 1 $1 = A^b$

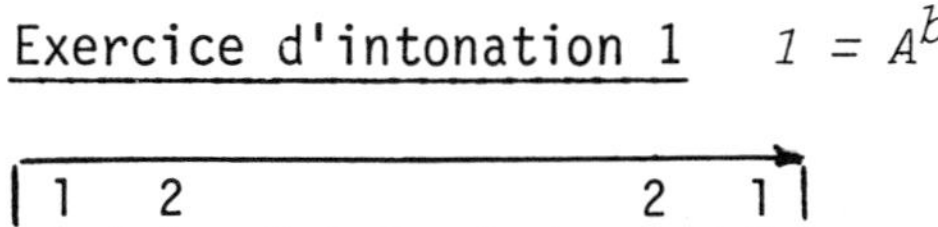

Exercice d'intonation 2 $1 = A^b$

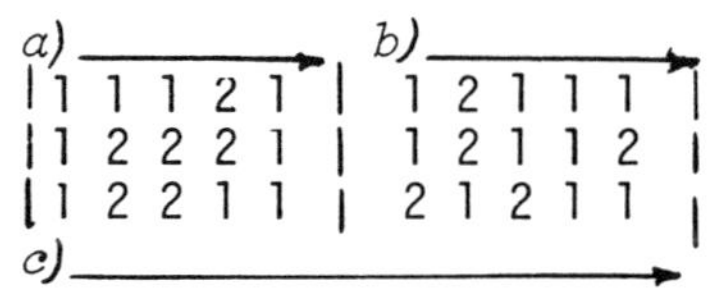

Présentation du MI sur la portée

Le maître dessine une ligne sur le tableau, ajoute une clé et les chiffres 1 et 2 pour DO et RE:

"Comment pourrons-nous représenter MI (3) sur la portée? En ajoutant une autre ligne:"

Le maître recouvre les trois chiffres avec de la craie:

Les enfants chantent les trois notes en montant et en descendant.

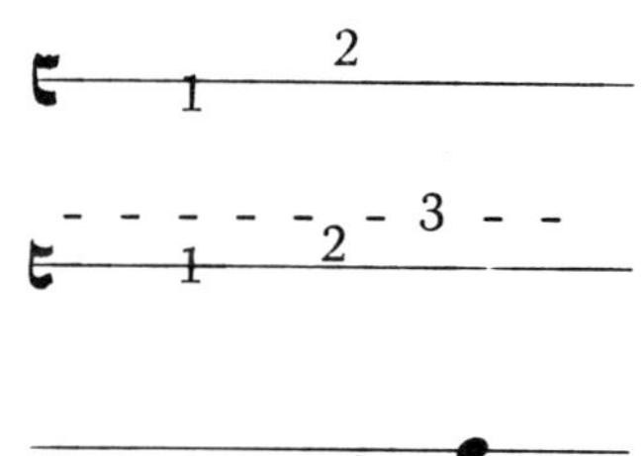

Revoir les exercices d'intonation 3 et 4 sur cette portée de deux lignes. Le maître utilise la baguette comme sur les diagrammes chiffrés.

Diagramme-portée

Exercice d'intonation 3

$1 = A^b$

Exercice d'intonation 4

$1 = A^b$

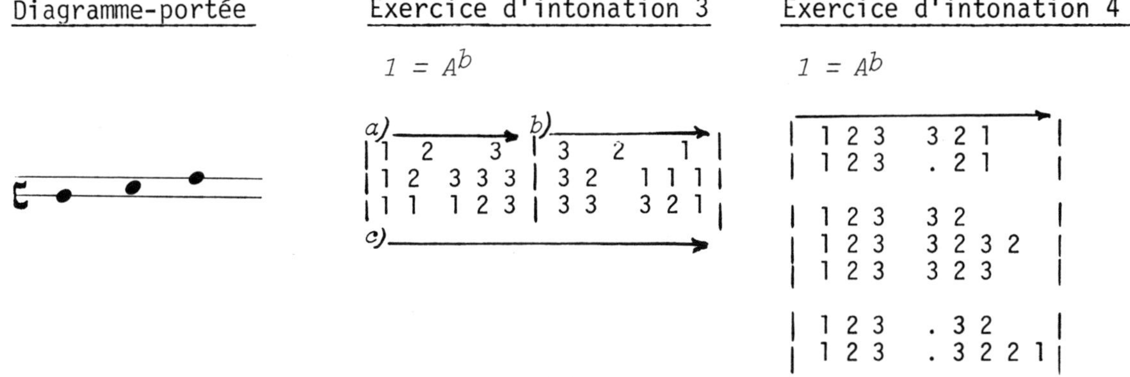

Activité Créative Conversation musicale 3ème Etape *(suite)*

Au chapitre V, la même question, c'est-à-dire: 1 1 2 3 . . était posée plusieurs fois par les enfants. Le maître donnait chaque fois une réponse différente.

Dans ce chapitre, c'est le maître qui pose la même question et quatre ou cinq enfants répondent individuellement. Chaque réponse est écrite au tableau. Puis, tous les enfants peuvent participer au dialogue musical, lorsque le maître désigne un enfant ou un groupe pour mener ce jeu question-réponse.

Question Réponses diverses

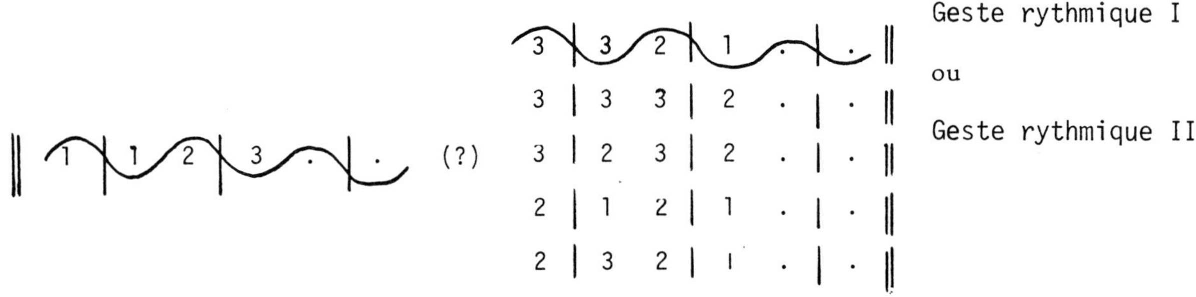

Durant la première étape, les réponses différentes doivent être bien en vue, de telle sorte que l'enfant appelé puisse faire un choix. Après quelques essais, les enfants seront impatients d'inventer leurs propres réponses.

> Ce jeu est une préparation à la composition musicale. Il doit stimuler l'intérêt des enfants à s'exprimer avec le vocabulaire musical.

Dictées

Dictées mélodiques Le maître chante une dictée sur NU. Les enfants identifient les notes et les chantent avec leur nom en faisant le geste mélodique.

1 2 3 2 3	1 2 3 4 5 5	1 2 1 2 3 4 5
1 2 3 4 3	2 2 1 1 2 3	5 4 5 4 3 2 1

Mémorisation visuelle

Le maître propose silencieusement un fragment mélodique:

a) en indiquant avec la baguette les notes correspondantes sur le diagramme 3; ou
b) en utilisant la notation sur les doigts; ou
c) en utilisant le geste mélodique.

1 2 3 4 3	1 2 3 4 5	1 2 3 3 2 2 3
5 4 5 4 3 2 1		3 3 3 2 3 2 1
1 1 2 2 2 3		

Avec la baguette, sur la portée à 2 lignes:

1 2 3 3	2 2 3	1 2 1 2 3
3 3 3 2	3 2 1	2 2 1 2 2 1

Dictées rythmiques

1. Tableau rythmique 4 sous les yeux des enfants. Le maître chante un fragment mélodique constitué par la juxtaposition de deux schémas. Il demande à la classe de les identifier.

Le maître:

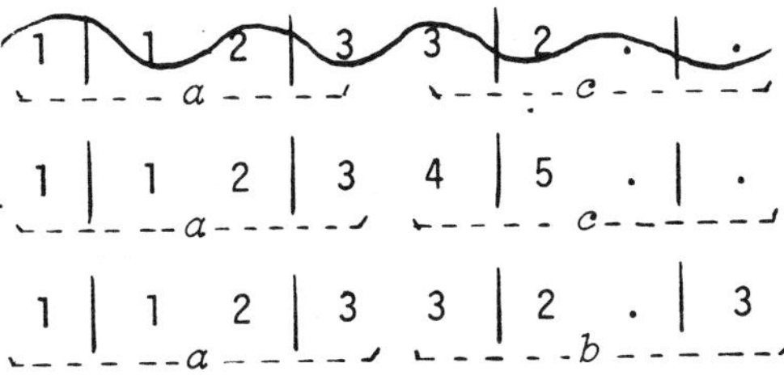

2. Le maître écrit au tableau une combinaison de deux schémas rythmiques:

Le maître chante ensuite une mélodie correspondant au schéma. Un enfant vient au tableau, écrit le fragment mélodique exactement au-dessous et dessine la courbe rythmique. Les Rossignols et les Pinsons chantent la mélodie en faisant le geste rythmique II, tandis que les Rouges-gorges font le geste.

Chants

Les mélodies 16 et 17 sont une application des intervalles et des schémas rythmiques étudiés dans ce chapitre.

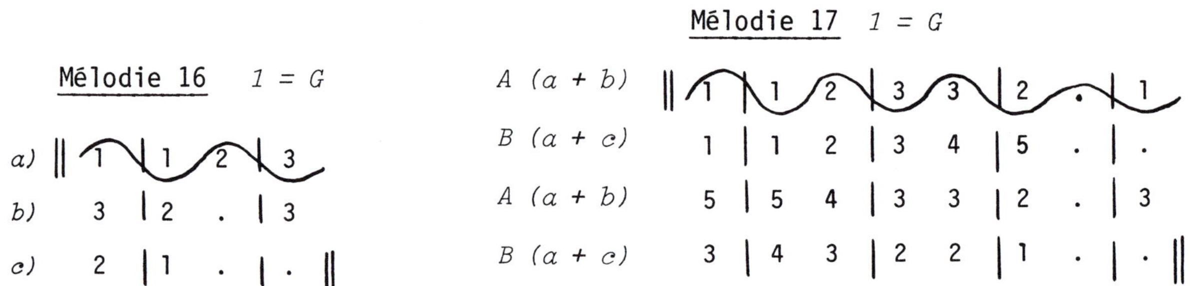

Chant avec paroles

L'accent se trouve sur la première syllabe. Les élèves doivent chanter la seconde syllabe doucement.

N'enseignez pas par imitation. Les enfants peuvent <u>lire</u> la mélodie, et au besoin, ensuite, le maître peut leur chanter le mot A - men.

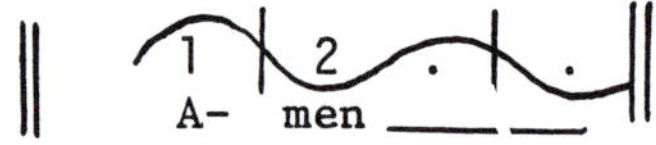

RAMPONNEAU

Chapitre Sept

Vocalises

Révision Vocalise 1

1
Nu

1 = B♭ — F — C — D

Révision Vocalise 6

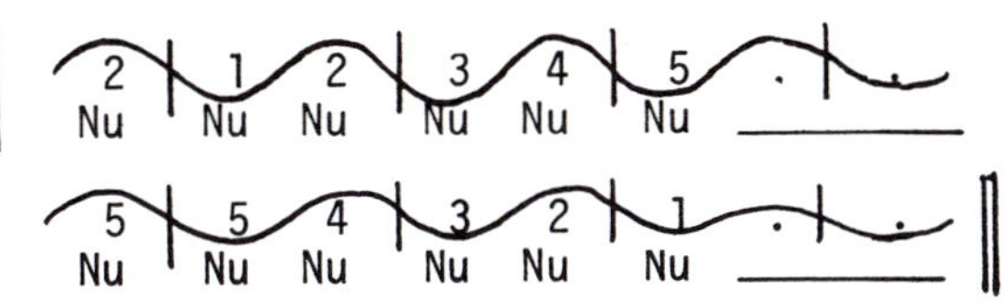

1 = G — E♭ — A♭

> Lors de la révision des vocalises, rechercher l'égalité et la beauté des sons. Pour que l'air passe librement, il ne doit y avoir aucune rigidité musculaire. Tout doit être naturellement souple.

Vocalise 7 On travaille cette vocalise lorsque l'intervalle DO - MI aura été abordé.

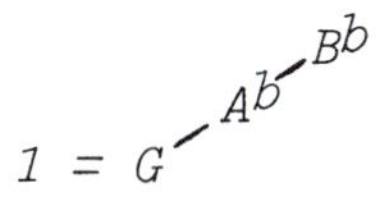

> Créer l'enthousiame pour parvenir à la beauté.

Intonation

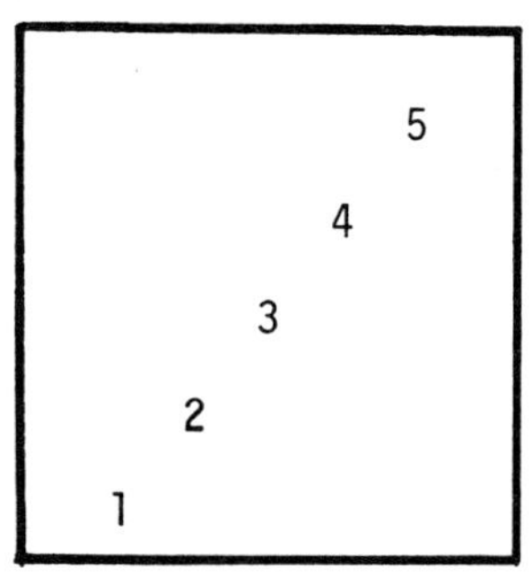

Diagramme 3

Sur le diagramme 3, réviser les exercices d'intonation 13 et 14.

Exercice d'intonation 15 — *1 = A♭*

```
| 1 2 3 4 5   5 4 3 2 1 |
| 1 2 3 3 2   3 2 1 2 3 |
| 3 2 2 3 2   3 2 2 3 3 |
| 3 2 3 2 3   3 2 3 2 1 |
```

Plus grande liberté dans l'emploi des notes du pentacorde. Relation des sons conjoints RE - MI.

Exercice d'intonation 16

Etude du premier intervalle disjoint: MI - DO, DO - MI. Noter soigneusement la direction des flèches. Ne pas redonner le ton au début de chaque ligne.

```
a)→      b)→      c)→
| 1 2 3 | 3 2 1 |  1 2 3    3 2 1 |
| 1 2 3 | 3 2 1 |  1 3      3 1   |
| 1 .   | 3 .   |
```

Présentation de l'exercice d'intonation 16

1er jour: Flèche *a)* Le maître donne le ton et fait chanter la première ligne. Il redonne à nouveau le ton pour la seconde ligne. Sans redonner l'intonation, il fait aussitôt chanter la troisième ligne aux enfants. En entraînant les deuxième et troisième lignes, les enfants ont chanté l'intervalle MI - DO.

2e jour: Flèche *b)* Même travail. Les enfants chantent ainsi l'intervalle DO - MI.

3e jour: Flèche *c)*

Pour varier l'étude de l'intervalle 1 - 3, 3 - 1, on a recours au geste mélodique, à la notation sur les doigts et la notation sur la portée.

Diagramme-portée

Notation

1. DO - MI sur la portée et place du FA (4)

Placer DO - MI sur la portée avec la notation chiffrée.

Couvrir les chiffres comme des "boules de neige". Donner des dictées visuelles et auditives. (Vérifier la justesse au diapason).

Remplir l'intervalle et ajouter FA (4). Laisser les enfants suggérer sa place.

Recouvrir le chiffre 4 avec la craie. En suivant la baguette, les Rossignols chantent les notes de haut en bas. Ensuite, c'est le tour des Pinsons. *(1 = G)*

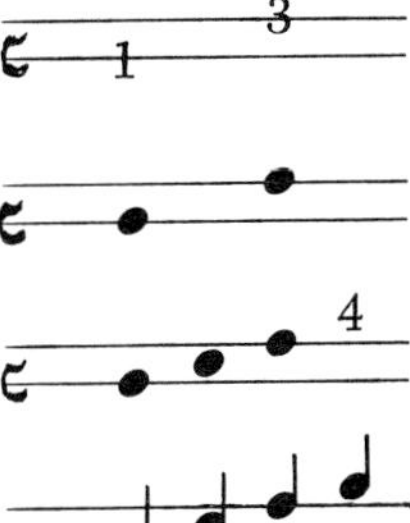

2. Notation sur portée Notes à une et deux pulsations

	Noire		*Blanche*
I = ♩		I . = 𝅗𝅥	
la	la	lon	lon

Le maître montre aux enfants que la barre qui figure une pulsation équivaut à une noire. Pour chaque barre, ou chaque noire, l'enfant dit "la".

Le maître montre aux enfants qu'une barre et un point, qui figurent 2 pulsations, équivalent à une blanche. Pour chaque blanche, l'enfant dit "lon".

En utilisant le langage métrique et le geste métrique, les enfants chantent les schémas du tableau rythmique 4.

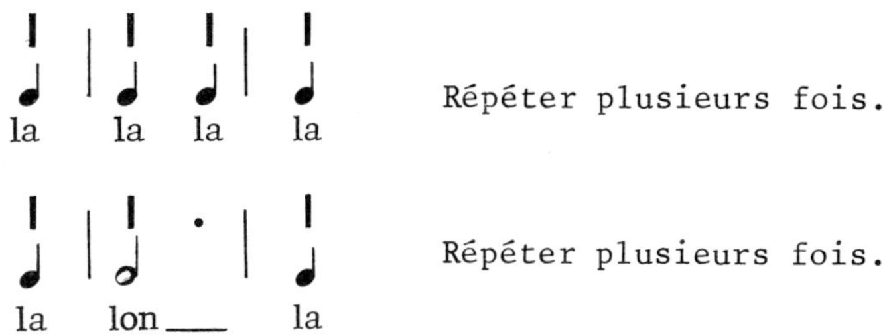

Répéter plusieurs fois.

Répéter plusieurs fois.

Rythme

Révision des gestes rythmiques I et II, en se servant des enregistrements spécialement préparés à cet effet. Les enfants peuvent aussi chanter en alternant les groupes:

Les Rossignols chantent pendant que les Pinsons et les Rouges-gorges font le geste.

Les Pinsons chantent la mélodie pendant que les Rossignols et les Rouges-gorges font le geste.

On peut aussi utiliser la mélodie 14 (chapitre V) ou la mélodie 17 (chapitre VI).

Révision du tableau rythmique 4

Combinaisons et applications mélodiques

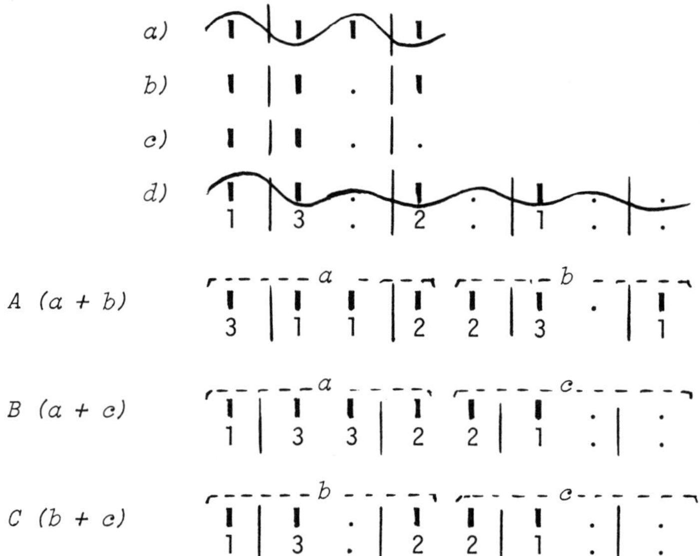

Les applications mélodiques utilisent les intervalles DO - MI, MI - DO. Chanter chaque schéma avec le langage métrique tout en faisant le geste métrique I. Les Rossignols chantent la mélodie *A* sur le nom des notes, pendant que les Pinsons et les Rouges-gorges font le geste rythmique II. Tous chantent la mélodie sur NU, en faisant le même geste. Un autre jour, on fera l'exercice *B*, le troisième jour, l'exercice *C* ou *d*.

Dictées

Dictées mélodiques

Révision des dictées visuelles et auditives du chapitre VI.

Utiliser:
- le diagramme 3
- la notation sur les doigts
- le geste mélodique
- la notation sur portée.

Dictées sur l'intervalle DO - MI:

1 2 3	3 1	1 3	3 2 1
3 1	1 2 3	3 1	1 2 1

Dictées rythmiques

Le tableau rythmique 4 en vue de toute la classe, le maître chante l'application mélodique *A* sur NU en faisant le geste rythmique II.

Les enfants doivent identifier la combinaison *a* + *b*. Un enfant est invité au tableau et écrit d'abord les bâtons avec le doigt, puis avec la craie. Un autre enfant ajoute les barres de mesure. Placer la barre de mesure devant la dernière note, puis rétrograder de deux en deux temps. Un troisième et un quatrième enfants ajoutent la mélodie et la courbe rythmique.

Les Rossignols chantent la ligne en faisant le geste rythmique II. Les Rouges-gorges répètent.

> Ne pas dicter les combinaisons rythmiques recto-tono, mais toujours sur une mélodie.

Activité Créative

1. Conversation musicale - 3ème Etape *(suite)*

a) Révision de la conversation sur 1 2 3 au chapitre précédent. Inviter un enfant à poser la question et inviter un autre à donner la réponse.

"Souvenez-vous: si la question monte, la réponse descend."

b) Le maître donne une question plus longue en utilisant le pentacorde 1 2 3 4 5. Le maître écrit au tableau plusieurs réponses différentes et demande à un enfant de choisir l'une d'elles. Le maître répète la question et les Rossignols répondent, puis les Pinsons. Les Rouges-gorges font le geste rythmique II.

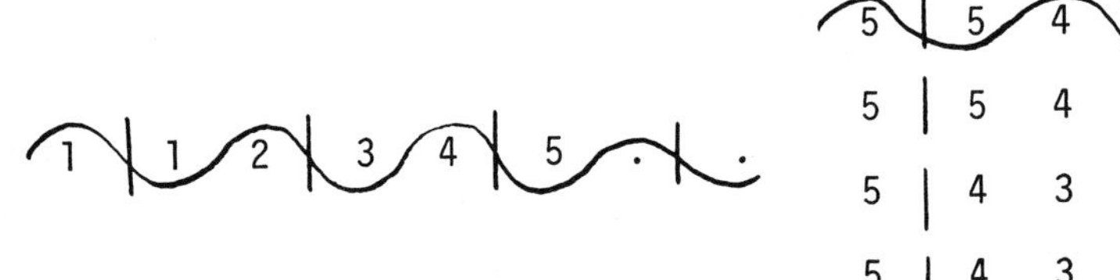

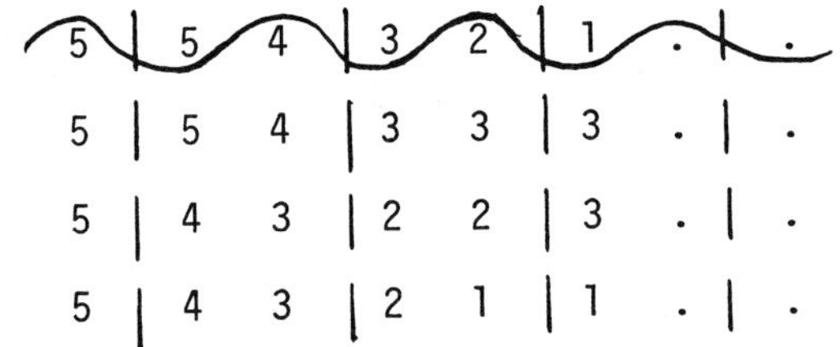

2. Composition. Les enfants ont vu comment deux schémas courts peuvent être combinés pour former un schéma plus long. Ici, les enfants apprennent comment le long schéma peut être répété entièrement pour devenir un schéma qui est encore plus long. Par exemple:

Le schéma B est formé de *a* + *c*

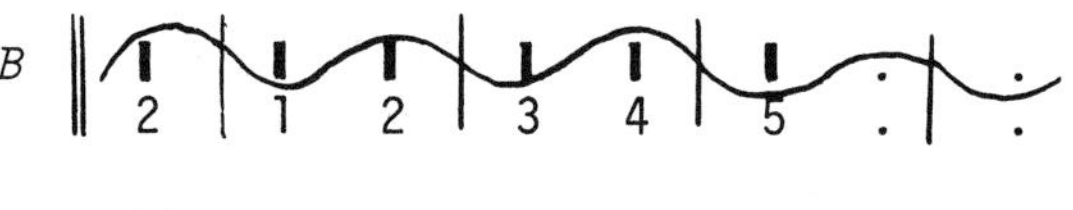

Si nous répétons B, nous constituons une mélodie plus complète.

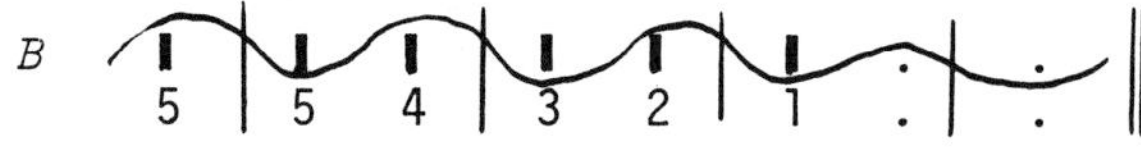

Un autre exemple: Le schéma *C* est formé da *b* + *c*

Si nous doublons *C*, nous constituons une mélodie plus complète:

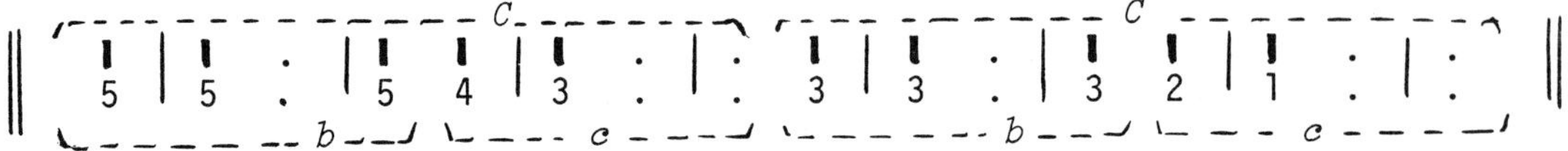

Chants

La Mélodie 18 utilise l'intervalle DO - MI (1 - 3). Ce chant sera enseigné, lorsque l'intervalle sera connu.

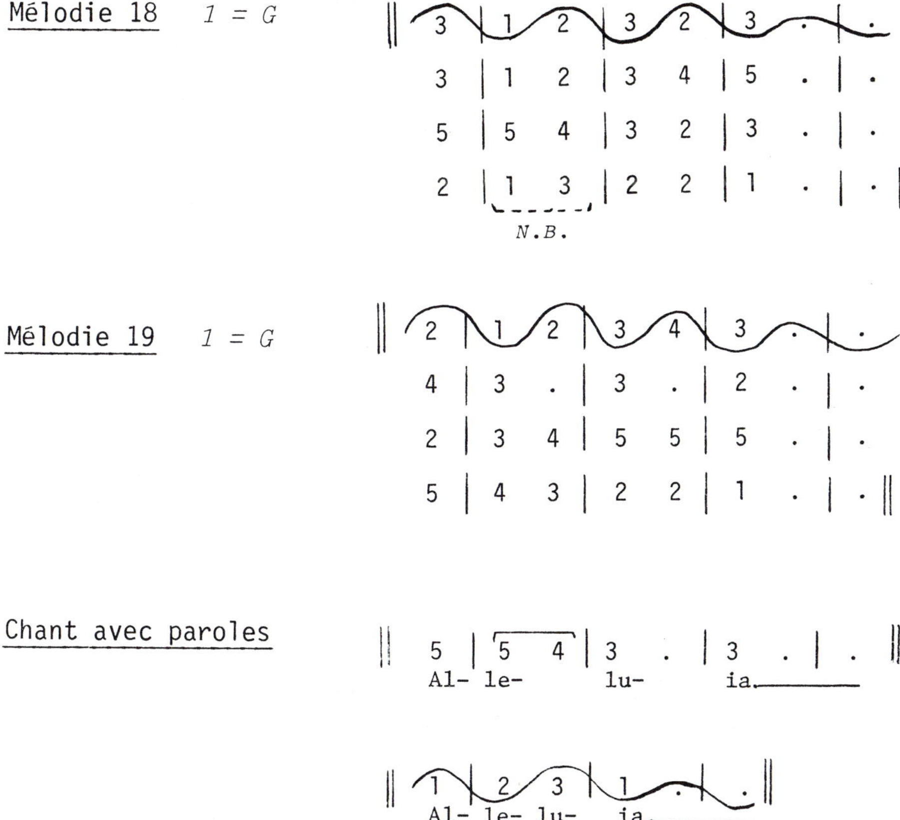

A PARIS

Chapitre Huit

Vocalises

Révision de l'exercice du chapitre précédent. S'efforcer d'atteindre le legato et la qualité du timbre.

Révision
Vocalise 1

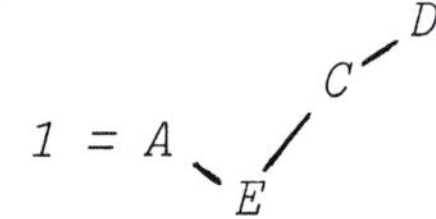

|| 1 Nu ||

Révision
Vocalise 6

1 = G, E^b, A^b

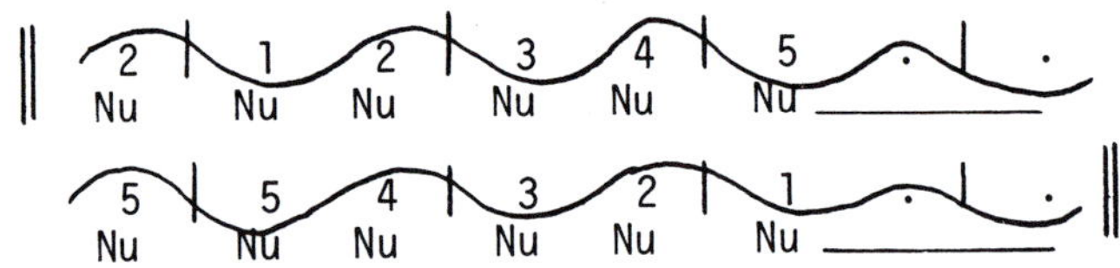

Révision
Vocalise 7

1 = G, A^b, B^b

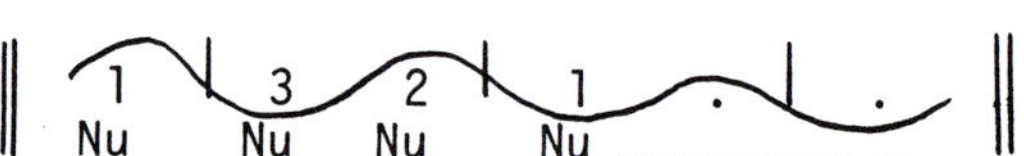

Dans la vocalise 7, l'attaque du MI doit être précise, directe, sans aucun port de voix. Cette exactitude n'est pas incompatible avec la souplesse du geste rythmique.

Les Rossignols dans des tonalités élevées. Les Pinsons dans des tonalités plus graves. Les Rouges-gorges - quelques essais dans des tonalités graves.

Intonation

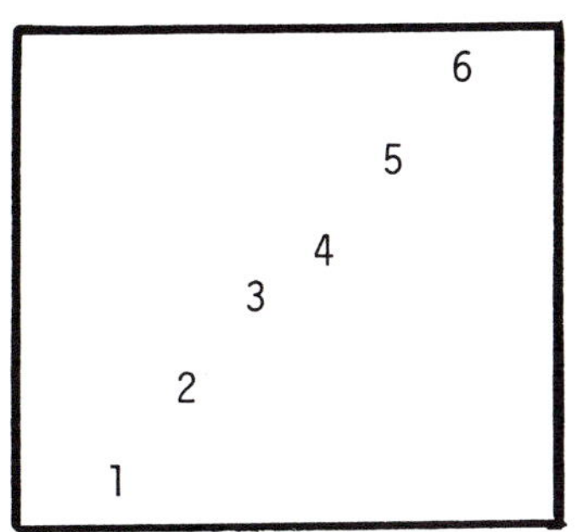

Diagramme 4

Suivre le même processus qu'au chapitre II. A partir du diagramme 3, le maître fait découvrir auditivement le nouveau degré, en faisant la geste mélodique correspondant.
Le maître chante plusieurs fois sur la syllabe NU - 56565, note le nouveau chiffre, et indique son nom: LA.

<u>Exercice d'intonation 17</u> *1 = F*

```
| 1 2 3 4 5     5 5 5     5 6 5     5 4 3 2 1     |
| 1 2 3 4 5 6 5     5 6 5 6 5 5     5 6 5 4 3 2 1 |
```

A travailler sur le diagramme 4. Observer un bref instant de silence ou figurent les espaces entre les groupes de notes. Laisser les enfants découvrir comment représenter LA avec les doigts et avec le geste mélodique.

<u>Exercice d'intonation 18</u> *1 = F ou G*

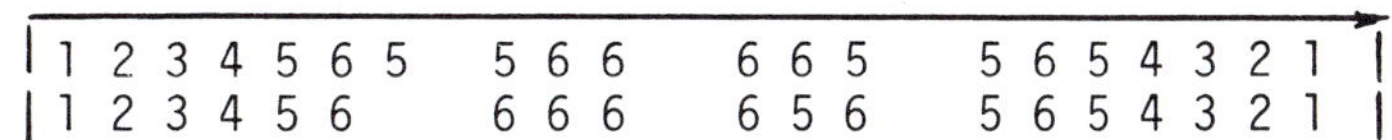

6 LA

A chanter d'abord sur le diagramme 4, puis en notation horizontale. Difficulté: arrêt sur le LA, puis répétition du LA.

<u>Exercice d'intonation 19</u> *1 = F ou G*

```
| 1 2 3 4 5     5 4 3 2 1 |
| 1 2 3 4       4 3       |
| 1 2 3 4       . 3       |
| 1 2 3 4       4 3 4 3   |
| 1 2 3 4       . 3 4 3 2 |
| 1 2 3 4       . 3 2     |
| 1 2 3 4       . 3 2 1   |
```

LA

A travailler sur le diagramme 4. L'exercice a pour objet d'obtenir que le demi-ton MI - FA soit chanté absolument juste. Chaque ligne avec un point est chantée sur une seule respiration. Chaque ligne qui n'a pas de point permettra une respiration entre les groupes de chiffres.

Révision des exercices d'intonation 5, 6, 7 et 8 sur le diagramme-portée.

Rythme

Révision Gestes rythmiques I et II. Les gestes rythmiques deviendront peu à peu plus précis, plus souples, plus légers et plus aériens. Leur mouvement ne sera jamais ralenti par le chant, mais au contraire dirigera celui-ci. C'est pourquoi, une mélodie doit toujours être sue avant d'être chantée avec les gestes.

Révision Tableau rythmique 4 Le maître se sert des petits schémas *a*, *b*, *c*, pour constituer une courte phrase. Chaque schéma est considéré comme un "mot rythmique". Le maître fera chanter, de mémoire, deux ou trois mots, puis les écrira sur une seule ligne.

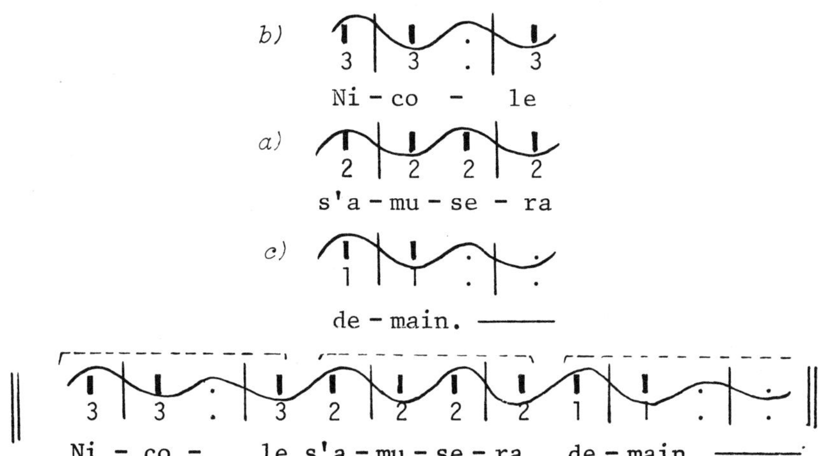

Poursuite des exercices sur le tableau rythmique 4. Chaque schéma doit être exécuté avec précision, avec le geste métrique et le langage métrique, puis sur différentes notes. Quand le geste rythmique sera appliqué, il faudra veiller à respecter la longueur des notes, ce qui est souvent difficile.

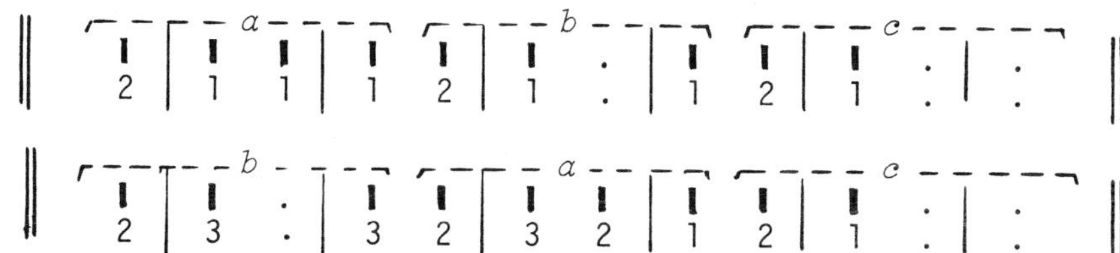

Notation

1. <u>Notation sur portée</u> - Extension de la portée pour inclure SOL et LA.

Le maître dessine une portée de deux lignes, ajoute la clé de DO, écrit en notation chiffrée les notes qui sont déjà connues.

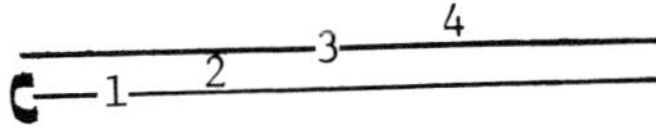

Les enfants chantent les notes en montant et en descendant. *(1 = F)*

Le maître ajoute une troisième ligne et demande aux enfants où se place SOL. Il ajoute le chiffre 5 sur la troisième ligne. "Où devons-nous mettre LA?" Le maître ajoute le chiffre 6 au-dessus de la portée.

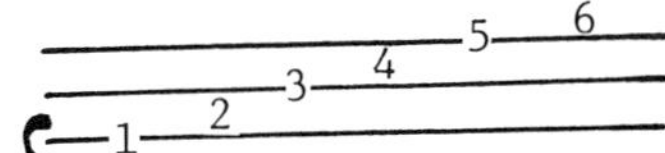

Les enfants chantent en montant et en descendant, les notes 1 2 3 4 5 6, 6 5 4 3 2 1, plusieurs fois. *(1 = F)*

Le maître couvre les chiffres comme des "boules de neige". Les enfants chantent plusieurs fois en montant et en descendant. *(1 = F)*

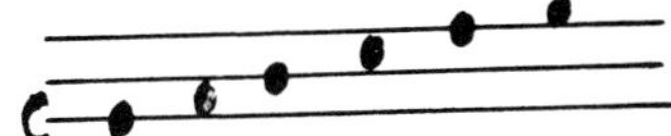

Pour les exercices sur la nouvelle portée, utiliser les exercices d'intonation 5 (P. 38), 6, 7 et 8 (P. 46).

On utilisera aussi souvent que possible la portée pour les exercices d'observation et de mémorisation visuelle.

2. Révision <u>La notation sur portée</u>

Le maître écrit au tableau un schéma rythmique qui doit être transcrit en notation sur portée. Les barres de mesure doivent être plus longues que d'habitude pour contenir les notes qui seront ajoutées par les enfants. L'un d'entre eux est invité à transcrire correctement les notes à une ou deux pulsations.

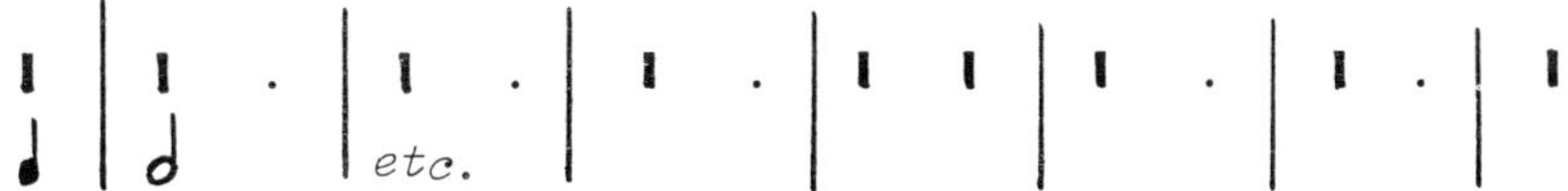

Le schéma ayant été transcrit, les enfants chantent avec le langage métrique "la, lon..." en faisant le geste métrique I.

Activité Créative

Conversation musicale - 3ème Etape *(suite)*

Pour éveiller l'imagination des enfants, le maître peut raconter une histoire:

> "Supposons que nous devenions amis avec une famille de canaris. Ils sont très bavards et se parlent en chantant. Nous allons les écouter."

Auparavant, le maître a noté au tableau une mélodie simple de 4 lignes, (par exemple, la mélodie 14 du chapitre V) et désigne 4 enfants qui représentent Monsieur et Madame Canari et deux jeunes canaris. Il attribue une ligne différente à chacun d'eux et la classe écoute la conversation. En s'imaginant écouter la conversation des oiseaux, ils vont aisément comprendre l'idée du dialogue musical proposé ici. Ils seront impatients d'inventer eux-mêmes des questions et des réponses.

Après quelques tentatives, demandes et réponses seront accompagnées du geste rythmique, afin de rendre la conversation plus musicale.

Il est nécessaire d'établir quelques principes:

1. Les enfants chantent sur la syllabe neutre NU.

2. Si la question monte, la réponse descend.

3. Si la réponse finit sur DO, la conversation est terminée.

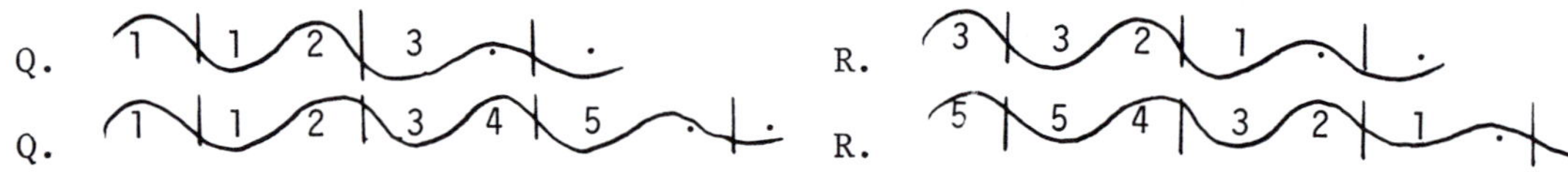

4. Si la réponse ne finit pas sur DO, la conversation doit se poursuivre.

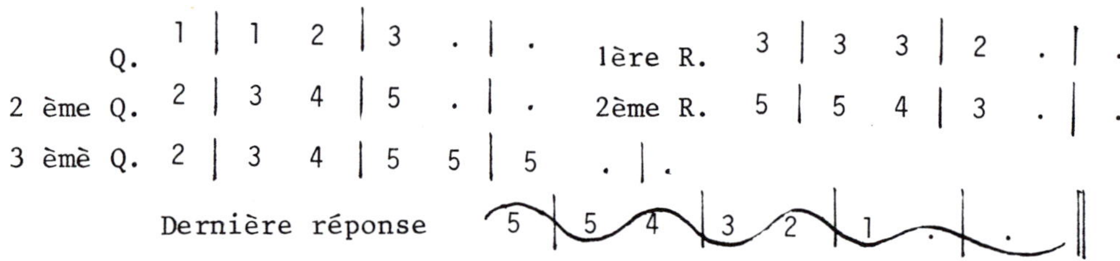

> Au bout d'un certain temps, le maître doit inviter tous les enfants à participer à ce jeu des questions et réponses.

Dictées

> Donner fréquemment des dictées simples pour encourager les enfants moins doués.

Dictées mélodiques sur le diagramme 4 - la note LA

| 1 2 3 4 5 6 5 5 6 5 6 5 | 1 2 3 4 5 6 5 5 5 6 6 5
| 1 2 3 4 5 6 6 6 6 6 5 6 | 1 2 3 3 4 4 3 1 2 3 4 3 4 3

Mémorisation visuelle Avec la baguette, le geste mélodique, la notation sur les doigts ou encore: l'enfant regarde le fragment un instant et ensuite se retourne pour le chanter de mémoire.

| 1 2 3 4 5 6 5 5 6 5 6 5 | 1 1 2 3 4 5 5 6 6 5 4 3
| 1 3 3 2 1 3 3 2 1 3 | 1 2 3 3 3 1
| 1 1 1 2 3 1 2 3 1 3 | 3 2 1 1 3

Notation sur portée - Dictée auditive et visuelle

Dictées rythmiques Le tableau rythmique 4 est sous les yeux des enfants. Le maître dicte de nouvelles combinaisons *a*, *b* et *c*. Chaque exemple est chanté sur NU ou avec le nom des notes et le geste métrique ou le geste rythmique II. Les applications mélodiques ne se feront que sur des schémas rythmiques connus.

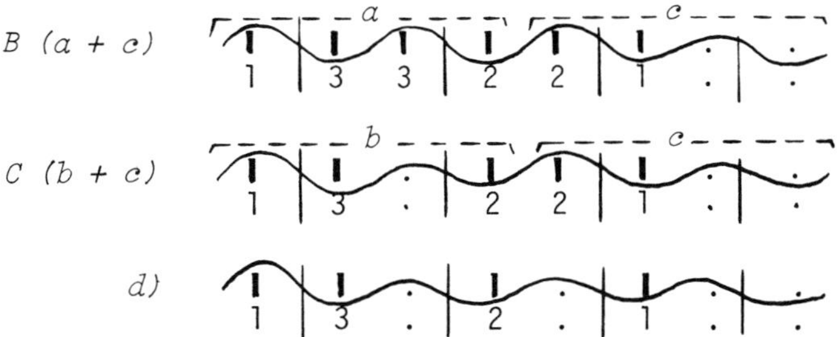

Les enfants doivent identifier les combinaisons et procéder comme dans le chapitre VII.

On peut donner des exercices de mémorisation visuelle avec les applications mélodiques proposées ci-dessus.

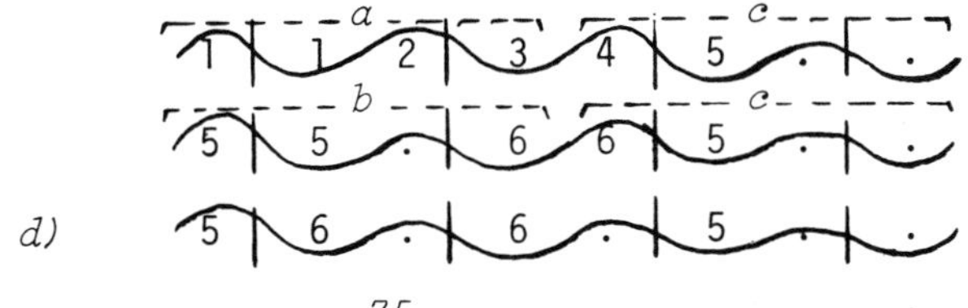

Chants

Les mélodies 20 et 21 servent à assimiler les exercices d'intonation 17 et 18, ainsi que le tableau rythmique 4.

Mélodie 20 *1 = G*

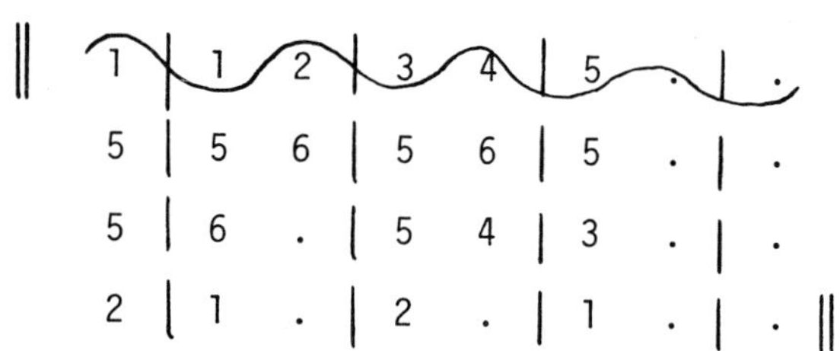

Mélodie 21 *1 = G*

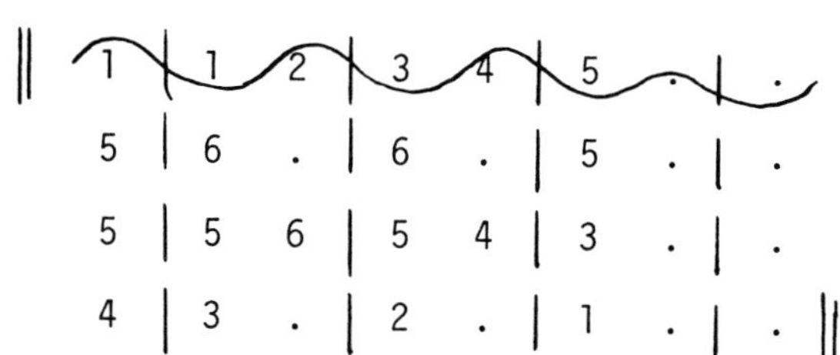

Chant avec paroles

Une nouvelle mélodie est proposée pour "Amen".

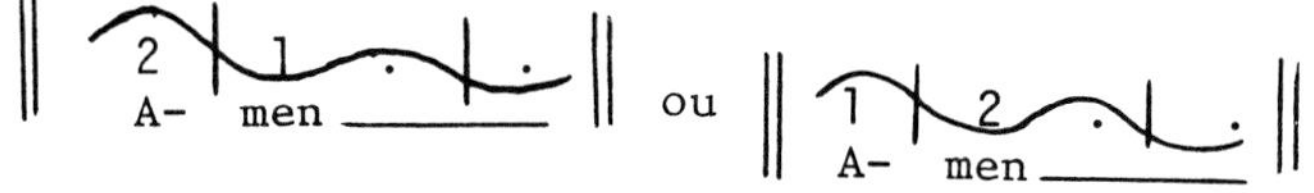

La nouvelle mélodie est

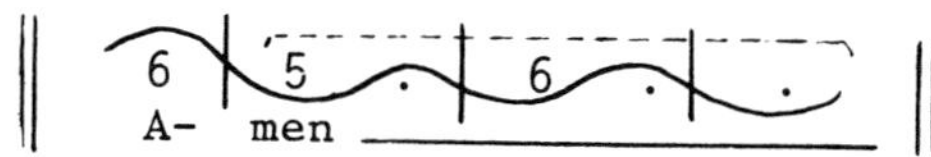

Puisque les enfants doivent chanter deux notes différentes sur une seule syllabe, ils chantent d'abord la mélodie sur le nom des notes, ensuite sur NU, enfin avec les paroles.

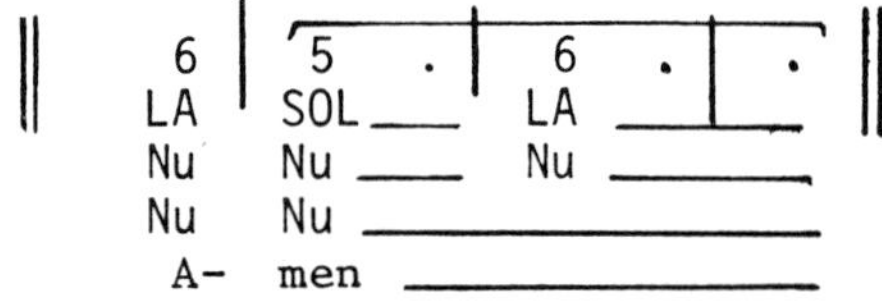

LE PETIT AVOCAT

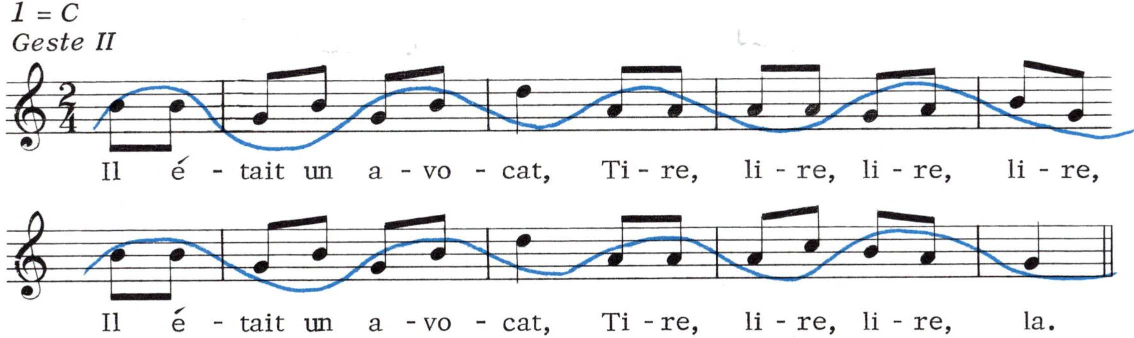

Dictée avec notation sur les doigts

Geste mélodique pour "LA"

Position de repos pour "A-men"

Chapitre Neuf

	1	2	3	4	5
Debout *Vocalises*	Salutation et chant d'ouverture : Le réveil des fleurs Alleluia Amen chanté par les Rossignols et les Pinsons les Rouges-gorges font le geste en silence Voc. 1 Rossignols **1 = C** Pinsons **1 = A** Rouges-gorges **1 = F** Travail individuel		Salutation Jeu de la balle avec les Rouges-gorges qui répondent sur les mêmes notes. Voc. 6 Rossignols **1 = A♭** Pinsons **1 = F** Pinsons **1 = G** Inviter les élèves à chanter seuls pour leur donner confiance		Salutation et chant d'ouverture : La pluie, le vent . . . Respiration profonde Résonance du Nnn Ecouter les Rouges-gorges pour la promotion
Assis *Intonation*	Diagramme 4 Ex. 20 Etude spécia-le de FA-MI [1 2 3 4 5 6]	**Révision** : Ex. 6, 7, 8 du chapitre IV avec la notation sur portée	**Révision** : Ex. 20 sur le diagr. 4 **Présenter diagr. 5** **Ex. 21** [1̇ 7 6 5]	Geste mélodique et notation sur les doigts pour SI DO	**Révision** : Ex. 21 Surveiller l'exactitude de l'intervalle MI - FA
Dictées **auditives** / **visuelles**	avec le diagramme 4 sous les yeux 1234 43 1234 32 1234 343 12345 43 partie rouge de la baguette	avec la notation sur portée sous les yeux 1234 43 1234 32 1234 343 12345 43	**LAISSER LE DIAGRAMME 5 SOUS LES YEUX DES ELEVES** 1̇765 1̇1̇765 sur les doigts : 1̇1̇ 1̇765 1̇1̇ 765 55	1̇765 55 55 5671̇ Avec le geste mélodique 55 5671̇ 5671̇ 1̇1̇	5565 65 5671̇ 1̇1̇ Au tableau puis effacer 1̇765 5671̇ 1̇1̇765 5671̇
Debout *Rythme*	**Présenter** : Geste rythmique III — Rythme ternaire Isoler chaque mouvement levé — posé Faire le geste continu le posé est le double du "levé" Ne pas précipiter la 2e pulsation de la mesure Cassette ou chanter un chant de rythme ternaire commencant sur une levée.			Geste rythmique III → mélodie 23 **Révision** : geste rythmique II avec : La pluie, le vent . . .	
Assis *Notation*	**Transcrire** : la notation sur portée 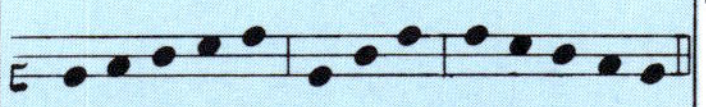	**Révision** : les valeurs des notes sur portée **Transcrire** : schémas rythm. 5 en notation sur portée	Chanter sur une note ou avec l'application mélodique.	**Transcrire** : le schéma rythmique en notation-portée I | I . | I . | I . | I I | I . | I . |	**Transcrire** : le T.R. 5 en notes a) ♩ | 𝅗𝅥 b) ♩ | 𝅗𝅥 ♩ | 𝅗𝅥 c) ♩ | ♩ ♩ ♩ | 𝅗𝅥
Debout *Vocalises*	Voc. 6 Rossignols **1 = A♭** Pinsons **1 = G** les Rouges-gorges font le geste en silence		Voc. 7 Rossignols **1 = A♭** →	Rossignols **1 = B♭** Pinsons **1 = A♭** Saut 1 - 3 →	Travail individuel
Assis *Activité Créative*	Conversation musical Etape 3 Inverser la donnée : 3 3 2 1 . .	Encourager à terminer sur SOL, MI et RE (5 3 2) Eviter de terminer sur FA et LA (4 6)	Essayer de ne pas "terminer" une conversation sur DO	Donnée : 2 1 2 3 4 5 . . Les élèves ajoutent au moins 3 réponses avant de terminer sur DO (1)	
Rythme	**Présenter** tableau rythmique 5 → a) I I I b) I I I . I I I . c) I I I I I I I .	Travail spécial sur c →	Geste et langage métrique	Tableau rythmique 4 avec le geste métrique sur les notes du diagramme 5	Tableau rythmique 5 avec l'application mélodique
Debout *Chants*	**Révision** : mélodie 21 Reine des Cieux Meunier, tu dors	mélodie seulement sur le nom des notes de : La pluie, le vent	mélodie 23 Le Pastouriau . . . 5 5 4 3 . 3 . . Al -le- lu- ia. _____ , →	mélodie 22 →	Le Pastouriau . . .

Chapitre Neuf

Vocalises

<u>Faire à chaque leçon des exercices individuels pour habituer les enfants à chanter seuls.</u>

<u>Vocalise 1</u> *1 = A* *F – C – D*

|| 1 ——————— ||
Nu ———————

<u>Vocalise 6</u> *1 = G – F – Ab*

|| 2 1 2 3 4 5 . .
Nu Nu Nu Nu Nu Nu ———

5 5 4 3 2 1 . . ||
Nu Nu Nu Nu Nu Nu ———

<u>Vocalise 7</u> *1 = G – Ab – Bb*

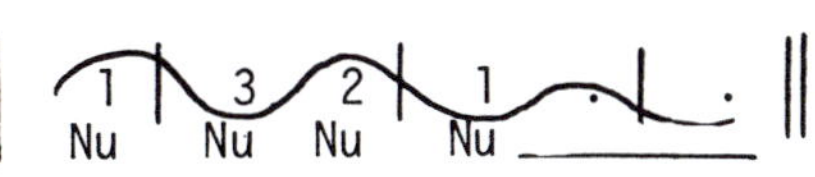

Intonation

Continuer l'étude de FA - MI, et MI - FA. Arrêt et départ au milieu du pentacorde.

1	2	3	4	5	6

Diagramme 4

Présenter l'exercice d'intonation 20 sur le diagramme 4 et sur la portée.

- Considérer le point (.) comme une "note pensée";
- Considérer le point (.) comme le prolongement de la note précédente. Chanter toute la ligne sur une seule respiration.

<u>Exercice d'intonation 20</u> *1 = G*

1	2	3	4	5	6	6	5	4	3	2	1
1	2	3	4	5	6	.	5	4	3		
		3	4	5	6	.	5	4	3		
		3	4	5	6	.	5	4	3	2	
	2	3	4	5	6	.	5	4	3	2	1

Diagramme-portée 4

Réviser les exercices d'intonation 6, 7 et 8 du chapitre IV en utilisant le Diagramme-portée.

Présentation du diagramme 5 pour l'exercice d'intonation 21

Se basant sur ce qui est connu - le diagramme 3 est écrit au tableau, le maître chante le pentacorde

1 2 3 4 5 *(1 = C)*

Cette tonalité, très grave, est divisée pour présenter le tétracorde supérieur. Seul le maître chante le pentacorde.

Le maître dit: "Attention! A partir de SOL, vous compterez les degrés".

Le maître chante sur la syllabe NU, SOL LA SI DO, en faisant un large geste mélodique à partir du SOL.

Les enfants chantent et comptent les degrés.

Le maître dessine les 4 marches, sur le diagramme 3, à partir du SOL et pose les chiffres 6 7 8.

Les enfants chantent le tétracorde supérieur sur NU en faisant un large geste mélodique.

Le maître donne le nom des nouvelles notes: SI et DO.

Au tableau, le maître encadre le tétracorde. Le diagramme 5 est constitué.

En notant le 8, le maître attirera l'attention des enfants: "Nous retrouvons ici DO, mais à l'étage supérieur". Pour mieux établir la similitude des deux DO, l'un à l'aigu, l'autre au grave, le 8 sera remplacé par $\dot{1}$.

Remarque: Afin de distinguer le tétracorde du pentacorde, la direction des notes sur le diagramme est volontairement inversée.

Les enfants découvriront facilement comment représenter les nouvelles notes sur leurs doigts.

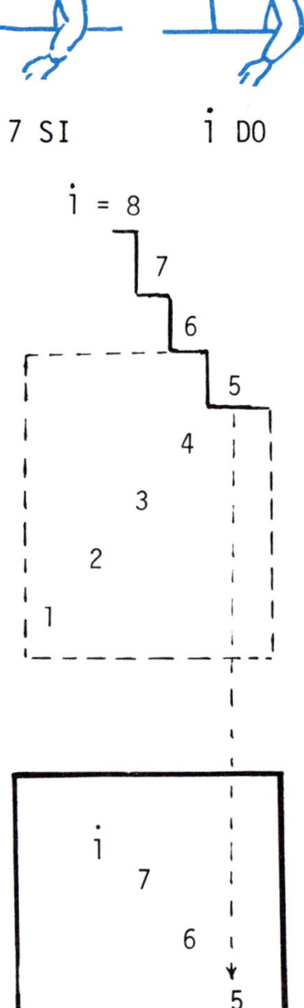

Diagramme 5

7 SI

$\dot{1}$ DO

> Chanter les nouvelles notes plusieurs fois, sur les doigts et avec le geste mélodique.

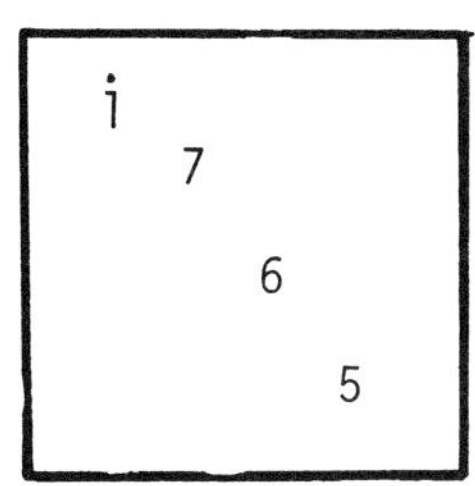

Diagramme 5

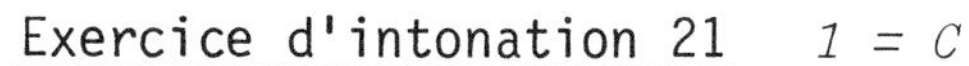

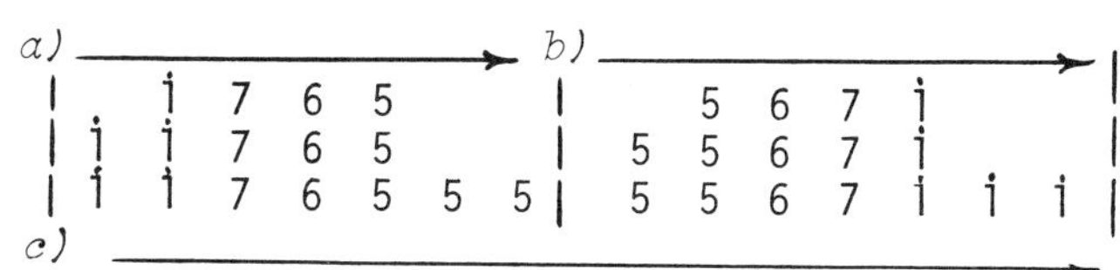

Veiller dès le début à la justesse du demi-ton DO - SI et SI-DO.

Notation

1. Réviser les exercice d'intonation 9, 10, 16 et 20 en notation sur portée, en accordant une attention spéciale aux intervalles 1 - 3, 3 - 1 de l'exercice d'intonation 16.

   Notation sur portée

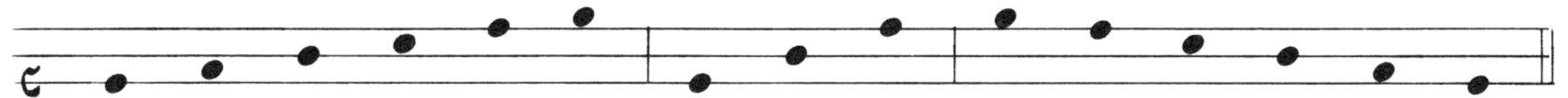

2. Réviser la notation sur portée comme au chapitre VIII.

Le maître transcrit les barres en notation sur portée. Les enfants chantent les rythmes sur la syllabe NU en faisant le geste métrique 1.

3. <u>Nouveauté</u>: Transcription du tableau rythmique 5 de ce chapitre en notation sur portée.

   Le maître écrit au tableau, en notation sur portée, chacun des schémas rythmiques.

   Un enfant vient au tableau et transcrit, en face des notes, les barres correspondantes.

   Le maître ajoute les barres de mesure et la courbe rythmique. Tous chantent avec le langage métrique. On répète recto-tono avec le geste rythmique III.

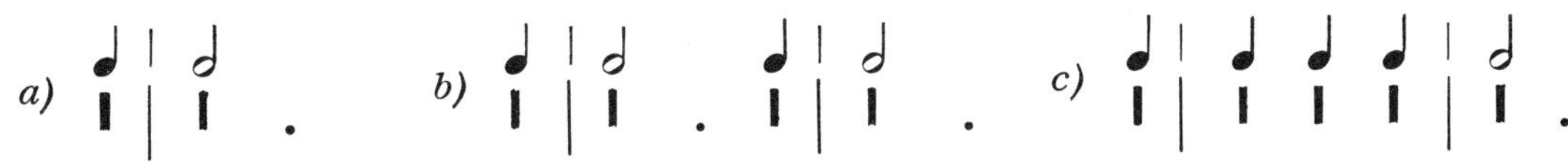

Rythme

Présentation du geste rythmique III

Ce nouveau geste a pour but de faire sentir aux enfants le caractère du rythme ternaire, qui se différencie du rythme binaire étudié par sa retombée deux fois plus longue que son élan.

Préparation. Les deux bras placés du côté gauche (position de départ), les enfants font un seul petit rythme binaire isolé, c'est-à-dire un "levé" et un "posé". Ensuite, avec les deux bras placés du côté droit, ils font à nouveau un seul petit rythme binaire isolé.

Geste rythmique III

Mouvement des bras. Reprendre la position de départ, à gauche. Les enfants font un rythme, mais cette fois en prolongeant le posé vers la droite, sans arrêter le mouvement. Répéter le geste, mais en commençant sur le côté droit pour terminer à gauche. Penser à une courbe et non pas à un angle.

Dès que les enfants sont capables de bien exécuter ces petits rythmes isolés, ils pourront en unir deux ou quatre, sans arrêt entre chacun d'eux.

Mouvement des pieds. Ces gestes peuvent paraître difficiles, mais ils doivent être plutôt provoqués qu'imposés. C'est le transfert du poids du corps qui conditionne le mouvement des pieds. Si ce travail semble prématuré, il peut être reporté à la semaine suivante.

Accompagnement musical. Dès que ces gestes faits isolément auront acquis une certaine qualité, les enfants les adapteront à une chanson populaire, comme par exemple: "Meunier, tu dors". Des enregistrements contenant des mélodies avec un rythme ternaire partant au levé serviront à accompagner les gestes. Voici quelques exemples:

"Berceuse" de Brahms
"Prélude en LA" de Chopin (OP. 10)
"Le Pastouriau", mélodie populaire

Tableau rythmique 5

Application mélodique

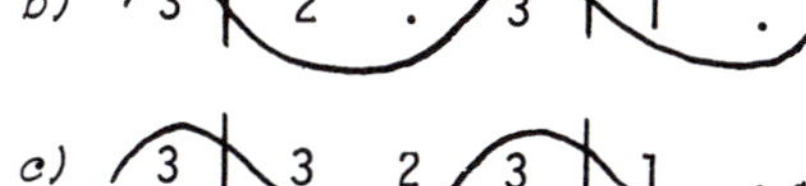

Le schéma *"a"* représente un seul rythme ternaire: une pulsation pour le "levé", deux pulsations pour le "posé". Le maître écrit le rythme au tableau. Les enfants chantent avec le langage métrique.

Le schéma *"b"* est constitué par la juxtaposition de deux schémas *"a"*. Les enfants chantent chaque ligne séparément avec:

- -le geste métrique et langage métrique;
- -le geste métrique sur NU;
- -le geste métrique avec le nom des notes;
- -le geste rythmique III avec le nom des notes.

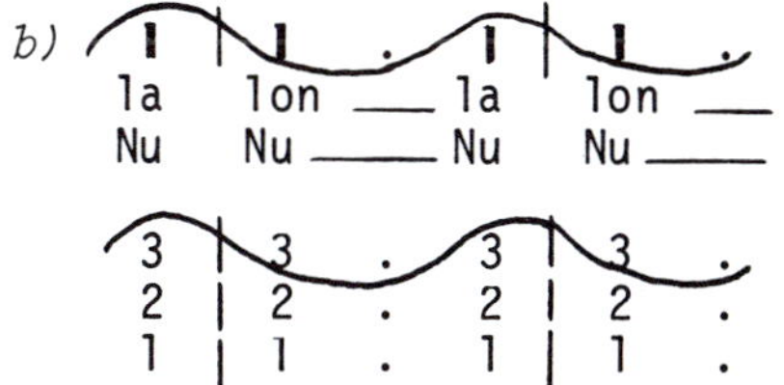

Le schéma *"c"* est à présenter à partir du schéma *b*. L'application mélodique en favorisera la bonne exécution. A travailler comme le schéma *b*.

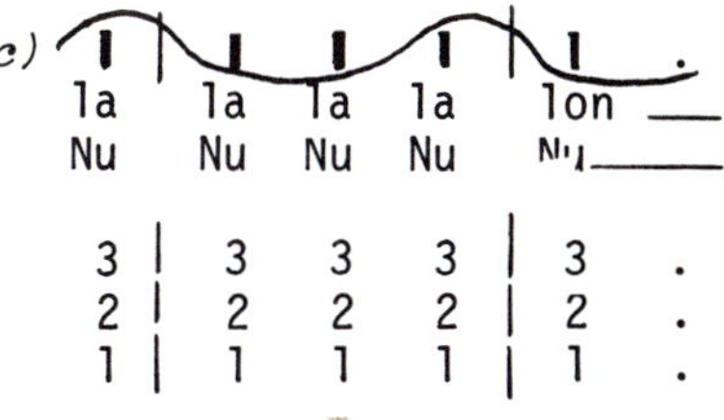

MEUNIER, TU DORS

Activité Créative

Réviser, sous forme de dialogues, les mélodies étudiées jusqu'ici, par exemple, les mélodies 20 et 21 du chapitre VIII.

Conversation musicale - 3ème Etape *(suite)*

Question descendante

3 | 3 2 | 1 . | .

Réponse ascendante

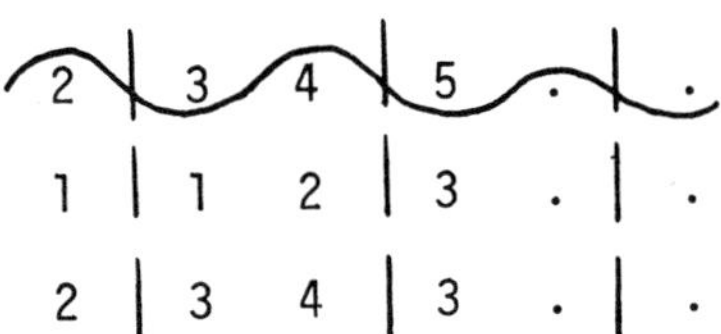

Aucune des réponses ne termine la conversation. Aussi, une autre partie est nécessaire pour amener la conversation à se terminer sur DO.

Conseiller l'emploi des notes SOL, MI ou RE à la fin des réponses, qui contribuent à poursuivre la conversation. Eviter FA et LA pour le moment. On les utilisera plus tard.

Dans le but de lier rythmiquement la question et la réponse, utiliser le geste rythmique I ou II durant les conversations.

Exemples:

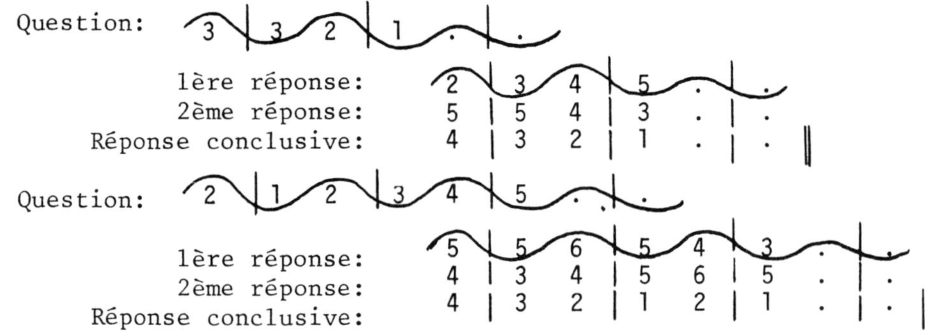

Dictées

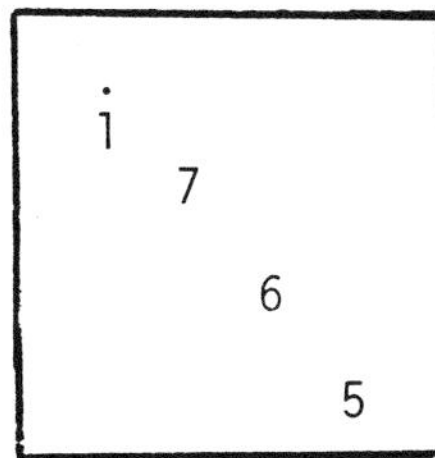

Diagramme 5

Diagramme-portée 4

On peut donner les dictées en se servant:

a) de la notation sur les doigts
b) du geste mélodique
c) du diagramme 5
d) du diagramme-portée 4 et de la syllable NU
e) du diagramme 5 et de la syllabe NU

Dictées auditives

a)
1̇ 7 6 5 |
1̇ 1 7 6 5 |

b)
1̇ 7 6 5 5 5. |
5 5 5 6 7 1̇ |

c)
1̇ 7 6 5 5 5 |
5 5 5 6 7 1̇ |

d)
1 2 3 4 4 3
1 2 3 4 3 2

e)
5 5 6 5 6 5
5 6 7 1̇ 1̇ 1̇

Mémorisation visuelle

a)
1̇ 1̇ 1̇ 7 6 5 |
1̇ 1̇ 7 6 5 5 5 |

b)
5 5 5 6 7 1̇ |
5 6 7 1̇ 1̇ 1̇ |

c)
1̇ 7 6 5 5 6 7 1̇.
1̇ 1̇ 7 6 5 5 6 7 1̇

d)
1 2 3 4 3 4 3 |
1 2 3 4 5 4 3 |

e)
1̇ 7 6 5 5 5
5 6 5 6 7 1̇

Dictées rythmiques

Tableau rythmique 4 (chapitre VI), bien en vue de la classe.
Application mélodique de l'exercice d'intonation 21

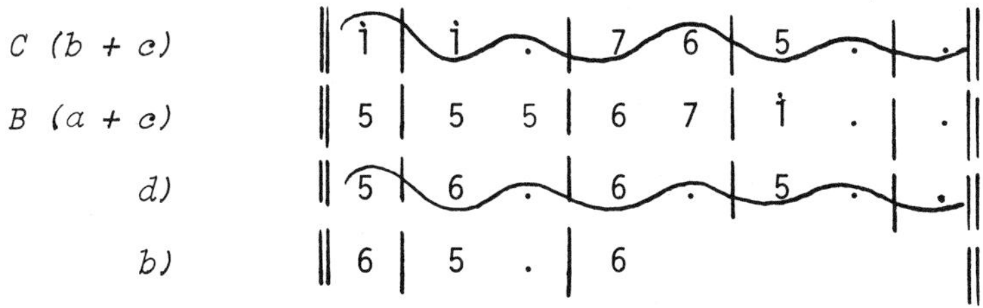

Chants

Mélodie 22 1 = C

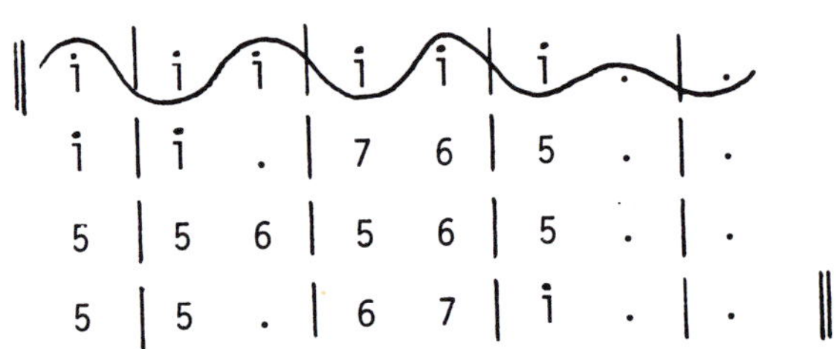

Mélodie 23 1 = F ou F#

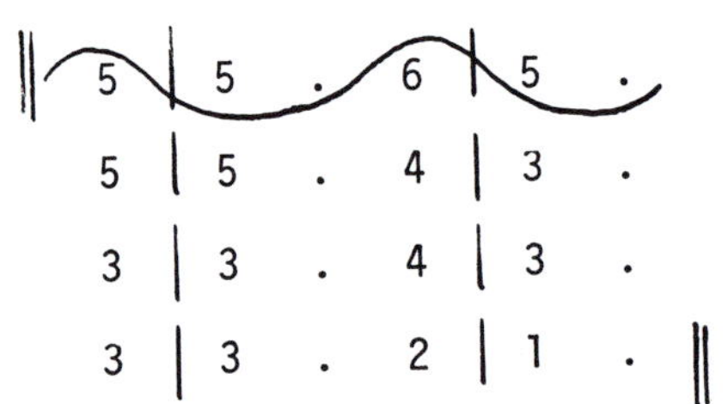

LE PASTOURIAU

1 = C Geste III

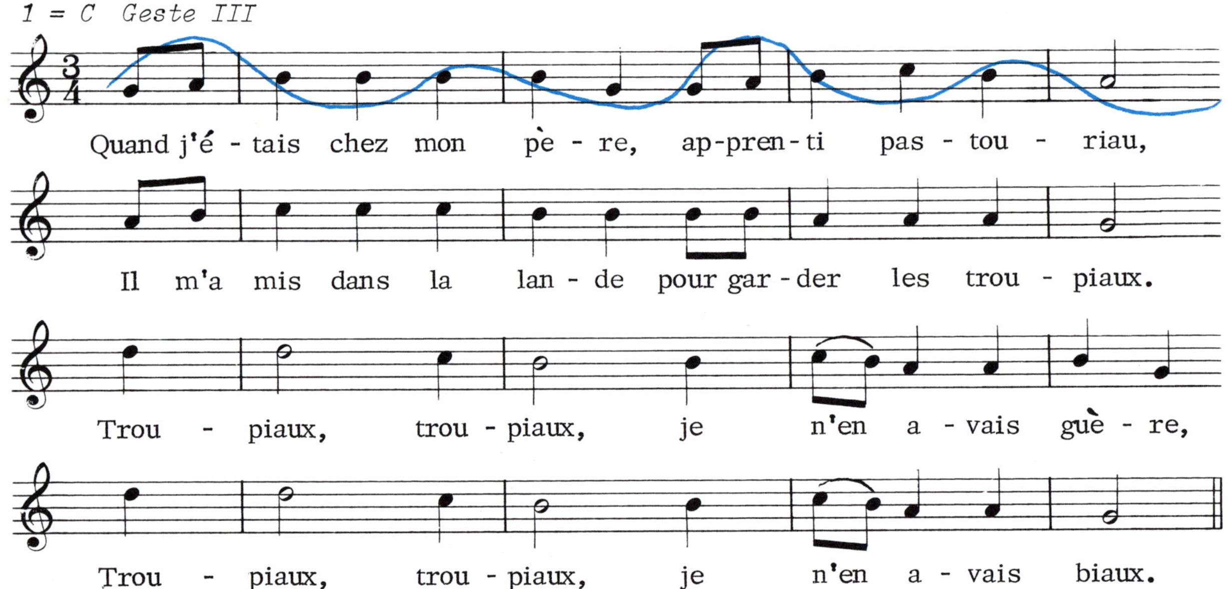

Chapitre Dix

Vocalises

A chaque leçon, encourager les enfants à chanter individuellement. D'autre part, faire chanter les enfants par groupes, en commençant par les Rossignols.

Vocalise 1. Commencer chaque leçon par cette vocalise; porter l'attention sur la place de la voix dans les cavités résonnantes de la tête, de manière à obtenir une bonne qualité sur les notes aiguës, comme sur les notes basses.

1 = A, F, C, D ‖ 1 ——— / Nu ——— ‖

Vocalise 8. Cette vocalise utilise le tétracorde supérieur de la gamme majeure. Il faut veiller à l'exactitude de l'intervalle $\dot{1}$ - 7 qui est habituellement trop grand.

$\dot{1}$ = D ou E^b

Exiger toujours la justesse, le succès de votre travail en dépend.

Pour la première fois, la vocalise commence par la note supérieure. Celle-ci doit être "attaquée" d'une voix très pure et résonnante. Le bras est complètement tendu à la verticale.

Préparer la vocalise en chantant les deux notes extrêmes en sons soutenus (vocalise 1), dans la tonalité choisie pour la vocalise 8.

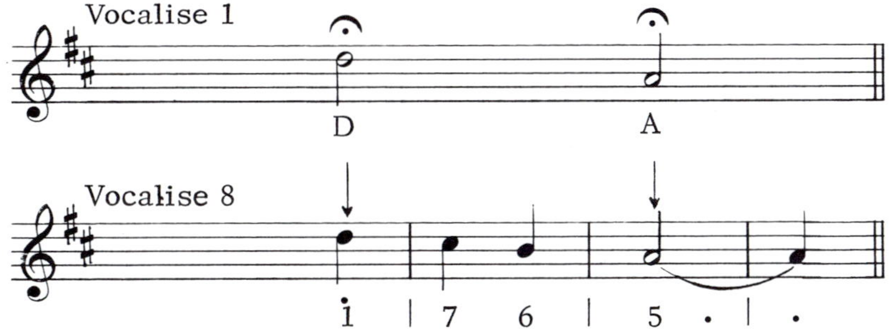

Les Rossignols donnent le modèle de la vocalise 8 aux Pinsons et aux Rouges-gorges.

Intonation

Utiliser le diagramme 5 pour les exercices d'intonation 22, 23, 24 et 25.

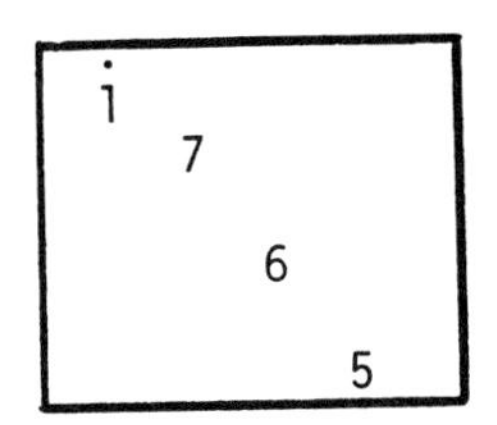

Diagramme 5

Exercice d'intonation 22. Le but de cet exercice est d'amener les enfants à s'arrêter court sur l'une des notes du tétracorde. A travailler d'abord verticalement sur le diagramme, puis horizontalement. Chanter la flèche *a*, puis la flèche *b*.

1̇ = D

a) →	*b)* →
1̇ 7 6 5	5 6 7 1̇
1̇ 7 6	5 6 7
1̇ 7	5 6
1̇ 7 6 5	5 6 7 1̇

Exiger une grande précision dans les arrêts et les départs.

Exercice d'intonation 23. Arrêt, puis répétition de la dernière note chantée. A travailler d'abord sur le diagramme, ensuite sur la notation horizontale.

1̇ = D

a) →		*b)* →	
1̇ 7 6 5	5 5 5	5 6 7 1̇	1̇ 1̇ 1̇
1̇ 7 6	6 6 6	5 6 7	7 7 7
1̇ 7	7 7 7	5 6	6 6 6
1̇ 7 6 5	5 5 5	5 6 7 1̇	1̇ 1̇ 1̇

Exercice d'intonation 24. Arrêt, répétition de la dernière note chantée et continuation dans la même direction mélodique. Travail sur le diagramme, sur les doigts et sur la notation horizontale.

1̇ = D

→			
1̇ 7 6 5	5 5 5	5 6 7 1̇	1̇ 1̇ 1̇
1̇ 7 6	6 6 5	5 6 6	6 7 1̇
1̇ 7	7 6 5	5 6	6 7 1̇
1̇ 7 6 5			5 6 7 1̇

Exercice d'intonation 25. Cet exercice *a)* pour but de relier le tétracorde supérieur aux notes du pentacorde. Le maître fera chanter en montrant les notes sur les doigts.

1̇ = D

1̇ 7 6 5 →	5 4 3	3 4 5	5 6 7 1̇

Ne tentez pas d'enseigner tous les exercices ci-dessus en une seule leçon.

Rythme

Révision du geste rythmique III. Travailler d'abord le geste des bras, en exigeant toujours une élévation du corps sur le "soulevé", puis le mouvement des pieds. Enfin, essayer bras et pieds ensemble. Lorsque le geste rythmique III est bien exécuté, il s'apparente à un mouvement de valse.

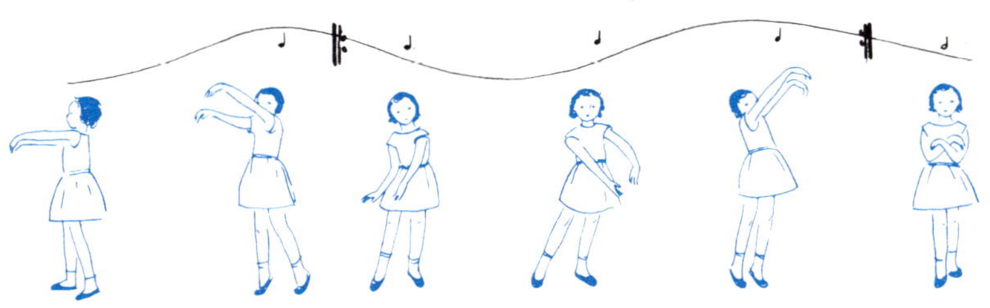

Position de départ — Hop - La (un) - La (deux) - Hop — Position de repos

<u>Tableau rythmique 6.</u> A travailler avec le geste métrique et le langage métrique. Plus tard, utiliser le geste rythmique III.

<u>Application mélodique</u>

Nouveau

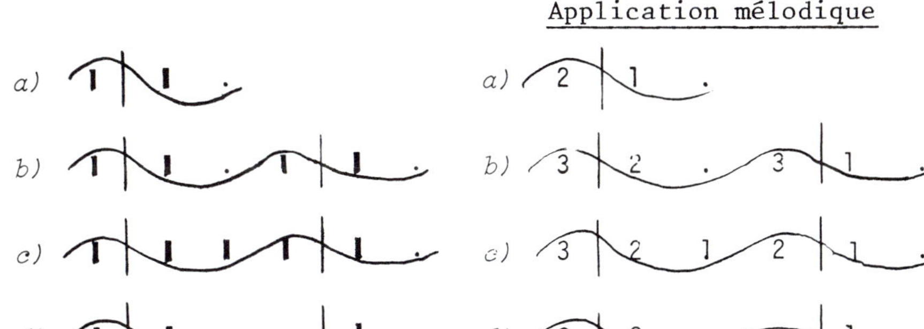

<u>Combinaison de schémas avec application mélodique</u>

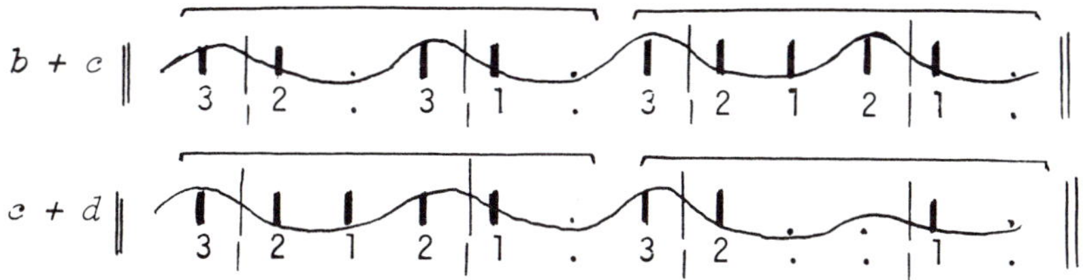

Notation

Dans cette leçon, on répète les notes à une et deux pulsations et celles à trois pulsations. Toutes ces valeurs de notes sont contenues dans la mesure ternaire.

Le maître aura soin de comparer les signes utilisés pour représenter ces différentes valeurs.

Note brève: I = ♩

Note longue: I . = 𝅗𝅥

Note qui est encore plus longue: I . . = 𝅗𝅥.

Notation sur portée

| I I I | = | ♩ ♩ ♩ |

| I . I | = | 𝅗𝅥 ♩ |

| I . . | = | 𝅗𝅥. |

Combinaison mélodico-rythmique pour une mélodie en notation sur portée

1ère Etape Révision de l'exercice d'intonation 16 en notation sur portée.

a)	b)	c)
1 2 3	3 2 1	1 2 3 3 2 1
1 2 3	3 2 1	1 3 3 1
1 .	3 .	

2ème Etape Lire la ligne suivante sur DO avec le geste métrique et le langage métrique.

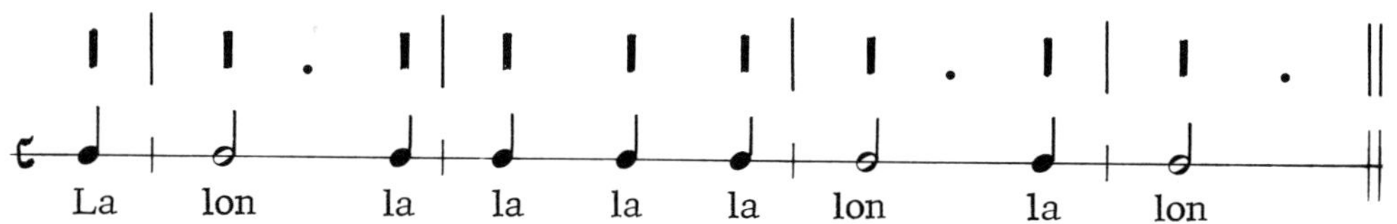

3ème Etape Chanter la ligne donnée ci-dessous en disant le nom des notes et en faisant le geste métrique; également en faisant le geste rythmique III.

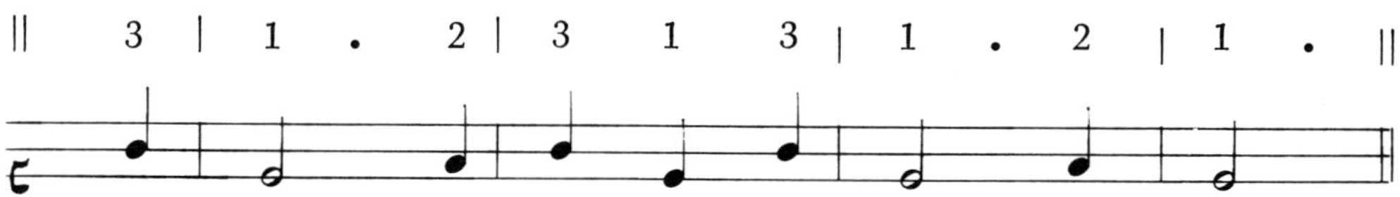

Activité Créative

Conversations musicales utilisant le tétracorde supérieur.

Tous les exercices de ce chapitre peuvent servir comme thèmes d'improvisation.

Le diagramme 5, ainsi que le tableau rythmique 6, sont sous les yeux des enfants pour les guider mélodiquement dans l'élaboration de leurs réponses.

Par exemple:

Question:	Réponse:
1̇ | 1̇ 7 6 | 5 .	5 | 5 6 7 | 1̇ .
1̇ | 1̇ . 7 | 6 .	5 | 6 . 7 | 1̇ .
5 | 5 6 7 | 1̇ .	1̇ | 1̇ . 7 | 1̇ .

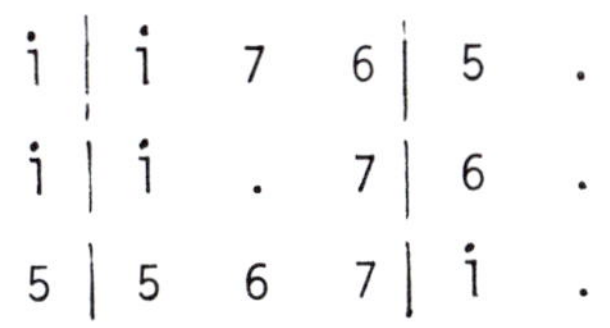

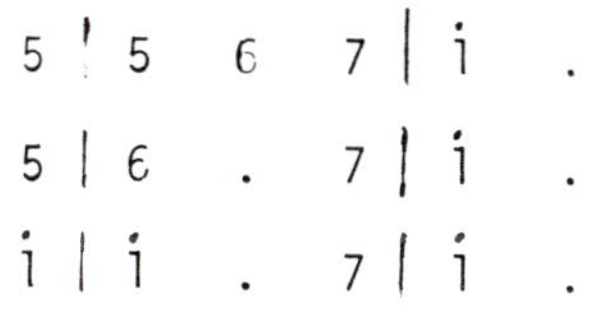

QUAND J'ETAIS EN MONTAGNE

1 = F

‖ 3 4 | 5 5 1̇ | 5 5 3 | 2 . 5 4 | 3 .
Quand j'e - tais en mon - ta - gne, Si gai si gai!

3 4 | 5 5 1̇ | 5 5 3 | 2 . 3 2 | 1 . ‖ *Fin*
Je met- tais en cam - pa - gne Mes gros sou - liers

2 3 | 4 2 3 4 | 5 3 2 3 | 4 2 3 2 | 1 .
Tra la la la, la la la la, Tra la la la, la la la.

2 3 | 4 2 3 4 | 5 3 3 4 | 5 3 3 4 | 5 . *D. C.*
Tra le la la, la la la la, Tra la la la, la la la.

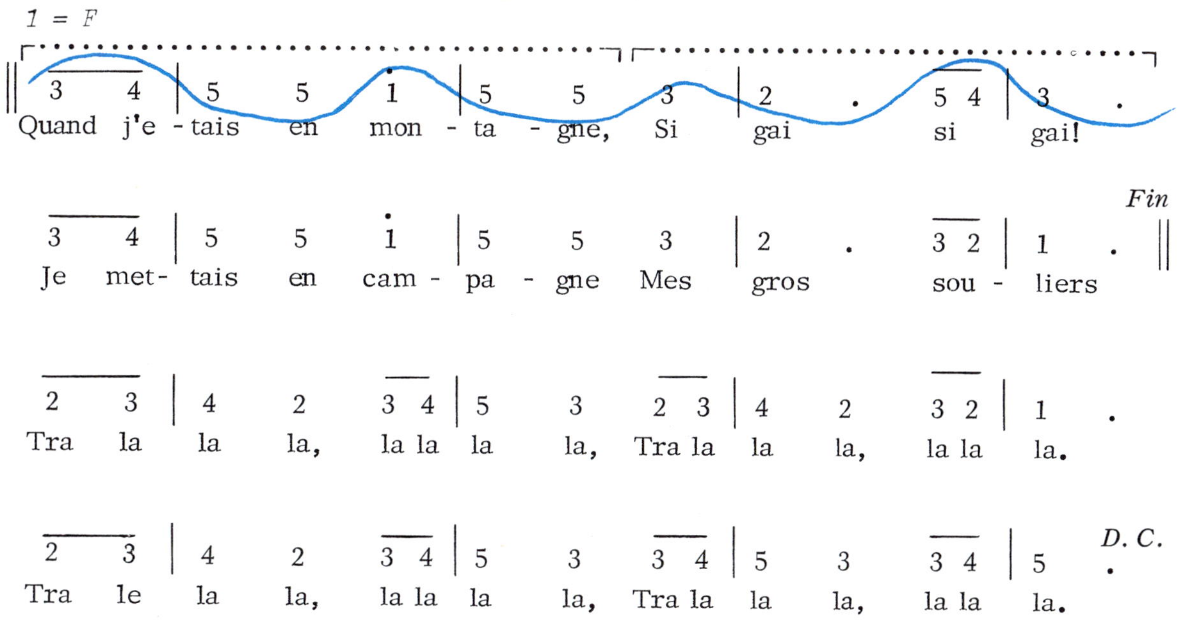

Dictées

<u>Dictées auditives</u> $\dot{1} = C$ Les dictées sont données sur la syllabe NU.

| 1̇ 7 6 5 5 5 5 | 1̇ 7 6 6 6 6 | 1̇ 7 6 6 6 5 | 1̇ 7 6 5 5 4 3
| 1̇ 1̇ 1̇ 7 6 | 5 6 6 6 6 | 5 6 7 7 7 1̇ | 3 4 3 3 2 3 1

| 1 2 3 3 2 3 | 3 4 5 5 6 7 1̇ |

<u>Mémorisation visuelle</u> $\dot{1} = C$

On peut donner les dictées de plusieurs manières:

- avec la baguette sur le diagramme;
- avec les doigts;
- avec le geste mélodique;
- le maître écrit un fragment mélodique sur le tableau et efface de gauche à droite;
- les enfants observent un fragment mélodique, se retournent et le chantent de mémoire.

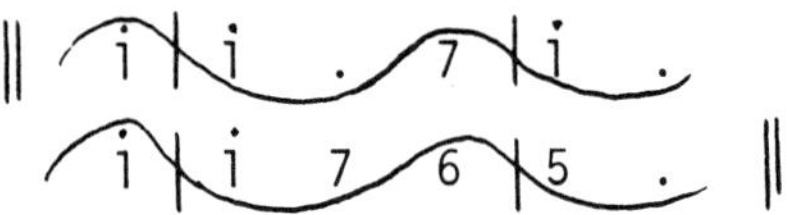

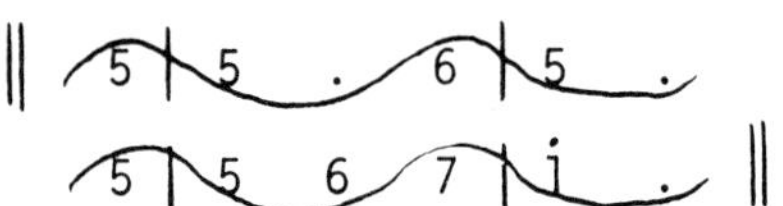

<u>Dictées rythmiques</u> $1 = G$ Le maître chante sur NU en faisant le geste rythmique III.

<u>Exercices de mémorisation visuelle sur le diagramme-portée 4</u> $(1 = G)$
Ils sont donnés avec la baguette sur le diagramme-portée.

"Test d'observation et de mémorisation visuelle"

Chants

A préparer mélodiquement sur le diagramme 5. Identifier les schémas sur le tableau rythmique 6.

Chanter d'abord avec le geste métrique, puis avec le geste rythmique.

<u>Mélodie 24.</u> Continuer à donner aux mélodies la forme d'une conversation musicale, comme on l'a décrit dans un chapitre précédent. Utiliser le geste rythmique III.

1̇ = D

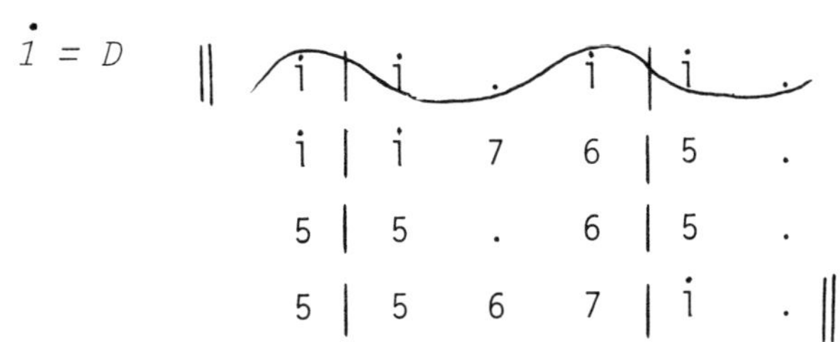

Les enfants faisant les meilleurs gestes se placent en face de la classe et les exécutent pendant que leurs camarades chantent.

<u>Mélodie 25</u> Mélodie en rythme binaire (geste II). Procéder par observation et mémorisation visuelle, ligne par ligne, ou encore par mémorisation auditive:

les Pinsons chantent une ligne en regardant le tableau.
Les Rossignols tournent le dos au tableau et rechantent la ligne de mémoire.

1̇ = C

|| 1̇ | 1̇ 7 | 6 6 | 5 . | .
5 | 6 . | 6 . | 5 . | .
5 | 5 4 | 3 4 | 5 . | .
5 | 6 . | 7 . | 1̇ . | . ||

Prière pour l'Avent *(1ère partie)*

Après avoir expliqué aux enfants la signification du Temps de l'Avent, le maître leur fera réciter rythmiquement les paroles. Les deux notes de l'hymne, 6 et 5, seront préparées de la manière suivante sur le diagramme 5:

Le maître: *1̇ = D* 1̇ 7 6 5 5 6
Les enfants: 5 6 5

PRIÈRE DE L'AVENT

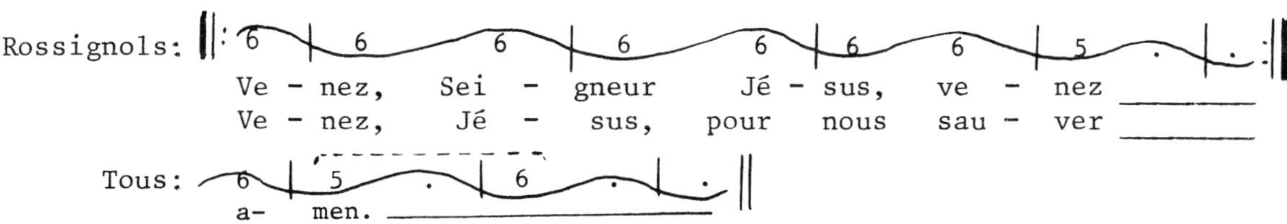

Chapitre Onze

Vocalises

Vocalise 1

1 = A, F, C, D

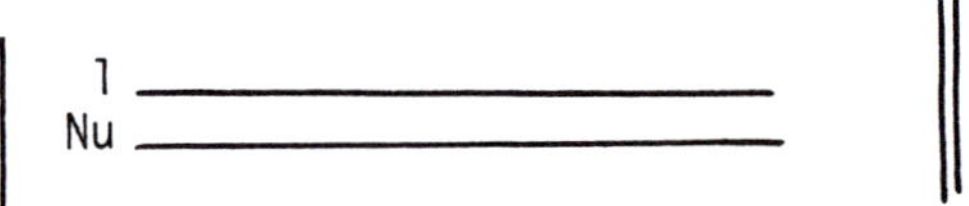

Vocalise 9. Cette vocalise commence sur la note supérieure du tétracorde, comme la vocalise 8, et se termine sur cette même note. Veiller à l'exactitude de l'intervalle 1̇ 7.

1̇ = D

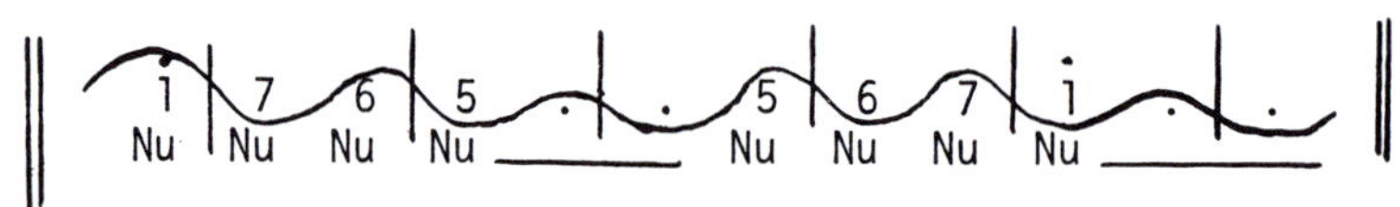

Travailler cet exercice plutôt dans une tonalité élevée, avec un timbre de voix clair et résonnant.

Chanter lentement, avec le geste rythmique, puis sans geste, en faisant bien entendre le rythme.

Surveiller spécialement l'intervalle 1̇ - 7 et 7 - 1̇.

Préparer la vocalise 9 chaque fois en chantent un DO (1̇) soutenu sur la syllabe NU et en levant la main au maximum.

Quelques consignes pour l'exécution des vocalises dans cette leçon:

a) Travailler par petits groupes en commençant par les Rossignols. Les Rouges-gorges écoutent.

b) Utiliser le geste rythmique I ou II.

c) Chanter sans le geste rythmique, mais en faisant bien entendre le rythme dans l'interprétation vocale de l'exercice.

d) Insister sur la résonance du Nnnn entre le levé et le posé.

Intonation

Les exercices d'intonation 26 et 27 visent à établir l'exactitude de l'intervalle 1̇ 7.

1. Sur le diagramme 5

1̇
7
6
5

Exercice d'intonation 26

Arrêt, répétition de la dernière note chantée et changement de direction mélodique:

a) en partant de l'aigu
b) en partant du grave

1̇ = D Préparation: 1̇ 7 6 5

a)			*b)*			
1̇ 7 6 5	5 5 5	5 6 7 1̇	5 6 7 1̇	1̇ 1̇ 1̇	1̇ 7 6 5	
1̇ 7 6	6 6 6	6 7 1̇	5 6 7	7 7 7	7 6 5	
1̇ 7	7 7 7	7 1̇	5 6 6	6 6 6	6 6 5	5671̇

Exercice d'intonation 27

Cet exercice a trait au changement de direction:
1. avec répétition de la dernière note
2. sans répéter la note d'arrêt (note pensée)

1̇ 7 6 5	5 6 7 1̇
1̇ 7 6 5	. 6 7 1̇
1̇ 7 6	6 7 1̇
1̇ 7 6	. 7 1̇
1̇ 7	7 1̇
1̇ 7	. 1̇

2. Répéter les exercices en utilisant le diagramme-portée 7

3. Présenter les exercices d'intonation également avec la notation sur les doigts et le geste mélodique.

Le mouvement de la main 1̇ 7 doit être très petit, puisqu'il indique le demi-ton DO - SI. Le bras reste tendu pour 1̇ et 7. Le coude se plie pour 6 (LA) et la main reste sur le front pour 5 (SOL).

Rythme

Continuer l'étude du geste rythmique III, d'abord sans chanter, ensuite avec l'application mélodique. Si le maître fait entendre un enregistrement, les enfants écoutent d'abord sans tenter de faire les gestes, en essayant seulement de sentir les élans et les retombées du rythme. (Choisir une valse commençant par une levée). Lorsqu'il est évident que les enfants sentent le mouvement rythmique, ils se lèvent et adaptent le geste rythmique.

N.B. Les enfants doivent sentir l'énergie de <u>l'élan</u>, les bras entraînant tout le corps vers le haut. C'est l'élément caractéristique de ce geste.

<u>Tableau rythmique 6 *(suite)*</u>. Révision avec le <u>geste métrique et le langage métrique</u>. Ensuite, avec le geste rythmique III et l'application mélodique. Tous ces schémas sont connus, sauf le schéma *e)*. Les enfants doivent identifier les schémas rythmiques chantés par le maître.

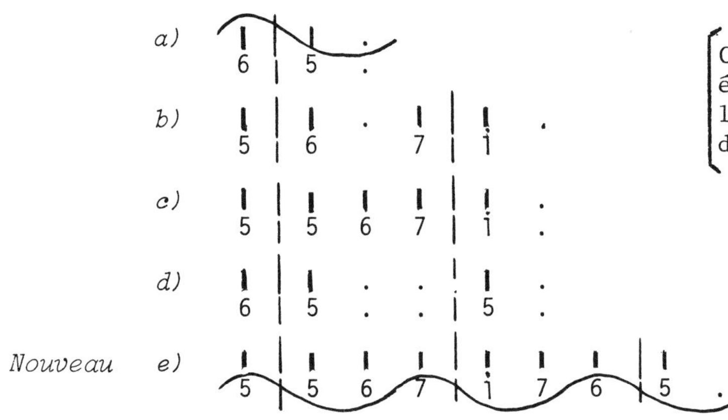

Chacun de ces schémas sera étudié séparément. Puis, on les juxtaposera pour constituer des phrases plus longues.

<u>Combinaison de schémas avec application mélodique</u>

Utiliser les notes du tétracorde supérieur: i (8) 7 6 5

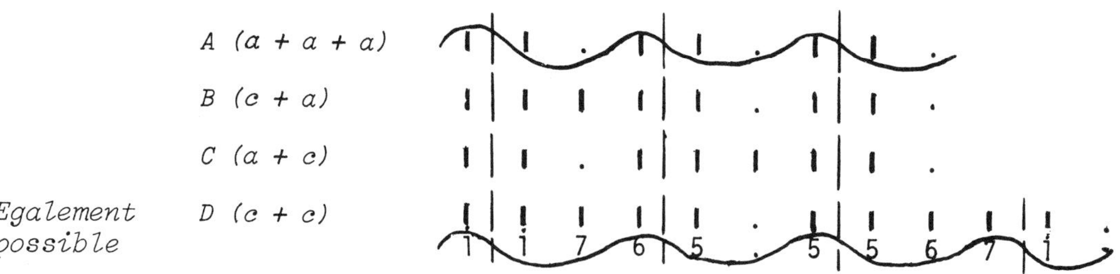

Notation

Présentation des 5 lignes. On ajoute aux 3 lignes déjà connues encore 2 lignes et on inscrira le tétracorde supérieur.

Dessiner 2 lignes pointillées et placer SI et DO (7 1̇) à leur place respective.

Compléter le tétracorde supérieur.

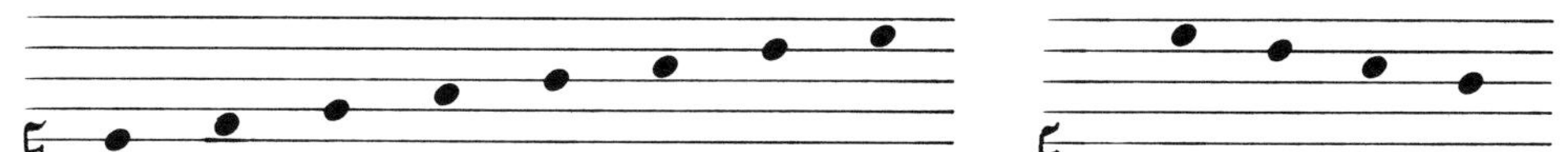

Réviser les exercices d'intonation 21 et 22 sur la portée.

Diagramme-portée 7

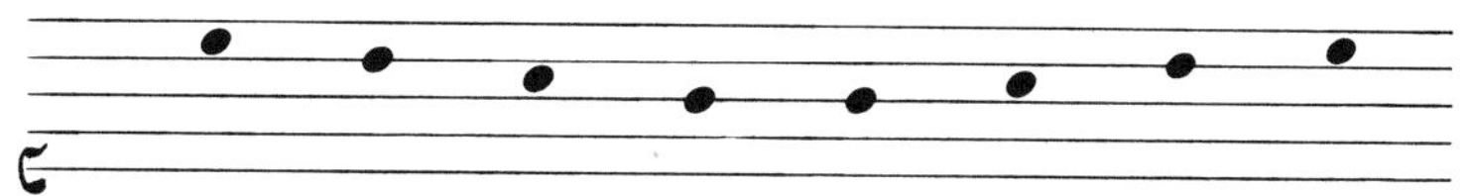

Exercice d'intonation 21

1̇ = D

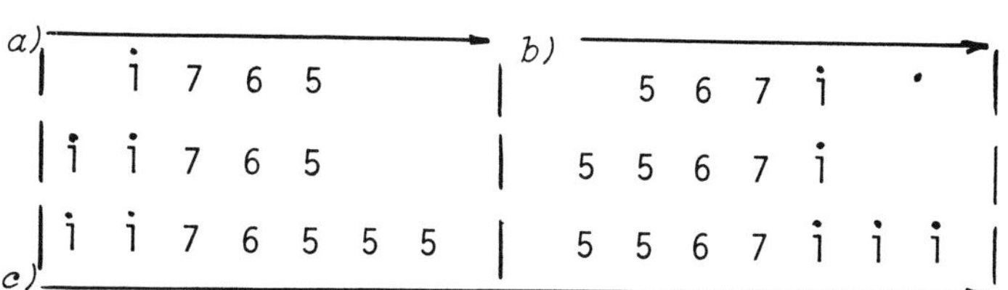

Exercice d'intonation 22

1̇ = D

a)	b)
1̇ 7 6 5	5 6 7 1̇
1̇ 7 6	5 6 7
1̇ 7	5 6
1̇ 7 6 5	5 6 7 1̇

Utiliser les lignes de la mélodie 27 comme exercice de transcription.

Activité Créative

Le tableau rythmique de ce chapitre prévoit des schémas sur lesquels les enfants peuvent construire leurs compositions.

Laisser les schémas rythmiques *a), b), c)* et *d)* en vue de la classe. Continuer les conversations musicales entre les enfants.

1. Improviser sur les notes du tétracorde supérieur (1̇ 7 6 5) et le tableau rythmique 6 en faisant le geste rythmique III.

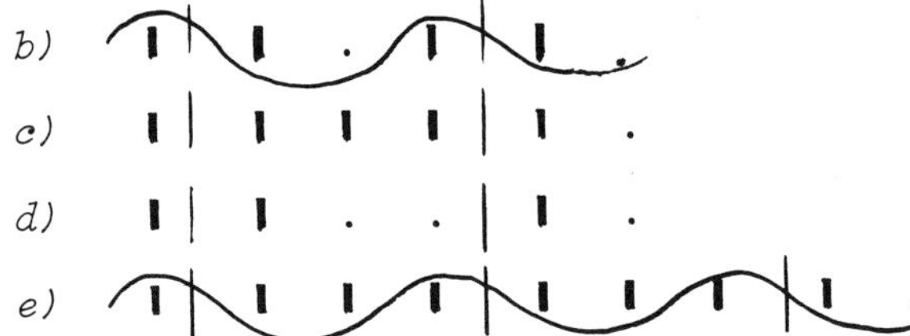

2. Combiner les schémas sous forme de dialogue.

3. Suggérer des phrases ayant trait à la vie courante des enfants, dans le rythme des schémas donnés.
   Exemples:

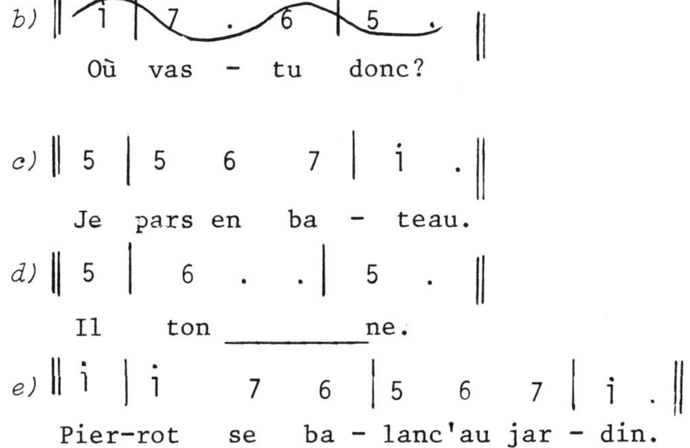

N.B. Le maître chante le modèle et les enfants essaient d'inventer des phrases originales sur les schémas donnés.

Dictées

Dictées auditives   *1̇ = C ou D*   Les dictées sont données sur la syllabe NU.

| 1̇ 7 6 5   5 6 7 1̇ | 1̇ 7 6 5   6 6 5 | 1̇ 7 6 5   6 7 1̇ | 1̇ 7 6 5 4 3 |
| 1̇ 7 6 6   6 7 1̇ | 5 6 6   6 6 5 | 1̇ 7 6   7 1̇ | 3 3 2 1 2 2 |
| 5 4 3 2 3 1 |
| 1 1 3 3 2 1 |

Dictées visuelles

1. Les lignes ci-dessous sont écrites au tableau. Les enfants identifient la ligne chantée par le maître. Lorsqu'elle est identifiée correctement, tous la répètent.

   a) 1̇ | 1̇ 7 6 | 5 .
   b) 1̇ | 1̇ 7 6 | 6 .
   c) 1̇ | 1̇ . 7 | 1̇ .
   d) 5 | 6 . 7 | 1̇ .

2. Sur la portée avec la baguette.

   | 1̇ 7 6 5   5 5 5 | 5 6 7 1̇   1̇ 1̇ 1̇ |
   | 1̇ 7 6 6 5 | 5 6 5 5   6 7 1̇ |

3. Le maître écrit la ligne suivante au tableau. Après un instant d'observation, il efface de gauche à droite. Les élèves - individuellement - essaient de chanter la ligne de mémoire avec le geste rythmique approprié.

Chants

Application mélodique sur le tableau rythmique.

Mélodie 26 Application mélodique des schémas *b* et *c*.

i = D

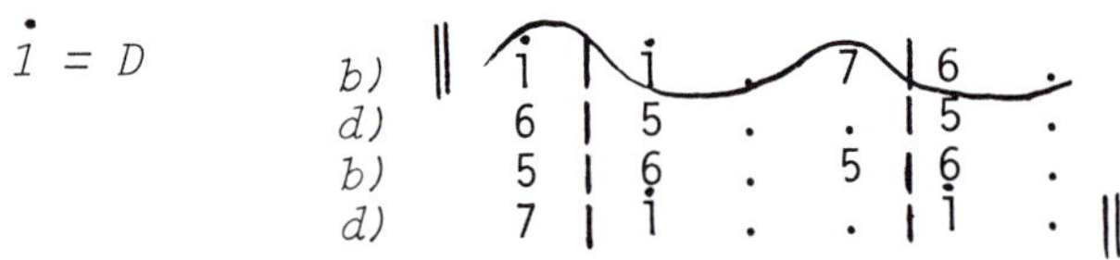

Lorsque la mélodie est devenue familière, l'écrire à nouveau sur deux lignes au lieu de quatre. Ainsi:

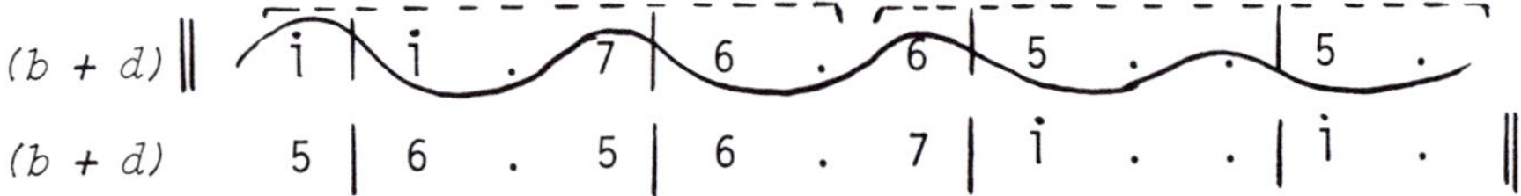

Mélodie 27 La première et la troisième lignes sont constituées par la juxtaposition de deux schémas, tandis que la seconde ligne est le nouveau schéma *e)* étudié dans ce chapitre.

La première ligne peut être utilisée pour une dictée mélodico-rythmique ou encore pour une transcription sur portée.

i = C ou D

(a + b) ‖ i | i . 7 | 6 . 6 | 5 .
e) 5 | 5 6 7 | i 7 6 | 5 .
(a + b) 5 | 6 . 7 | i . 7 | i . ‖

Préparation: i 7 6 5 (i = D

PRIÈRE DE L'AVENT

(2ème partie)

La lère partie de cette prière figure au chapitre X.

Diviser la classe en deux groupes:
- I - Le Peuple de Dieu priant pour sa Rédemption.
- II - Les anges qui répondent.

Durant l'Avent, chanter cette prière chaque jour.

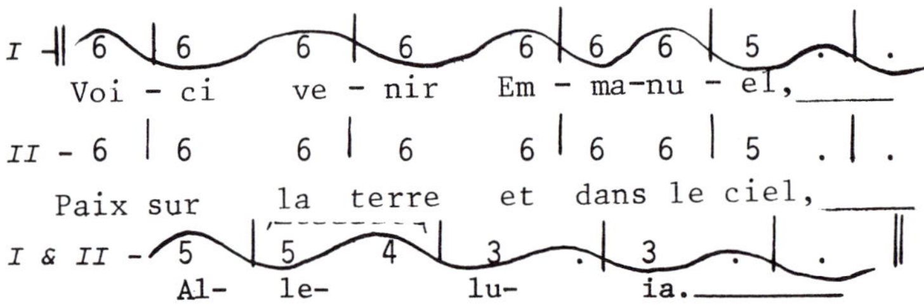

Chapitre Douze

Vocalises

> Continuer à travailler individuellement. Toujours rechercher une émission claire et résonnante.

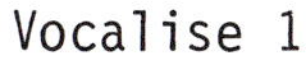

Vocalise 1

1 = A – F – C – D

‖ 1 Nu ——— ‖

Vocalise 9 1̇ = D

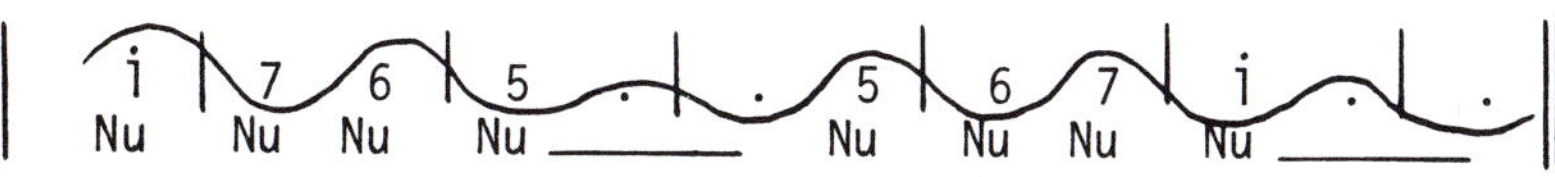

Intonation

Ces exercices impliquent une grande liberté dans l'emploi des notes du tétracorde supérieur, ces notes étant toujours travaillées par degrés conjoints.

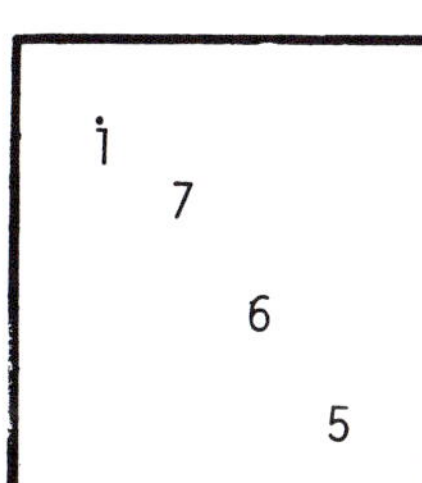

Diagramme 5

Exercice d'intonation 28 1̇ = D

1̇ 7 6 5	5 6 5	5 6 7 1̇	7 1̇
1̇ 7 6 5	6 6	6 5 6 7	1̇ 1̇
1̇ 7 6 5	6 6	6 7 6 7	1̇ 1̇
1̇ 7 6 5	6 5	5 6 7 1̇	7 1̇

Exercice d'intonation 29 1̇ = D

1̇ 7	1̇ 7 6	5 6 5 6 5
6 5	6 5 6	6 5 6 7 1̇
1̇ 7	6 6 5	5 6 6 5 6
6 5	6 6 5	6 7 1̇ 7 1̇

Exercice d'intonation 30 1̇ = D

a)	b)
1̇ 7 6 5	5 6 7 1̇
1̇ 7 6 5	5 6 7 1̇
1̇	5

c)

1̇ 7 6 5	5 6 7 1̇
1̇ 5	5 1̇

Découverte de l'intervalle disjoint 5 - 1̇, 1̇ - 5. A travailler de la même façon que l'intervalle 1 - 3, 3 - 1 dans le chapitre III.

Révision: Exercices d'intonation 23 et 24 en notation-portée.

Rythme

A travailler selon le procédé habituel: lecture avec langage et geste métrique, avec geste rythmique III, recto-tono, sur différentes notes, improvisation mélodique, dictées, etc.

Chanter les schémas sous forme de dialogue entre les Rossignols et les Pinsons ou entre deux élèves.

Révision Tableau rythmique 6*

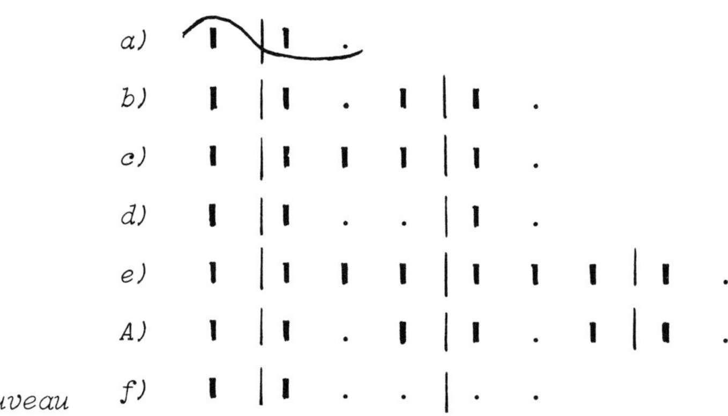

Nouveau

*Suggérer aux enfants d'improviser des phrases comme à la leçon 11, page 98.

Application mélodique *1 = D*

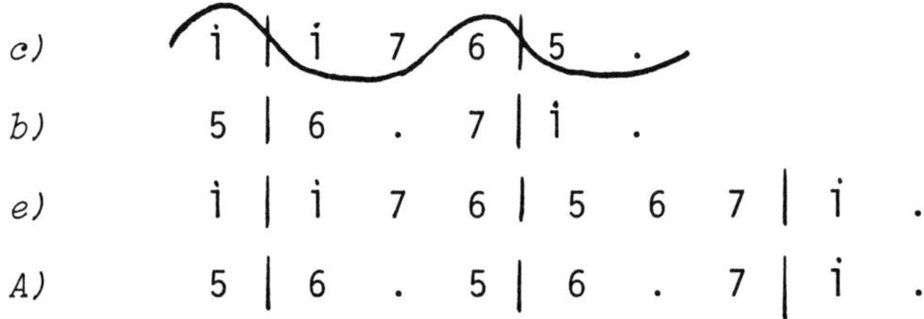

Considérer les schémas comme des "mots rythmiques" et remarquer que plusieurs "mots" juxtaposés forment une phrase.

Notation

Notation sur la portée: la liaison

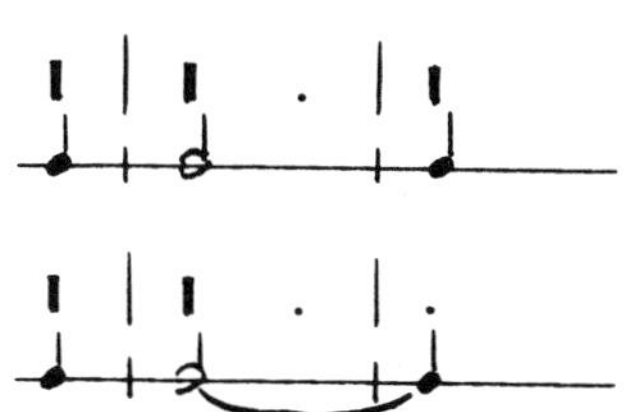

La liaison, réunissant deux notes du même nom, indique qu'il ne faut pas répéter la seconde, mais la prolonger durant toute sa valeur. Pour montrer comment une blanche est liée à une noire, les enfants font le geste dans l'air, pendant que le maître écrit au tableau dans cet ordre:

- -le schéma rythmique
- -les barres de mesure
- -la blanche et la noire
- -la liaison

N.B. Une barre devient un point lorsque la liaison est ajoutée. Appliquer ce procédé pour les exercices de transcription. Nous pouvons également montrer comment réunir, au moyen d'une liaison, une blanche pointée à une blanche:

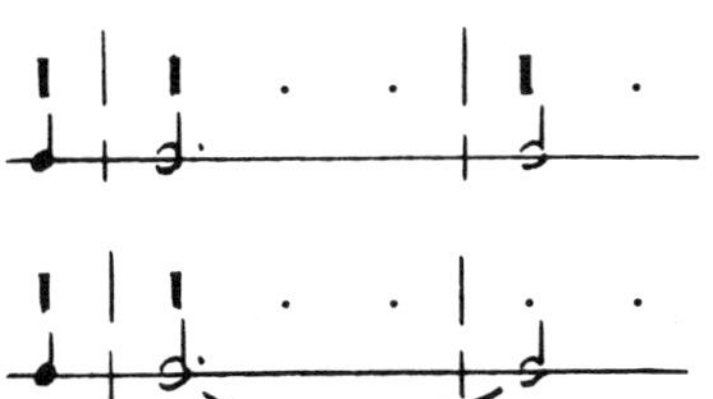

Comme ci-dessus.

Observer "les liaisons" dans les mélodies de ce chapitre.

Exercices de transcription

1. Le maître écrit un schéma rythmique sur le tableau, note au-dessus les équivalences sur la portée:

   T. R. 2 *(a + b)*
   Chapitre III

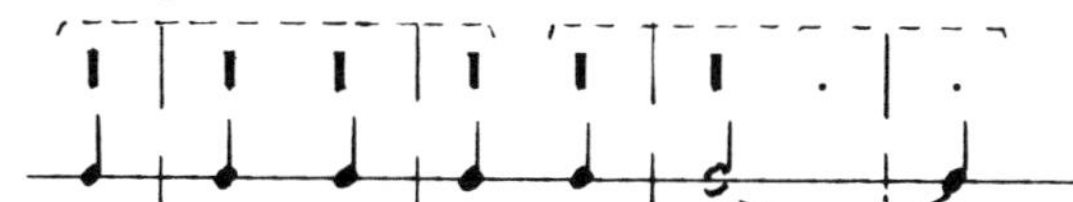

2. Le maître écrit maintenant le rythme de la ligne 4, mélodie 29. Un enfant vient au tableau, dessine la figure des notes et la liaison. Puis, les Rossignols chantent pendant que les Pinsons et les Rouges-gorges font le geste rythmique III.

3. Choisir des lignes dans les mélodies des chapitres précédents pour des exercices de transcription.

On a divisé les dictées en 5 groupes correspondant aux cinq leçons de ce chapitre.

Dictées auditives	Dictées visuelles	Dictées rythmiques
Leçon 1		
1 7 6 5 6 6 5 5 6 6 7 6 7 1	1 7 6 5 6 6 . 6 6 6 5 6 7 1	‖ 6 | 5 6 7 | 1 . ‖ (c)
Leçon 2		
1 7 1 7 6 5 6 6 5 6 7 1	1 7 6 6 5 6 5 ‖ 6 | 6 5 | 6 7 | 1 . | . ‖	‖ 6 | 5 6 7 | 1 . 7 | 1 . . | 1 . ‖ (c, d)
Leçon 3		
1 7 6 5 5 1 . 1 7 6 5 5 6 5 1	1 7 6 5 . 1 7 1 5 6 5 1 7 6 5	‖ 1 | 1 7 6 | 5 6 7 | 1 . ‖ (e)
Leçon 4		
5 6 7 1 1 5 1 5 5 1 7 6 5	Notation sur portée 1 2 3 4 5 6	‖ 1 | 1 . 7 | 6 . 5 | 1 . ‖ (A; b, a)
Leçon 5		
5 6 7 1 5 5 1 . 5 1 5 5 6 5 1	Notation sur portée 5 6 7 1 1 5	‖ 5 | 1 . 7 | 6 . 7 | 1 . ‖ (A)

Activité Créative

Les conversations musicales se font maintenant sur les gestes rythmiques. Deux enfants se lèvent et se mettent face à face. Le maître impose le "geste II" ou le "geste III". L'un des enfants chante une courte phrase et l'autre répond. Lorsque l'un d'eux termine sa phrase sur DO, la conversation est terminée. Pour éviter toute erreur rythmique, le maître recommande à l'avance de toujours chanter la dernière note sur un posé du rythme.

Chants

Ces mélodies sont constituées par la juxtaposition de petits schémas rythmiques.

Mélodie 28 *1 = C*

Mélodie 29 *1 = D*

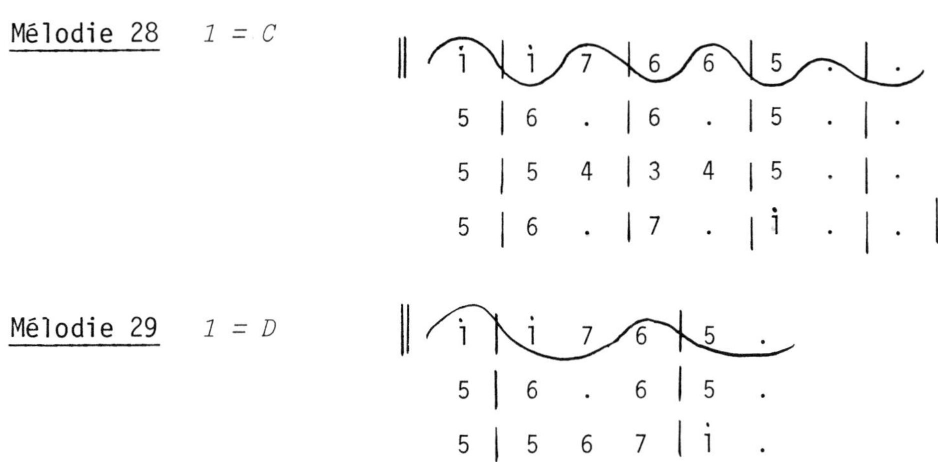

La mélodie 30 et la mélodie 31, peuvent être préparées sur le diagramme d'intonation 4 ou sur le diagramme-portée 4, chapitres VIII et IX. Le maître montre ensuite avec la baguette les notes de la mélodie et invite les enfants à identifier leur valeur.

Une note sur la portée indique: a) sa durée
b) sa hauteur

Ensuite, les enfants chantent la mélodie en faisant le geste métrique. Les Rossignols chantent pendant que les Pinsons et les Rouges-gorges font le geste rythmique III pour la mélodie 30, et le geste rythmique II pour la mélodie 31.

Mélodie 30

1 = A^b

Mélodie 31

1 = A^b

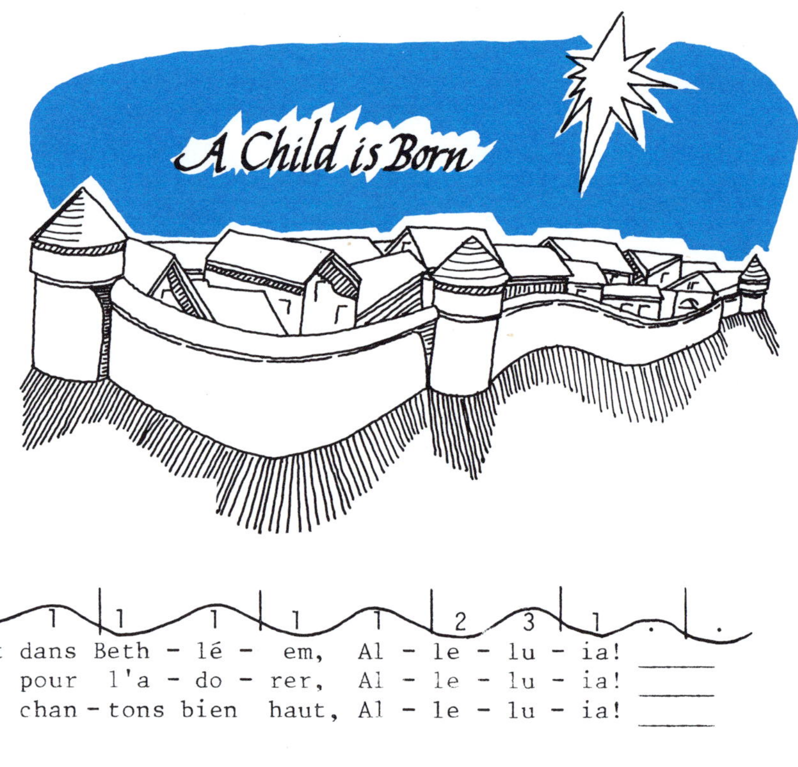

NOËL – UNE ENFANT NAÎT DANS BETHLEHEEM

1 = A

1 1 1 1 1 1 1 1 1 2 3 1 . .

1.	Un en - fant naît dans Beth - lé - em, Al - le - lu - ia! ____
2.	Cou - rons, vo - lons pour l'a - do - rer, Al - le - lu - ia! ____
3.	A - vec le ciel chan - tons bien haut, Al - le - lu - ia! ____

3 3 3 3 3 3 3 3

1.	Ré - jou - is - toi, Jé - ru - sa - lem.
2.	L'en - fant di - vin, Jé - sus est né.
3.	Be - ne - di - ca - mus Do - mi - no.

3 2 1 2 3 2 . . 1 2 3 1 . .

1 - 3. al- le- lu- ia, ________ al- le- lu- ia. ________

Travailler d'abord les deux Alleluia. Noter que l'Alleluia au commencement de la troisième ligne contient "une liaison", c'est-à-dire deux sons différents chantés sur une même syllabe.

3 | 2 1 | 2 3 | 2
Al- le- lu- a

Les enfants apprennent le texte. Le maître explique le sens des mots: "Benedicamus Domino", "nous bénissons le Seigneur".

Les Rossignols chantent la mélodie entière avec le geste rythmique.

Les Pinsons et les Rouges-gorges se joignent pour chanter l'Alleluia.

Chapitre Treize

Vocalises

Insister sur la résonance du Nnnn avant l'émission du "ou". Les enfants doivent être critiques sur les sons qu'ils produisent. Sont-ils doux, durs?

Accoutumer les enfants à prévoir, à penser par avance la phrase musicale proposée. L'habitude de respirer phraséologiguement se formera peu à peu et le volume d'air se règlera inconsciemment. Des exercices de respiration ne feraient que provoquer une contraction des muscles.

Vocalise 1

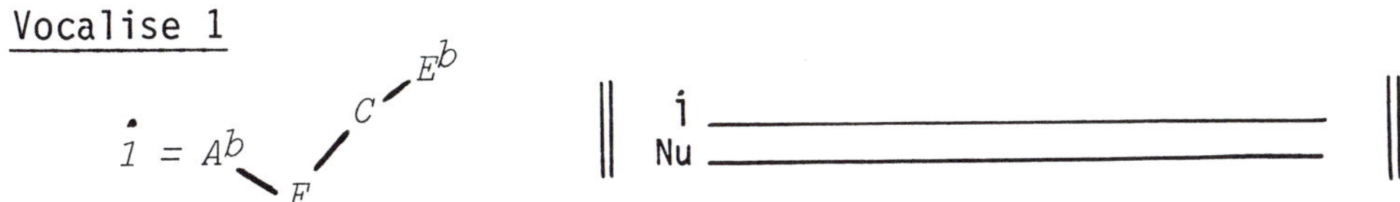

Vocalises 4, 5 et 6 Chanter les trois vocalises sur le même DO, par exemple:

$1 = G, A^b$ ou A

Demander à chaque groupe d'élèves de chanter les trois vocalises successivement. Les Rossignols peuvent chanter dans une tonalité légèrement plus élevée.

Vocalise 4

Vocalise 5

Vocalise 6

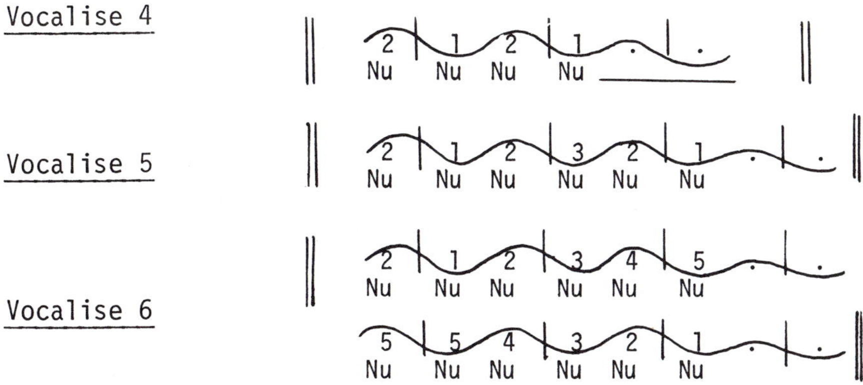

Nouveau Vocalise 10 Elle commence et elle se termine sur la note la plus haute du tétracorde. Exiger maintenant à tout prix une bonne résonance. Grâce au geste mélodique, l'attaque du DO doit être précise.

Les Rossignols donneront un bon modèle à leurs camarades. Le maître ne doit pas pour autant négliger les Pinsons et les Rouges-gorges.

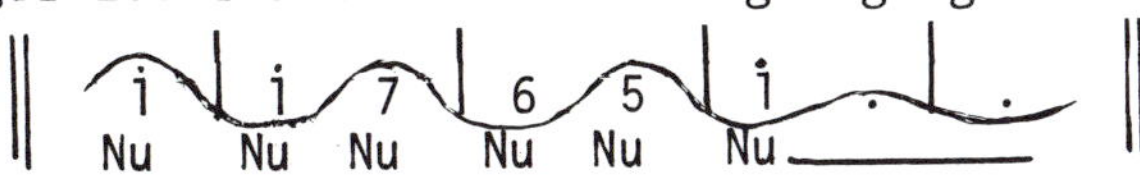

Intonation

Au cours des chapitres précédents, on a étudié en détail les notes du pentacorde, puis du tétracorde de la famille de DO. Dans ce chapitre, le diagramme 6 groupe les 2 parties pour former une gamme complète. La jonction se fait sur le 5ème degré.

$\dot{1}$
7
6
5 *(5)*
4
3
2
1

Diagramme 6

<u>Exercice d'intonation 31</u> sur le diagramme 6

A la première ligne, faire un arrêt sur 5 assez long pour bien marquer le passage du tétracorde au pentacorde.

Dans la seconde ligne, on ne répète pas la note de jonction (5), mais on l'allonge par un point sur lequel les enfants pensent SOL (5).

$\dot{1}$ = E^b

| $\dot{1}$ 7 6 5 5 4 3 2 1 |
| $\dot{1}$ 7 6 5 . 4 3 2 1 |

| 1 2 3 4 5 5 6 7 $\dot{1}$ |
| 1 2 3 4 5 . 6 7 $\dot{1}$ |

<u>Exercice d'intonation 32</u> sur le diagramme 6

La note de jonction 5 est répétée dans la première ligne; omise dans la seconde. Les enfants peuvent penser que le SOL (5) a été oublié.

$\dot{1}$ = E^b

| $\dot{1}$ 7 6 5 5 4 3 2 1 1 2 3 4 5 5 6 7 $\dot{1}$ |
| $\dot{1}$ 7 6 5 . 4 3 2 1 1 2 3 4 . 5 6 7 $\dot{1}$ |

Le maître peut présenter les exercices d'intonation horizontalement au moyen du rétroprojecteur, de la notation sur les doigts, du geste mélodique, et à partir de la notation sur portée présentée dans ce chapitre.

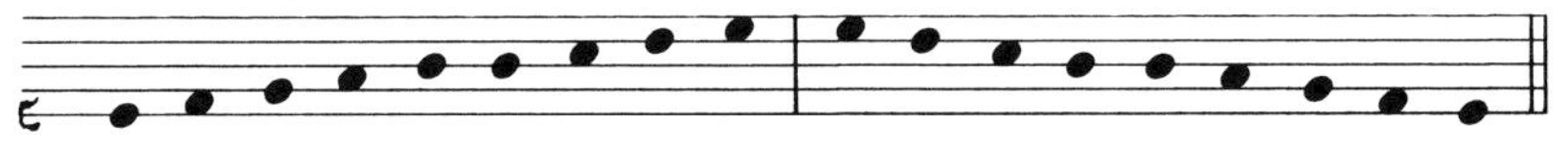

Diagramme-portée 9

> Les "notes pensées" constituent un élément important de cette méthode. Cette technique sera développée tout au long de ce livre et encore plus tard.

Rythme

Réviser le <u>tableau rythmique 6</u> et continuer à juxtaposer deux schémas courts pour en constituer un plus long.

A travailler comme auparavant avec le geste et le langage métrique, puis avec le geste rythmique III en utilisant des mélodies d'application ou occasionnellement une phrase verbale.

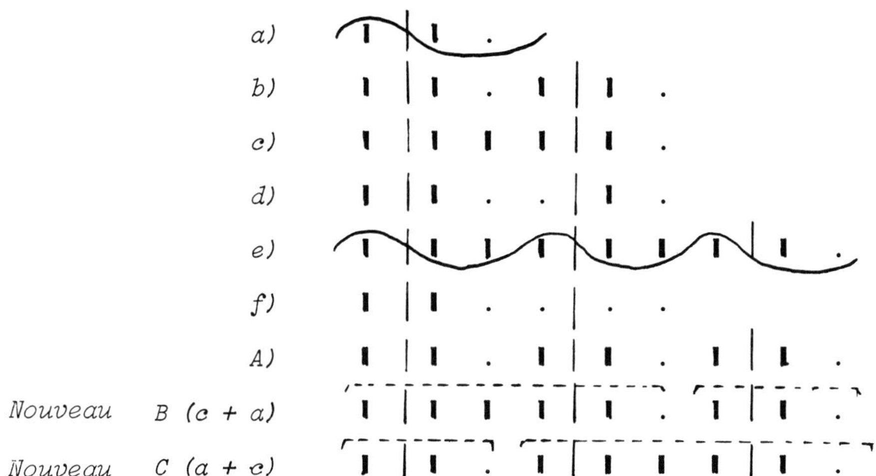

<u>Application mélodique</u> $\dot{1} = E^{b}$

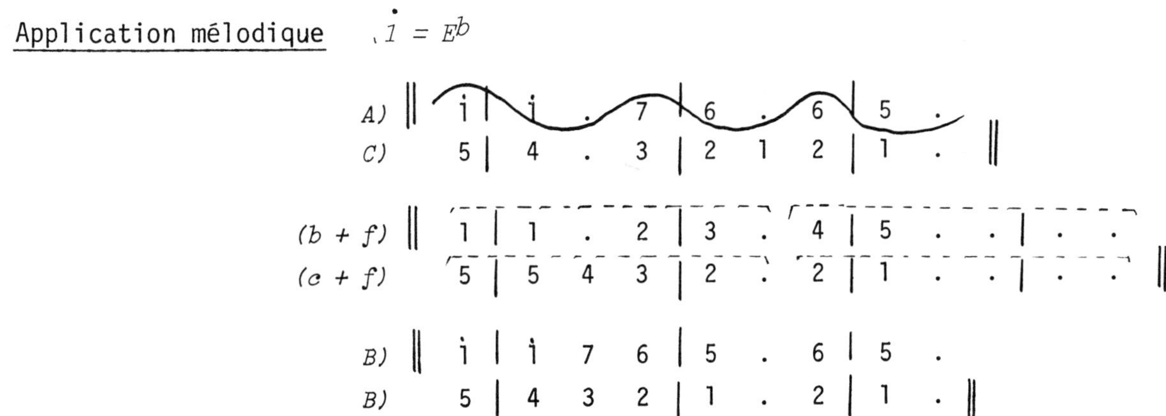

On peut utiliser ces schémas mélodico-rythmiques pour des transcriptions.

Notation

Etendue authente de la famille de DO.

Notation sur portée. La portée de cinq lignes permet de placer toutes les notes de 1 - 1.

Travailler les exercices d'intonation 31 et 32 de ce chapitre sur le diagramme-portée 9 aussi bien que sur le diagramme 6.

Transcrire le tableau rythmique 6

1. Le maître choisit une ligne d'une mélodie et l'écrit au tableau en notation chiffrée, avec les barres de mesure et la courbe rythmique. Il trace une portée, puis il dessine les notes correspondantes que les enfants auront eux-mêmes suggérées.

2. Le maître inverse le processus en écrivant une mélodie sur la portée. Il invite les élèves à transcrire correctement les notes en notation chiffrée.

Le maître ajoute la courbe rythmique et tous chantent.

Activité Créative

Les enfants peuvent maintenant commencer à faire de petites compositions musicales écrites. Pour l'instant, le travail sera collectif et la composition sera notée au tableau par le maître.

Pour commencer, et cela afin de prévenir les erreurs rythmiques dans les phrases proposées par les enfants, il sera bon d'imposer les schémas sur lesquels ils composeront une mélodie.

(Exemples tirés du T. R. 4)

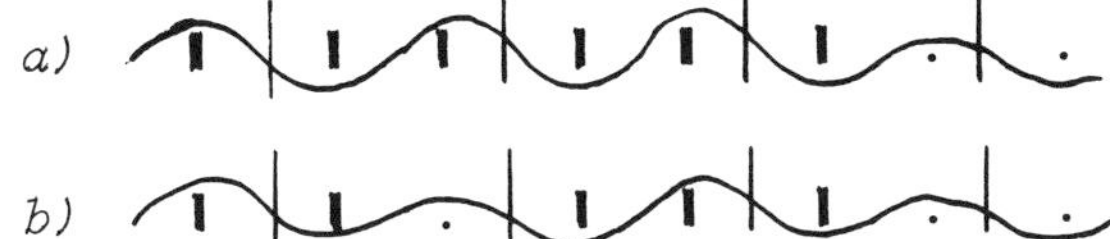

Ces schémas connus peuvent être combinés de façon à donner de la variété à une mélodie. Pour une mélodie de deux lignes, on peut avoir:

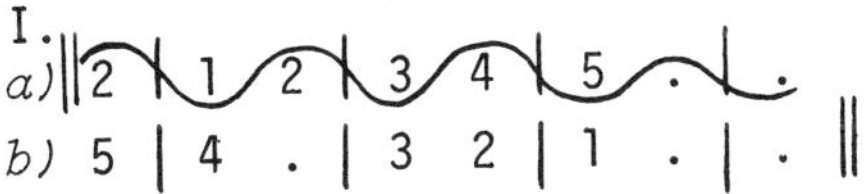

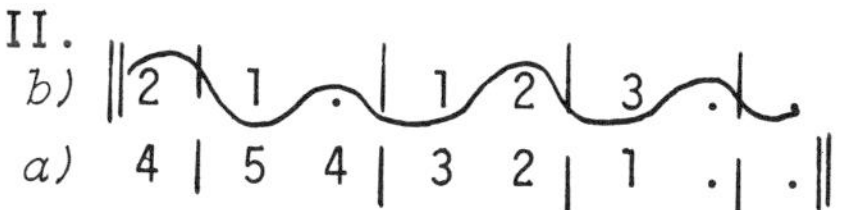

Une mélodie de quatre lignes utilisant deux schémas permet déjà de nombreuses combinaisons, soit:

a)	*b)*	*b)*	*b)*	*a)*	*a)*
b)	*a)*	*b)*	*a)*	*a)*	*b)*
a)	*b)*	*b)*	*a)*	*b)*	*a)*
b)	*a)*	*a)*	*b)*	*b)*	*a)*

Les enfants n'ont pas besoin d'utiliser toutes les combinaisons. Ils en choisissent une que le maître écrit au tableau. Les schémas disposés les uns sous les autres, seront suffisamment espacés pour laisser place à la mélodie composée oralement par les enfants, ligne par ligne.

Exemples de diverses combinaisons:

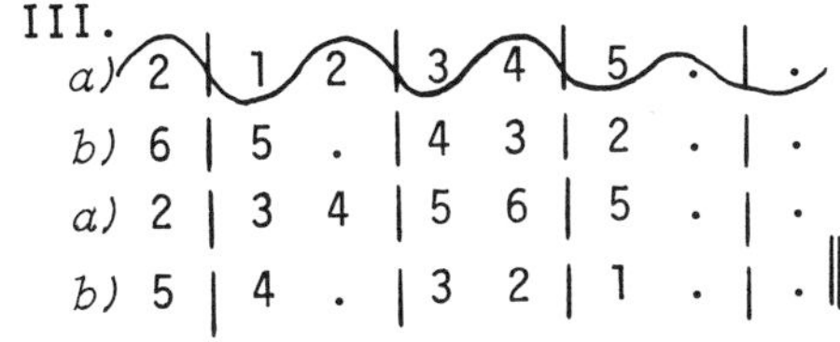

IV.
b) 2 | 1 . | 1 2 | 3 . | .
a) 2 | 1 2 | 3 4 | 5 . | .
b) 5 | 6 . | 5 4 | 3 . | .
a) 2 | 3 4 | 3 2 | 1 . | .

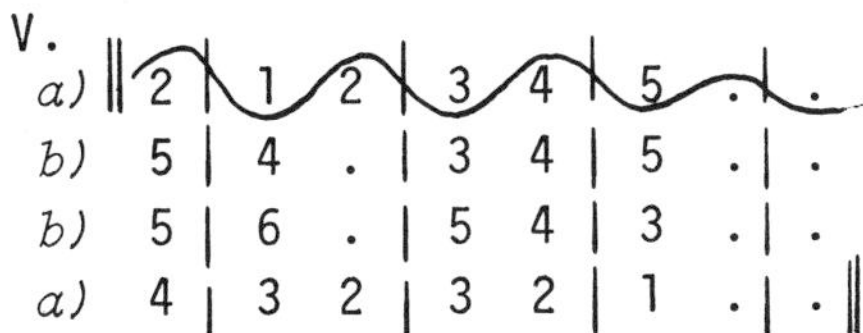

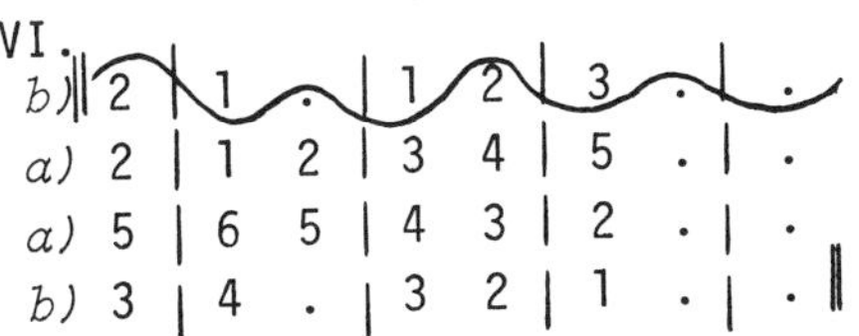

Dictées

Dictées mélodiques

Utiliser le diagramme-portée 9 pour les exercises de mémorisation visuelle.

Dictées rythmiques Les enfants doivent:

1. Reconnaître le schéma qui a été dicté.
2. Le répéter correctement.

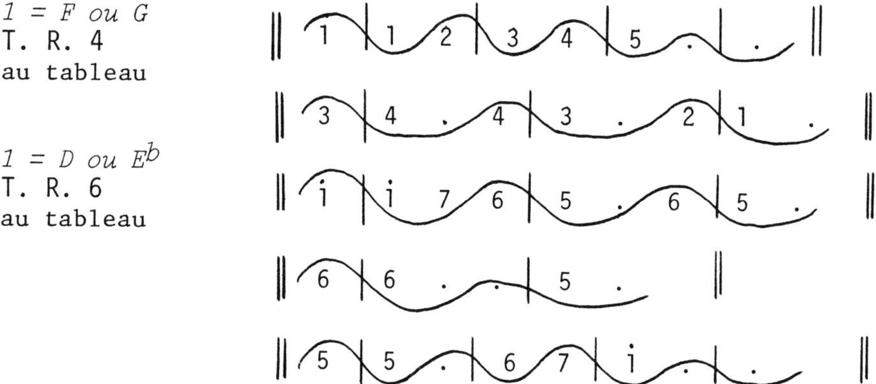

Chants

Mélodie 32 A préparer sur le diagramme 6

Mélodie 33 A préparer sur le diagramme-portée

Le maître écrit la mélodie au tableau en notation chiffrée. Les enfants la chantent. Lorsque la mélodie est connue, le maître dessine une portée de 5 lignes au-dessous de chacune des lignes de la mélodie. Les enfants transcrivent les chiffres sur la portée, ligne par ligne, oralement. Finalement, ils chantent la mélodie à partir de la notation sur portée, un groupe à la fois, en commençant par les Rossignols.

SE CANTO

Chapitre Quatorze

Vocalises

Ne pas oublier le travail vocal avec les bourdons (Rouges-gorges). Les encourager en leur réservant des intonations plus graves.

Vocalise 1

i = Ab F C Eb

i
Nu

Vocalise 6

1 = G E A

2 1 2 3 4 5 . .
Nu Nu Nu Nu Nu Nu

5 5 4 3 2 1 . .
Nu Nu Nu Nu Nu Nu

Vocalise 10

i = D Eb

i i 7 6 5 i . .

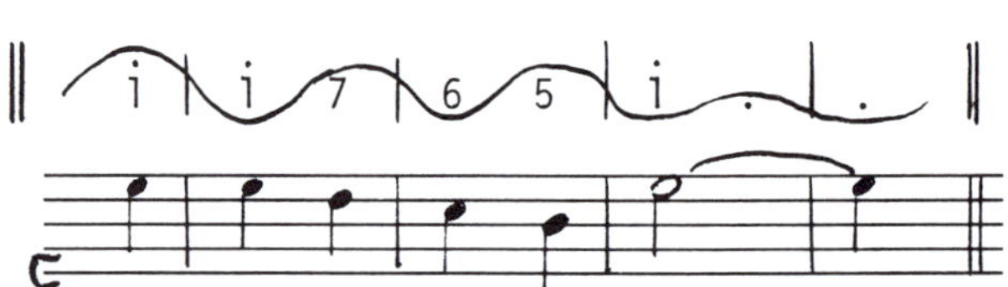

Pendant l'étude des vocalises, les enfants se tiendront debout, droits, sans raideur ni nonchalance. Le maître veillera à ce qu'ils ne contractent ni l'articulation de la mâchoire, ni le cou. La tête pourra être légèrement inclinée en avant et non tendue vers le haut. Les lèvres seront légèrement avancées sans exagération et surtout sans rigidité.

Intonation

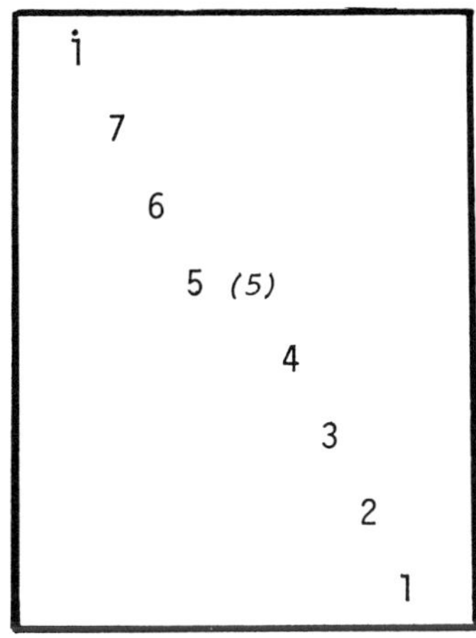

Diagramme 6

Exercice d'intonation 33 Etude sur toute l'étendue de la famille de DO.

| 1̇ 7 1̇   1̇ 7 6 5   5 6 5   5 4 3 2 1   1 2 1 |
| 1 2 1   1 2 3 4 5   5 6 5   5 6 7 1̇   1̇ 7 1̇ |

Exercice d'intonation 33a Même travail, mais en forme rythmique.

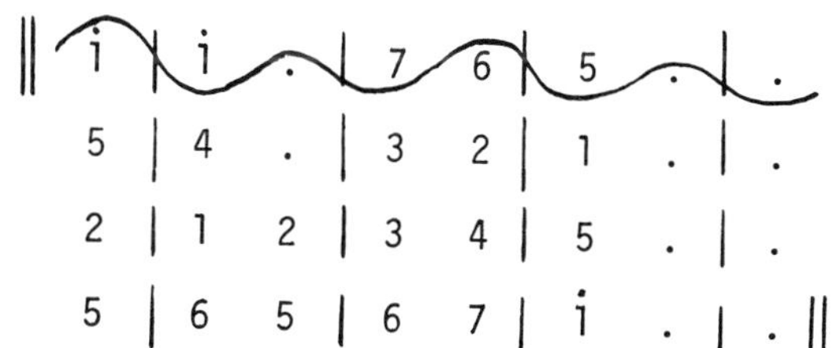

Répéter l'exercice d'intonation 33 en utilisant la notation sur portée.

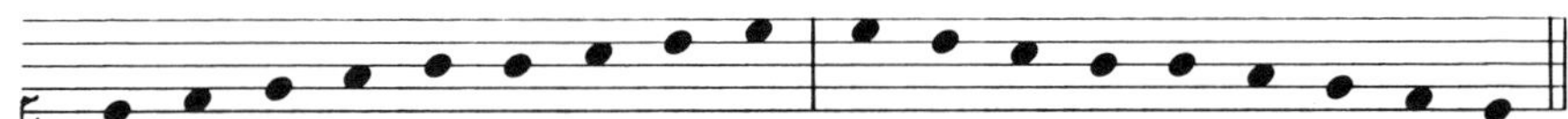

Pour améliorer la lecture horizontale, transcrire l'exercice d'intonation 33 sur la portée, comme ci-dessous, et le faire chanter par les enfants.

Rythme

Réviser les T. R. 2 et 3 comme préparation à la mélodie 35.

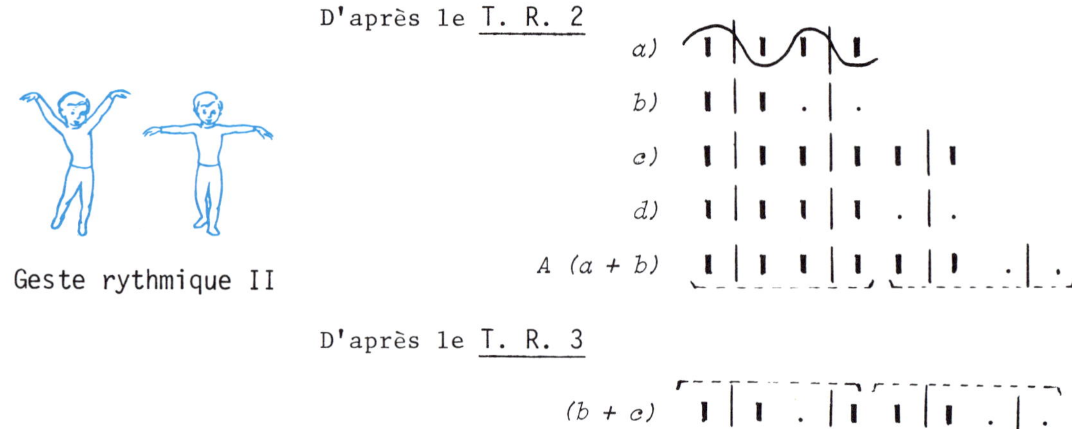

Geste rythmique II

Réviser le T. R. 6 (Chapitre XIII) comme préparation à la mélodie 34.

Application mélodique

1 = F

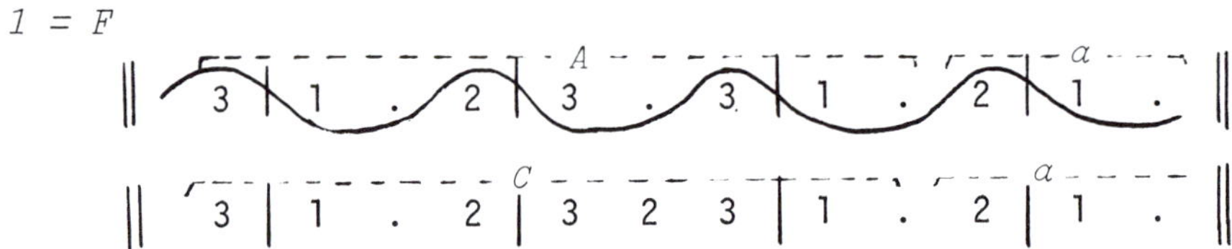

Jeu: Le tableau rythmique étant sous les yeux des élèves, le maître chante une phrase courte en utilisant l'un des schémas, en faisant le geste rythmique III. Les enfants identifient correctement le schéma utilisé et le répètent en faisant le même geste.

Exemples: (schémas tirés du T. R. 6)

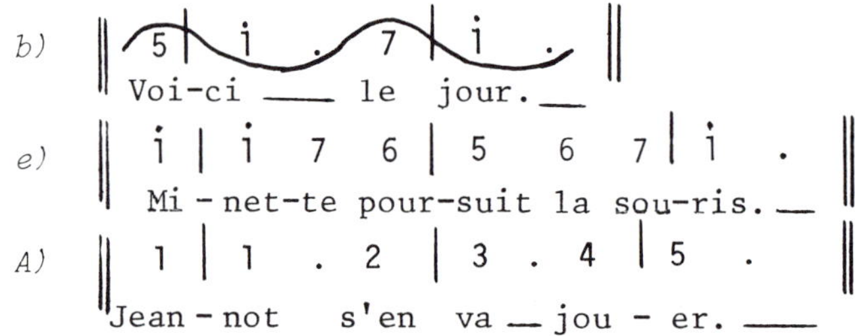

Notation

1. Réviser la position des notes sur la portée en plaçant les chiffres sur les lignes et dans les interlignes. Le maître trace une portée sur le tableau avec de larges espaces entre les lignes pour permettre d'y inscrire les chiffres. Les enfants, spécialement les non-chanteurs, sont invités à placer les chiffres correctement sur la portée.

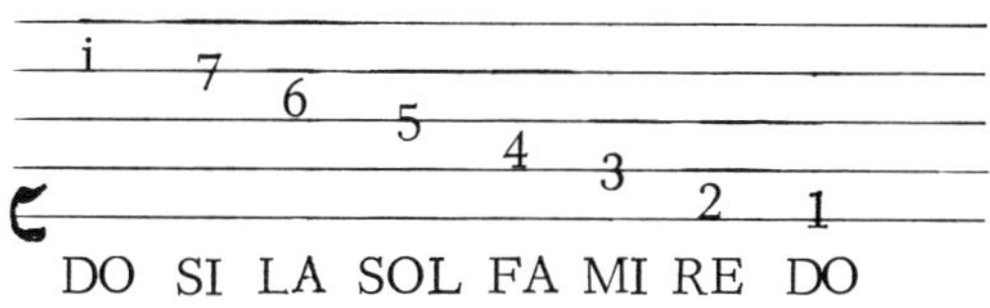

Le maître recouvre ces chiffres avec de la craie et y ajoute ensuite les queues.

Les Rossignols chantent toutes les notes de la gamme en descendant. *(i = D)*

Les Pinsons répètent.

Les Rouges-gorges écoutent.

2. Le maître écrit au tableau une mélodie en notation chiffrée en-dessus d'une portée de cinq lignes.

Les enfants inscrivent les chiffres sur la portée à leur place respective.

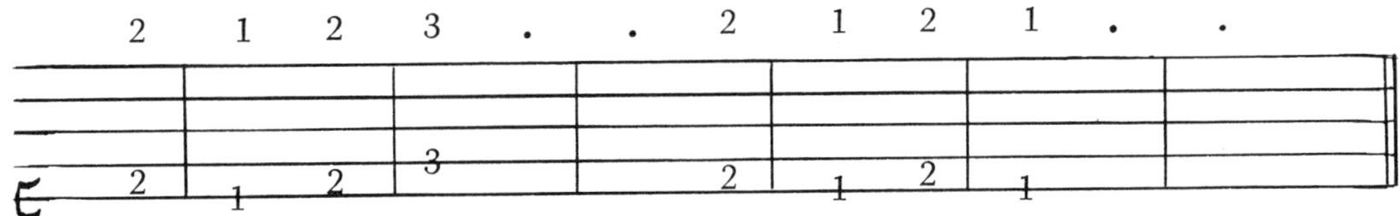

- Inscrire les chiffres légèrement sur la portée
- Les recouvrir
- Repérer les notes longues
- Noter les liaisons
- Ajouter les queues
- Chanter la mélodie à partir de la notation sur la portée

3. Transcrire la dernière ligne de la mélodie 35 en procédant de la même manière.

Activité Créative

Dans le chapitre XIII, on a utilisé deux schémas rythmiques <u>binaires</u> pour l'improvisation. Dans ce chapitre, on propose deux schémas <u>ternaires</u> pour une composition de même type. Le maître inscrit au tableau <u>un schéma</u> sur lequel les enfants composent une mélodie.

T. R. 6

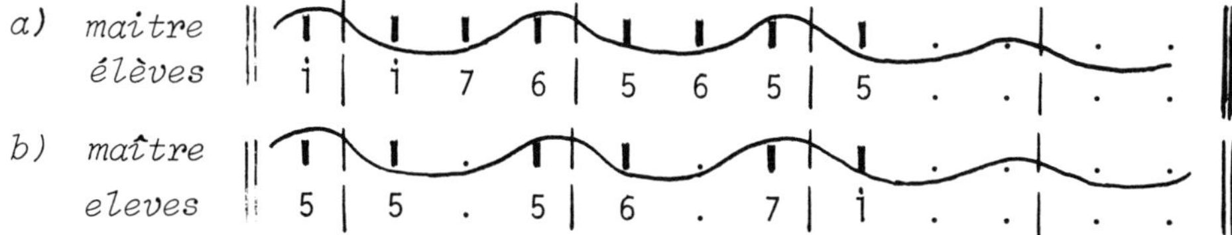

Nous proposons, à l'intention du maître, une série de combinaisons.

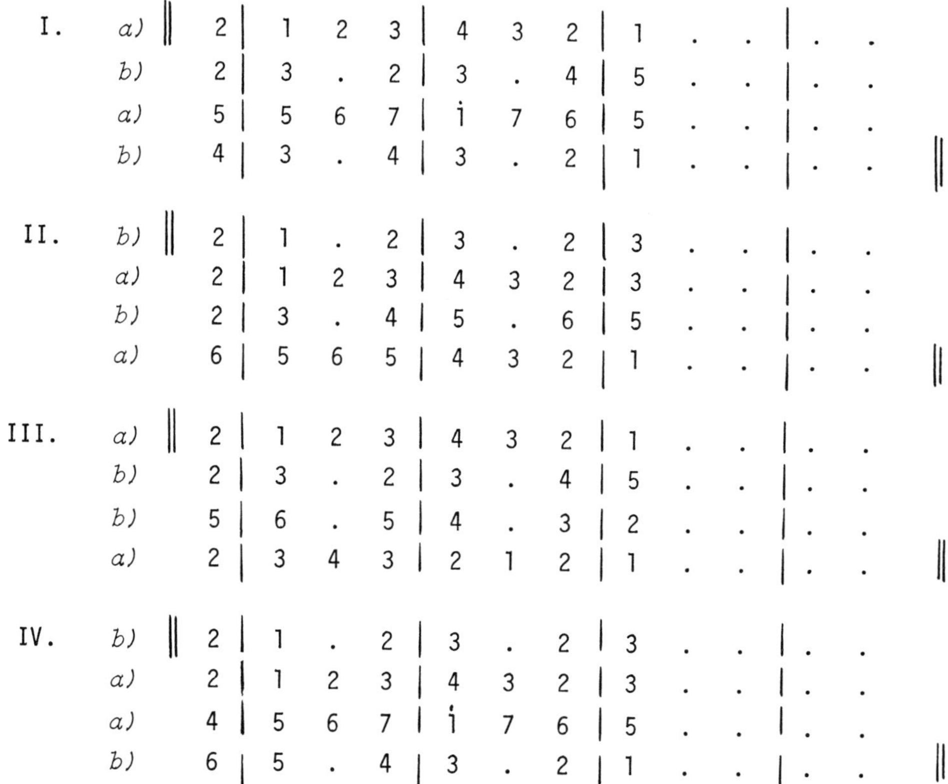

I.	a)	2	1 2 3	4 3 2	1 . .	. .
	b)	2	3 . 2	3 . 4	5 . .	. .
	a)	5	5 6 7	1̇ 7 6	5 . .	. .
	b)	4	3 . 4	3 . 2	1 . .	. .
II.	b)	2	1 . 2	3 . 2	3 . .	. .
	a)	2	1 2 3	4 3 2	3 . .	. .
	b)	2	3 . 4	5 . 6	5 . .	. .
	a)	6	5 6 5	4 3 2	1 . .	. .
III.	a)	2	1 2 3	4 3 2	1 . .	. .
	b)	2	3 . 2	3 . 4	5 . .	. .
	b)	5	6 . 5	4 . 3	2 . .	. .
	a)	2	3 4 3	2 1 2	1 . .	. .
IV.	b)	2	1 . 2	3 . 2	3 . .	. .
	a)	2	1 2 3	4 3 2	3 . .	. .
	a)	4	5 6 7	1̇ 7 6	5 . .	. .
	b)	6	5 . 4	3 . 2	1 . .	. .

Dictées

> Pour mettre de la variété dans une leçon, un enfant invente et donne à ses camarades une dictée de 4 notes, commençant par DO et procédant par degrés conjoints. Un autre pourrait donner un exercice de mémorisation visuelle.

Dictées mélodiques

Dictées auditives sur le diagramme 6 et sur le diagramme-portée.

| 1̇ 7 6 5   5 4 3 2 1 | 1 2 1   1 2 3 4 5 |
| 1̇ 7 1̇   1̇ 7 6 5 | 5 6 7 1̇   1̇ 5 5 |

| 1̇ 5   1̇ 1̇ 7 6 5 | 3 2   2 1   2 3 |
| 5 4 3 2   3 1 | 3 2   2 3 4 5 |

| 5 4 3 2   2 3 |
| 5 1̇ 5   5 4 3 2 1 |

Dictées visuelles sur le diagramme, avec la notation sur les doigts, avec le geste mélodique.

Fragments pour des exercices de mémorisation visuelle:

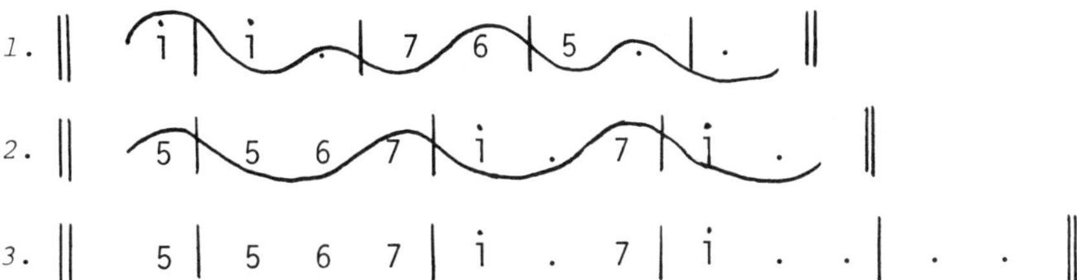

Dictées rythmiques

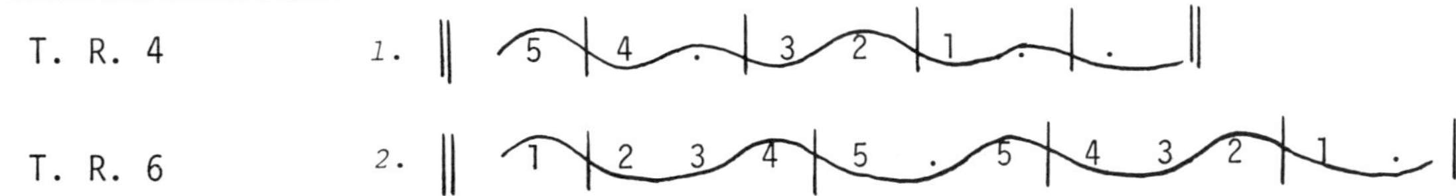

Pour des dictées supplémentaires, utiliser l'une ou l'autre ligne d'une mélodie.

Chants

Mélodie 34 A préparer sur le diagramme 6 et le T. R. 6.
Respiration uniquement à la fin de la ligne.

$\dot{1} = E^b$

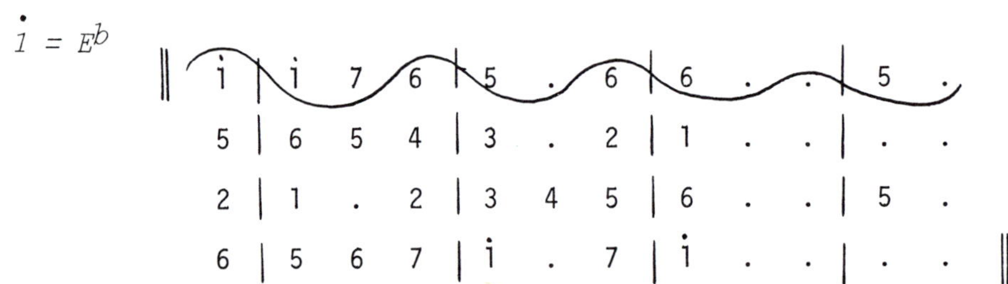

Mélodie 35 A préparer sur le diagramme 6 et le T. R. 2 et 3.

$\dot{1} = D$

i | i . | 7 6 | 5 . | .
5 | 4 . | 3 2 | 1 . | .
2 | 1 2 | 3 4 | 5 . | .
5 | 6 7 | i 7 | i . | .

Mélodie 36 A préparer en notation sur portée et sur le T. R. 6.

1 = F

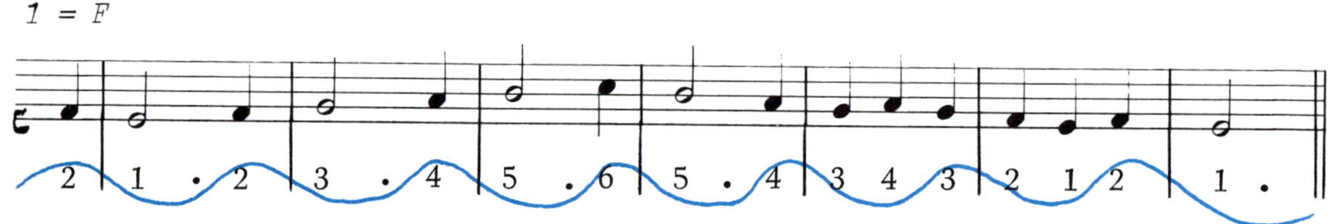

1 = C Geste III

LA TOUR, PRENDS GARDE

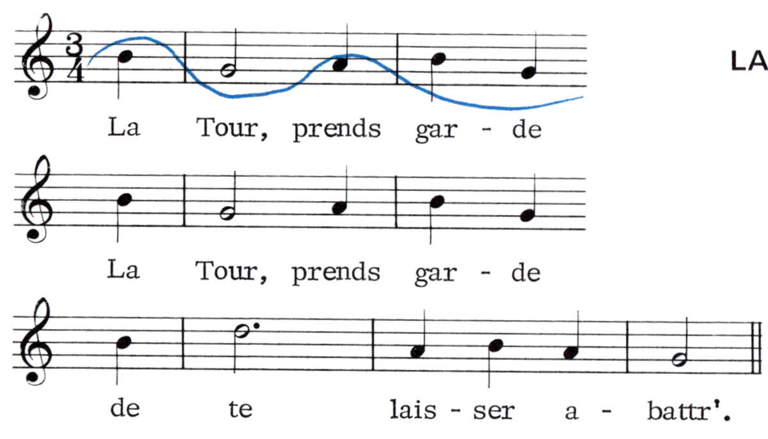

RESUME DES CHAPITRES I A XIV

VOCALISES Emploi exclusif de la syllabe "NU" pour soutenir les notes longues dans la tessiture des voix enfantines et pour obtenir une sonorité très pure, ainsi qu'une voix résonnante.

INTONATION Les notes de la gamme majeure présentées dans l'ordre suivant:

DO - RE
DO - RE - MI
DO - RE - MI - FA - SOL
les intervalles de DO - MI et MI - DO
DO - RE - MI - FA - SOL - LA
DO (aigu) SI - LA - SOL
les intervalles de DO (aigu) - SOL et SOL - DO (aigu)
DO - SI - LA - SOL - FA - MI - RE - DO

RYTHME Les schémas rythmiques binaires (2/4) et ternaires (3/4) commençant sur une note au levé.

Les gestes rythmiques I, II et III accompagnant les schémas rythmiques.

DICTEES Dictées visuelles et auditives pour former l'oreille et développer la mémoire. Phrases brèves prises dans le vocabulaire mélodique et rythmique de ces chapitres.

Dictées rythmiques basées sur les schémas rythmiques binaires et ternaires.

NOTATION Différents procédés pour montrer la relation entre les notes de la gamme:

- Notation chiffrée
- Notation sur les doigts
- Geste mélodique
- Notation sur la portée:
  - la noire, la blanche, la blanche pointée
  - la liaison
  - de la portée à une ligne à celle de 5 lignes

ACTIVITE CREATIVE Conversation musicale sans paroles.
Adaptation de phrases verbales à des schémas rythmiques.
Juxtaposition de schémas courts pour former des structures plus longues.
Combinaisons mélodico-rythmiques en vue de structures plus longues.

CHANTS sans paroles - 32 mélodies chiffrées et 4 en notation sur portée, toutes dérivées des exercices d'intonation de ces chapitres.
avec paroles - mélodies avec texte simple à la portée des enfants.

Chapitre Quinze

	1	2	3	4	5
Vocalises	Salutation et chant d'ouverture : Reine des Cieux Voc. 1 Rossignols **1 = D** Pinsons **1 = Bb** Rouges-gorges **1 = F**		Par groupe et individuellement	Chant d'ouverture : Ave Maria	Promotions éventuelles
Intonation	**Présenter** diagr. 7 **Ex. 34** Ier ex. d'orienta-tion Ligne 1 seulement Geste mélodique et baguette (6 5 4 3 2 1)	→ Ex. 34 lignes 1 et 2 Dialogue : groupe 1 et maître en utilisant le geste mélodique	→ Continuer le dialogue Les Rossignols chantent les "petites notes" Tous font le geste mélodique	→ Le maître et les enfants chantent à tour de rôle les notes "pensées"	→ Lignes 1, 2 et 3 par les Rossignols et les Pinsons Les Rouges-gorges font le geste.
Rythme	**Présenter :** Geste IV binaire Arsis et Thésis (A + T) le bras droit dans un mouvement de rotation le bras gauche dans un mouvement de rotation lex deux bras dans un mouvement de rotation		Succession d'arsis et de thésis (A T A T) Accompagner les gestes d'un chant : "Frère Jacques" ou d'une cassette où est enregistrée une mélodie de rythme binaire au posé.	‖ 1 2 ③ 2 1 . ‖ A A T	‖ 1 2 1 . 1 . ‖ A T T
	PREPARER LES DICTEES EN CHANTANT LES NOTES DU DIAGRAMME 7				
Dictées auditives	121 123 343 345 565	121 121 123 343 321 121	121 343 121 343 121	121 343 345 565 343 565	121 121 343 343 565 321
visuelles	2 1 2 1 2 3 4 3 5 5 6 5 6 5 . .	123 343 345 565 565 543	121 343 345 565 343 343	‖ 1 2 1 . ‖ ‖ 1 2 1 . | 3 4 3 . ‖	‖ 1 1 ② 2 1 . ‖ 565 343 121
Vocalises	**Revision :** Voc. 10 Rossignols $\dot{1}$ = **Eb** Pinsons $\dot{1}$ = **C**	Voc. 11 → Rossignols seuls $\dot{1}$ = **C** Justesse entre SI - DO	→ Rossignols (I) $\dot{1}$ = C Pinsons (II) $\dot{1}$ = Bb	les Rouges-gorges font le geste en silence	**Revision** voc. 10
Notation	**Réviser :** notation sur portée **Transcrire :** Lignes du T.R. 7	**Transcrire :** ex. d'int. 34 en notation sur portée segment a 1 2 | 1 . | 3 4 | 3 . | 5 6 | 5 . ‖	**Transcrire :** ex. d'int. 34 en notation sur portée segment b 5 6 | 5 . | 3 4 | 3 . | 1 2 | 1. ‖	**Transcrire :** ligne 2 de la mélodie 35 (chap. XIV) en notation sur portée 5 | 4 . | 3 2 | 1 . | . ‖	→ Ligne 3 de la mélodie 35 2 | 1 2 | 3 4 | 5 . | . ‖
Activité Créative		En faisant le geste Arsis - Thésis. les groupes conversent en chantant les notes et les ponts de l'ex. d'intonation 34 (pas de sauts)			Introduire les sauts en conversation
Rythme	Etudier le T.R. 7 avec le geste et le langage métrique → Dictées :	Avec le geste IV → ‖ 1 2 1 . ‖	**Réviser** a + a avec l'application mélodique ‖ 1 2 1 . | 3 4 3 . ‖	a) ‖ I I I . ‖ (A T) b) ‖ I I Ⓘ I I . ‖ (A A T) ‖ 1 1 | ② 2 1 . ‖ A A T	a) ‖ I I I . ‖ b) ‖ I I I I I . ‖ c) ‖ I I I . . . ‖ ‖ 1 2 1 . 1 . ‖
Chants	**Mélodie 37** Notes du Ier exercice d'orienta-tion Ière ligne	Mèlodie 37 (à terminer) →		**Mélodie 38** A A T lignes 1 et 2 Ubi caritas	Mélodie A T T lignes 3 et 4 Ubi caritas Ave Maria

Chapitre Quinze

Vocalises

Vocalise 1

$\dot{1}$ = B^b ↘ F ↗ D

|| $\dot{1}$ ______
Nu ______ ||

Vocalise 10

$\dot{1}$ = E^b ↘ D

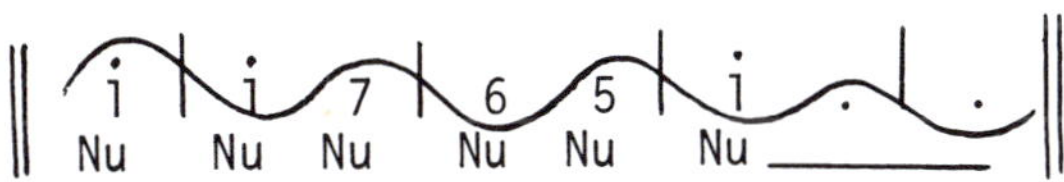

Vocalise 11

Attention à l'exactitude du demi-ton.

$\dot{1}$ = C ↘ B^b

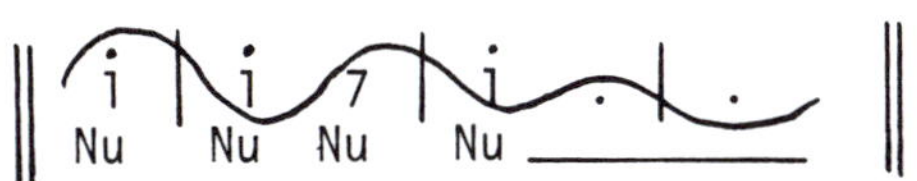

Le maître veillera à maintenir une bonne qualité vocale dans tous les exercices de la leçon.

Intonation

<u>Diagramme 7</u> et <u>premier exercice d'orientation</u>

Présentation du diagramme 7

Faire rechanter sur la diagramme 4, les notes de l'hexacorde. Puis expliquer aux enfants que ces notes appartiennent à une même famille, la famille de DO. Le maître écrit un grand 1 sur le tableau.

1

"Toutes les familles sont composées d'adultes et d'enfants; il en est de même dans les familles musicales. Nous avons d'abord le chef de famille que nous appellerons la Tonique (1). Les autres adultes sont MI (3) et SOL (5)."

Le maître écrit en gros caractères un 3 et un 5 au-dessus du 1 et dessine un cadre autour des chiffres.

5
3
1

"Dans cette famille, il y a également des enfants. Ils sont plus petits et dépendent des adultes.

RE dépend de DO
FA dépend de MI
LA dépend de SOL

Le maître écrit ces notes dépendantes en petits caractères et les relie par un trait aux notes de l'accord de tonique.

Le diagramme 7 est constitué.

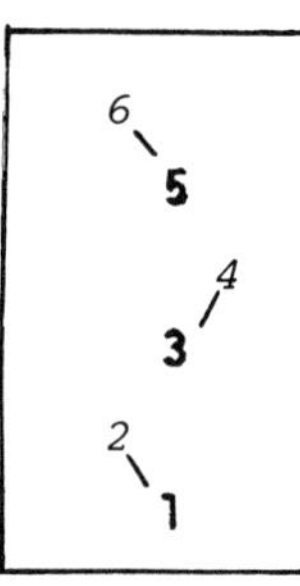

Diagramme 7

Exercice d'intonation 34 - Premier exercice d'orientation *(1 = F)*

	pont		pont			pont		pont	
1 2 1	1 2 3	3 4 3	3 4 5	5 6 5	5 6 5	5 4 3	3 4 3	3 2 1	1 2 1
1 2 1	*1 2 3*	3 4 3	*3 4 5*	5 6 5	5 6 5	*5 4 3*	3 4 3	*3 2 1*	1 2 1
1 2 1		3 4 3		5 6 5	5 6 5		3 4 3		1 2 1

Présentation du premier exercice d'orientation sur l'hexacorde DO - LA

Première ligne

Sur le diagramme 7, le maître fait chanter la première ligne de l'exercice, mais en précisant:

(1 = F)	Chantez le groupe de DO	1 2 1
	Chantez le pont	1 2 3
	Chantez le groupe de MI	3 4 3
	Chantez le pont	3 4 5
	Chantez le groupe de SOL	5 6 5

Même travail en descendant.

Des élèves peuvent venir montrer sur le diagramme soit les groupes de DO, de MI ou de SOL, soit les "ponts" entre les notes solides.

Deuxième ligne

"Maintenant, les enfants, vous chantez les groupes et je chanterai les "ponts". Tous ensemble, nous ferons le geste mélodique."

Répéter l'exercice avec les Rossignols et les Pinsons chantant les groupes (les Rouges-gorges restent silencieux, mais font le geste), et un élève seul chantant les "ponts".

Répéter enfin en demandant aux enfants de penser les petites notes tout en faisant le geste mélodique qui les conduira à la première note du groupe suivant.

Laisser aux enfants tout le temps nécessaire pour penser ces notes d'appui comme s'ils avaient à les chanter. Il convient d'appliquer strictement cette règle, sinon, seuls les élèves les mieux doués parviendraient à chanter le groupe suivant et les élèves plus lents se borneraient à imiter.

Exiger une grande précision du geste mélodique durant l'exercice, surtout pour les notes pensées.

Troisième ligne

Dès que la deuxième ligne a été travaillée plusieurs fois en pensant les petites notes, les enfants sont capables de chanter cette troisième ligne (premier exercice d'orientation) qui doit être apprise par coeur.

On favorisera l'assimilation de l'exercice d'orientation par les dictées, les improvisations, etc.

Rythme

Départ au posé

Tableau rythmique 7 et geste IV - binaire

1 = F ou G. Application mélodique

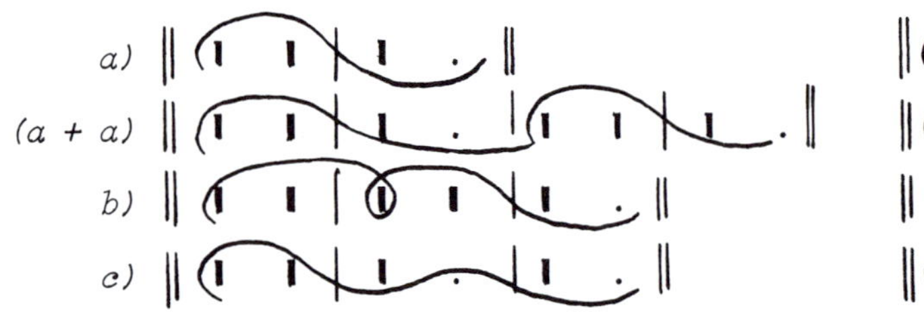

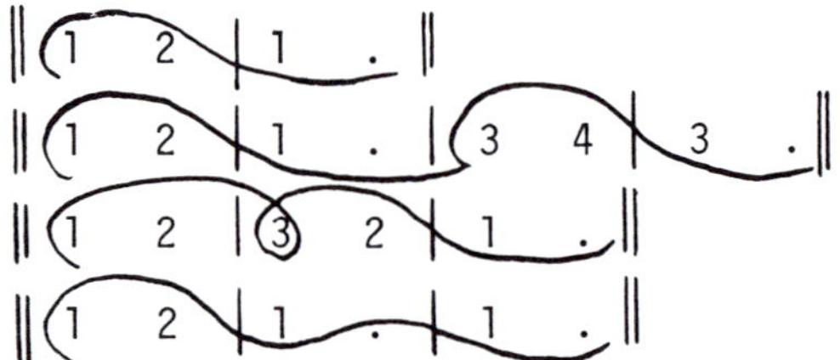

Présentation du geste IV - binaire

Le maître annonce un nouveau geste rythmique. Les enfants se lèvent.

Le maître fait exécuter une série de cercles - sens des aiguilles d'une montre - avec le bras droit bien allongé, mais sans raideur. (Le maître fait le mouvement avec le bras gauche, en sens inverse.) Ces mouvements circulaires seront larges, souples et commandés par l'articulation de l'épaule, pour mettre en jeu les plus grands muscles.

Le maître compte: "Un-deux" pour chaque cercle. Il dit "un" lorsque sa main est dans la partie la plus basses du cercle.

Même travail avec le bras gauche. Les cercles se font en sens inverse.

Des cercles sont maintenant tracés par les deux bras ensemble (les bras se meuvent en sens opposé) en comptant à mi-voix: "Un-deux" pour chaque cercle.

Geste ARSIS - THESIS. schéma *a)* et schéma *(a + a)*

Le maître apprendra ensuite aux enfants comment, après ces "élans", ils doivent se "poser" comme un avion qui atterrit.

"L'élan s'appelle ARSIS, le posé THESIS."

Les enfants font le geste ARSIS-THESIS d'abord avec le bras droit, ensuite avec le bras gauche, finalement avec les deux bras ensemble.

Quand le geste ARSIS-THESIS est bien établi en comptant à mi-voix "un-deux, un-deux", les enfants pourront y adapter la chanson "Frère Jacques".

Présentation du tableau rythmique 7

Le schéma *a)* devra être "découvert par les enfants".

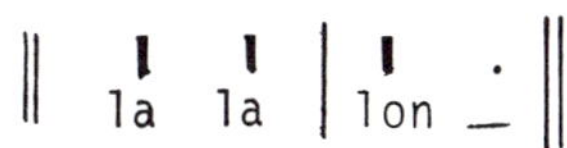

Si la classe a chanté "Frère Jacques" en faisant le geste Arsis - Thésis, le maître fera répéter plusieurs fois: Dor-mez-vous avec le geste rythmique, puis le geste métrique.

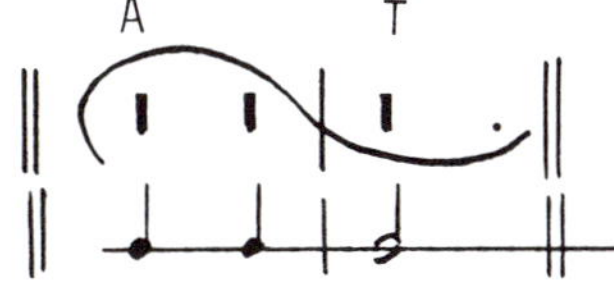

Reprendre sur la la lon, avec le geste métrique.

Le maître écrit le schéma au tableau, place les barres de mesure et fait découvrir aux enfants que toutes les notes se trouvent à l'intérieur des mesures.

Le maître dessine la courbe rythmique Arsis - Thésis et indique que le nouveau geste correspond aux mélodies commençant sur le premier temps de la mesure.

Les enfants rechantent le schéma *a)* sur DO, puis sur différentes notes.

Le schéma *(a + a)* sera travaillé de même.

Geste ARSIS - ARSIS - THESIS (schéma *b*)

Avec la main gauche, le maître montre comment deux ARSIS peuvent être superposées.

Les enfants répètent avec le bras droit, ensuite dans la direction opposée avec le bras gauche et enfin avec les deux bras ensemble.

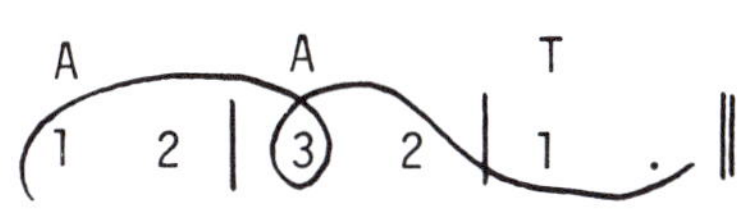

Ne pas "marteler" le début de chaque Arsis, mais unir tout le geste dans un seul courant rythmique.

Quand les enfants auront exécuté correctement le geste, on travaillera le schéma rythmique *b)* comme ci-dessus.

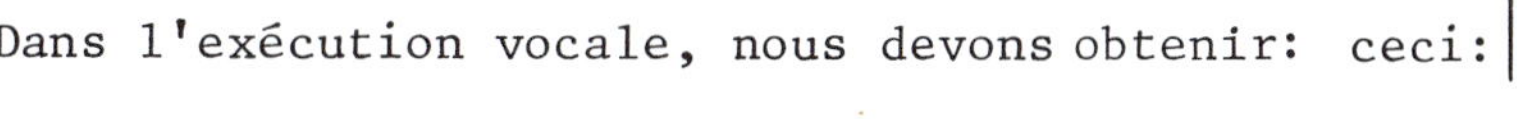

Dans l'exécution vocale, nous devons obtenir: ceci:

et non:

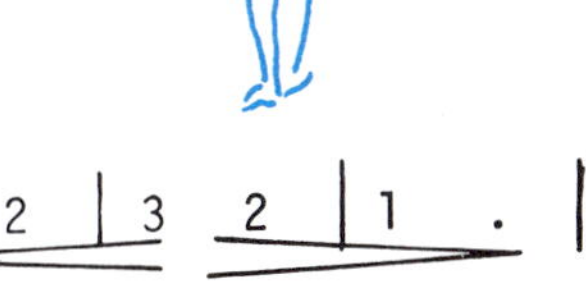

Geste ARSIS - THESIS - THESIS (schéma *c*)

Ce geste sera travaillé avec une grande souplesse. Après l'élan de l'Arsis, les 2 Thésis se posent avec douceur.

Exécution du bras droit, du bras gauche, puis des deux bras.

Enfin, étude du schéma *c)* comme ci-contre.

Notation

La noire, la blanche, la liaison dans des mesures binaires commençant sur un "posé".

Revision

1. Transcrire le tableau rythmique 7 de ce chapitre.

2. Quand la troisième ligne de l'exercice d'intonation 34 a été mémorisée, la transcrire en notation sur portée: segment a) lors d'une leçon; segment b) lors d'une autre leçon.

3. Transcrire les lignes 2 et 3 de la mélodie 35, chapitre XIV, en notation sur portée.

Activité Créative

Conversation musicale Le jeu des questions et réponses continue à un tempo plus rapide qu'auparavant et implique la participation d'un plus grand nombre d'enfants.

Ils feront des improvisations sur le diagramme 7 en n'utilisant que les groupes de DO, de MI, de SOL ou les "ponts", avec le geste IV - binaire.

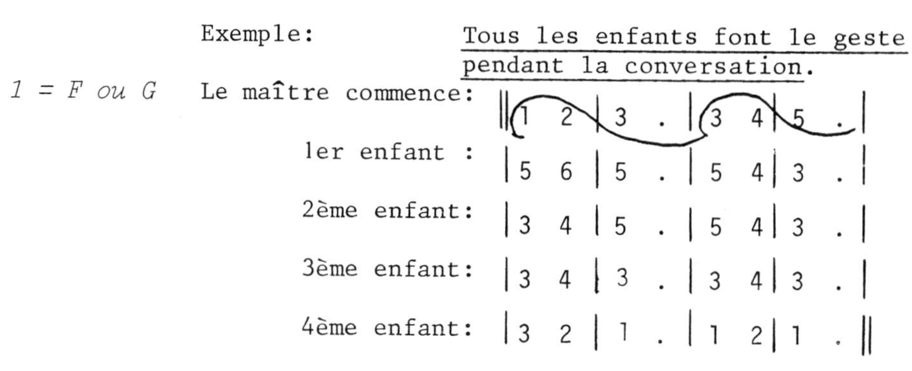

Dictées

Les enfants peuvent donner la réponse: oralement, sur les doigts, en écrivant sur la portée, ou avec la baguette sur le tableau.

Dictée mélodique *1 = F ou G*

Dictées auditives	Dictées visuelles
1 2 1 1 2 3 3 4 3 3 4 5 5 6 5	‖ 2 | 1 2 | 1 2 | 3 4 | 3 . | . ‖ ‖ 5 | 5 6 | 5 6 | 5 . | . ‖
1 2 1 1 2 1 1 2 3 3 4 3 3 2 1 1 2 1	1 2 3 3 4 3 3 4 5 5 6 5 5 6 5 5 4 3
1 2 1 3 4 3 1 2 1 3 4 3 1 2 1	1 2 1 3 4 3 3 4 5 5 6 5 3 4 3 3 4 3
1 2 1 3 4 3 3 4 5 5 6 5 3 4 3 5 6 5	1 2 3 3 4 3 5 6 5 5 6 5 3 4 3 1 2 1
1 2 1 1 2 1 3 4 3 3 4 3 5 6 5 3 2 1	1 2 1 3 4 3 1 2 3 4 3 3 4 3 3 2 1 2 1

Dictée rythmique Tous les exemples commencent sur un posé.

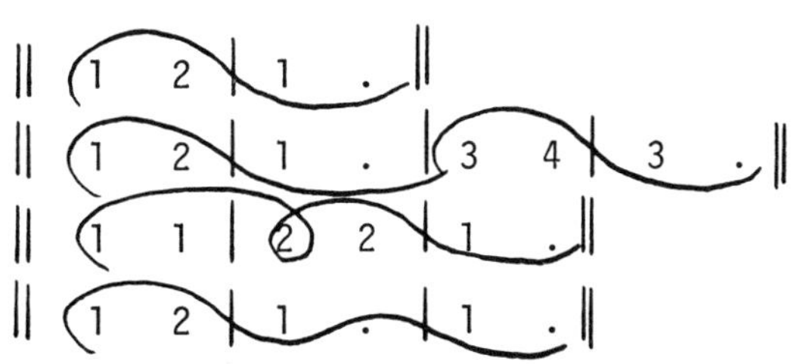

> Continuer à utiliser des craies de couleur:
> jaune (ou blanc) pour les chiffres;
> rouge pour les barres de mesure;
> bleu pour la courbe rythmique.

Révision: Le maître dicte une phrase.
Les enfants répètent avec le geste rythmique, puis métrique.
Les enfants dessinent le rythme dans l'air; un enfant dessine le rythme au tableau avec l'index, puis avec la craie.
Un autre enfant écrit les chiffres au-dessous des barres.
Un troisième enfant ajoute les barres de mesure.
Le maître (ou un enfant) trace la courbe rythmique.
Tous chantent en faisant le geste rythmique.

Chants

Mélodie 37 *1 = G*

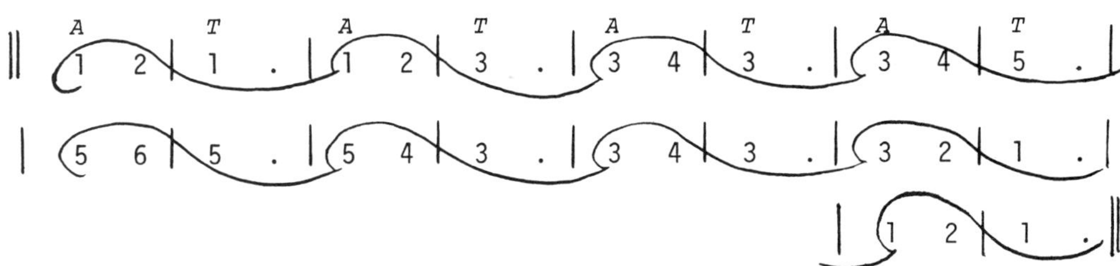

Mélodie 38

1 = G

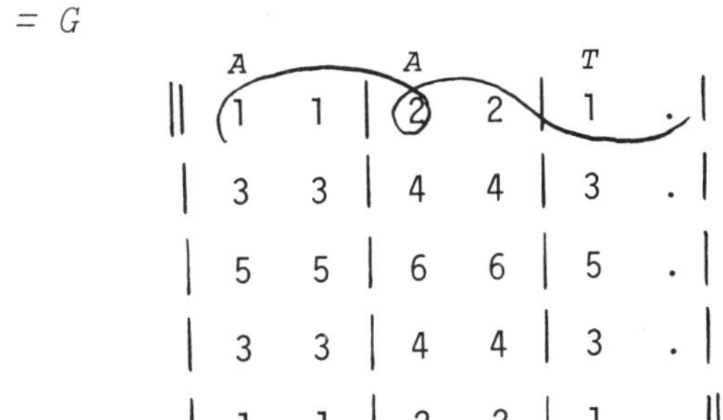

Mélodie 39

1 = G

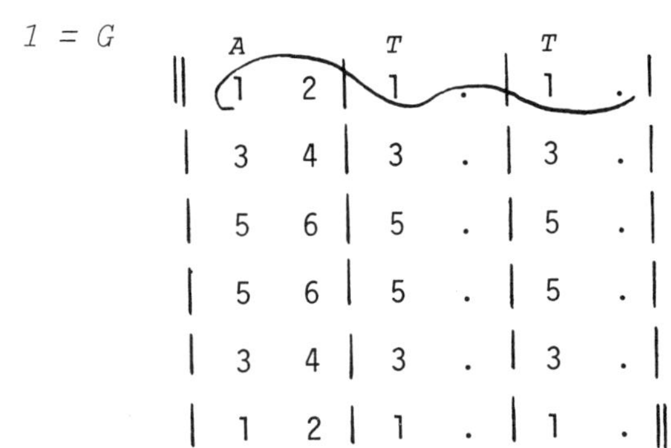

La pratique des nouveaux schémas rythmiques permet maintenant au maître d'apprendre aux enfants de courtes phrases extraites du répertoire de chant grégorien. Celles-ci ne sont pas enseignées par audition, mais écrites sur le tableau. Les enfants étudient d'abord la mélodie, puis y adaptent les paroles:

"Ave Maria"

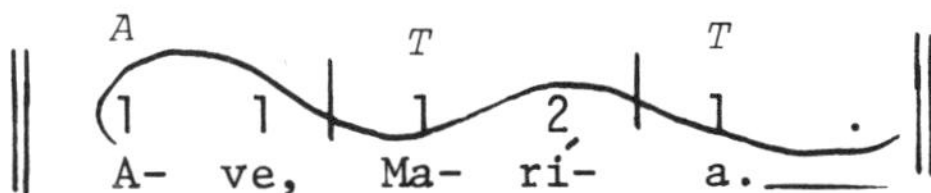

"Ubi Caritas" - mélodie seule

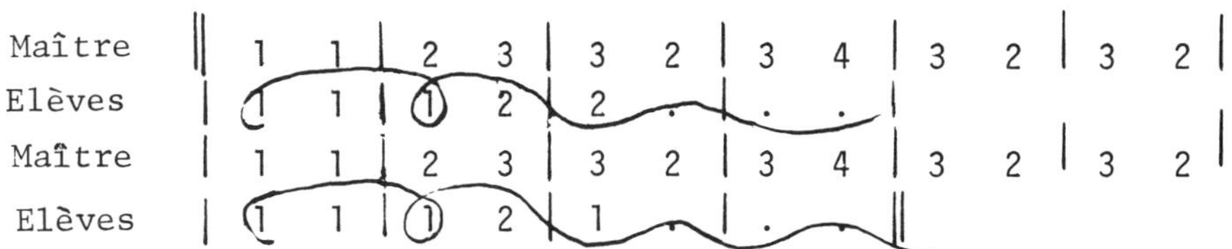

Chanson populaire: "Frère Jacques" - à préparer sur le diagramme.

Chapitre Seize

Vocalises

Vocalise 1

$\dot{1}$ = B G B♭

| $\dot{1}$ ______ |
| Nu ______ |

Vocalise 10

$\dot{1}$ = C G E♭

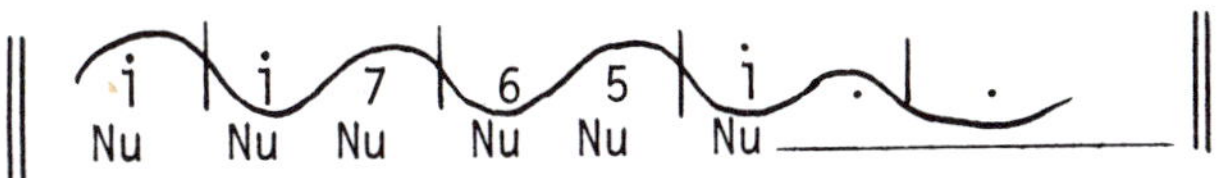

Vocalise 12

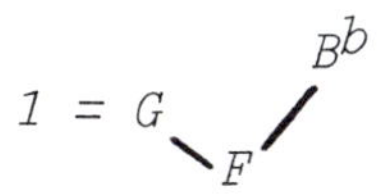

Les vocalises deviennent plus longues à partir de maintenant. On doit rechercher un beau legato. On chante les exercices plus lentement de façon à obtenir le maximum de résonance.

Faire cet exercice avec le geste rythmique IV - binaire et enfin sans geste.

Alterner les groupes en chantant les exercices de telle sorte que les enfants puissent écouter leurs camarades.

Intonation

Premier exercice d'orientation (suite)

Présentation du diagramme 8 Le tétracorde supérieur SOL LA SI DO (5 6 7 i̇)

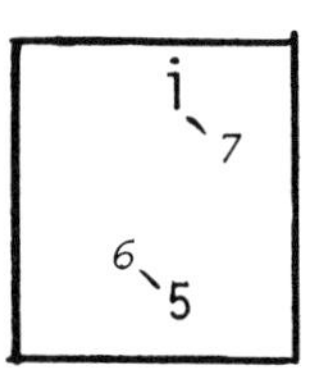

Diagramme 8

Exercice d'intonation 35 sur le diagramme 8 tétracorde supérieur

i̇ = E♭

Chaque exercice se présente sur trois lignes:

Ligne 1 - Toutes les notes sont chantées.
Ligne 2 - Les enfants chantent les grandes notes et pensent les petites notes.
Ligne 3 - Les enfants chantent seulement les grandes notes, sans avoir recours aux notes pensées.

i̇7i̇	i̇765	565	565	567i̇	i̇7i̇
i̇7i̇	*i̇765*	565	565	*567i̇*	i̇7i̇
i̇7i̇		565	565		i̇7i̇

Présentation du diagramme 9a pour l'exercice d'intonation 36 Premier exercice d'orientation - Toute la famille de DO.

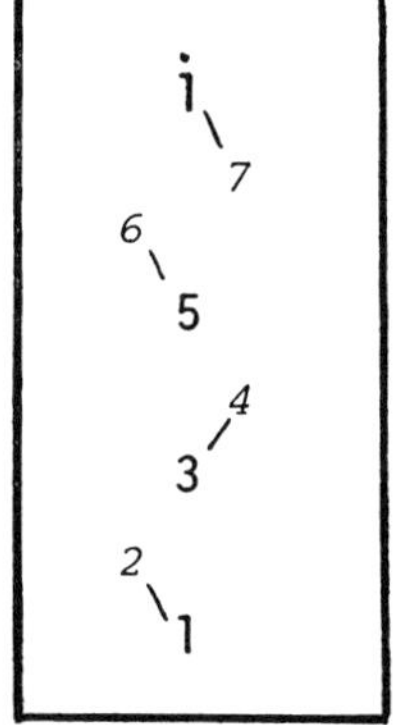

Diagramme 9a

121	123	343	345	565	567i̇	i̇7i̇	i̇7i̇	i̇765	565	543	343	321	121
121	*123*	343	*345*	565	*567i̇*	i̇7i̇	i̇7i̇	*i̇765*	565	*543*	343	*321*	121
121		343		565		i̇7i̇	i̇7i̇		565		343		121

Continuer à utiliser la baguette pour les notes "pensées".

Rythme

Geste rythmique IV - binaire (suite)

Tous les schémas rythmiques de ce chapitre comportent quatre mesures. Nous pourrons donc avoir dans l'organisation des ARSIS et des THESIS.

Avant de passer au travail des schémas rythmiques, il est nécessaire d'étudier les gestes seuls, sans chant, pour chacune des combinaisons notées ci-dessus.

- avec le bras droit
- avec le bras gauche
- avec les deux bras

Le maître annonce toujours à l'avance le nombre d'Arsis et de Thésis à exécuter.

Tableau rythmique 8

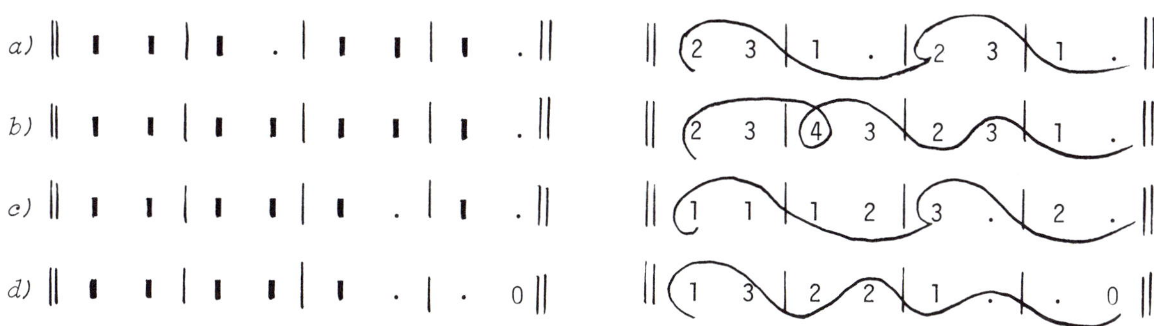

A travailler avec le geste métrique
le langage métrique
le geste rythmique IV-binaire
l'application mélodique.

Notation

Notation sur portée - le silence

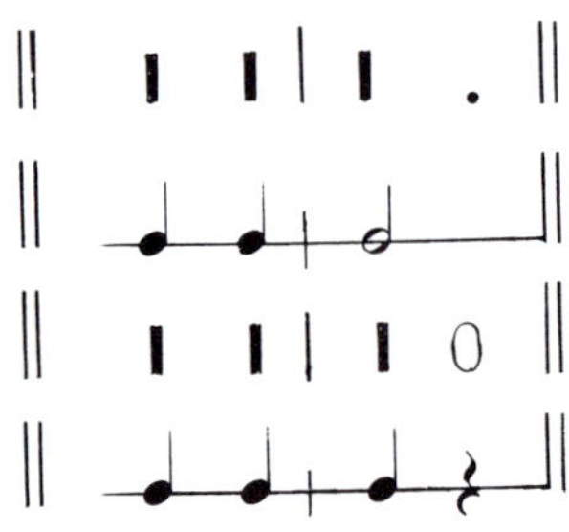

Présentation du silence: · le soupir

Amener les enfants à découvrir auditivement ce nouveau signe.

- Le maître écrit au tableau le schéma ci-après en notation chiffrée et en notation sur portée.

- Les enfants chantent ce schéma avec le geste et le langage métrique.

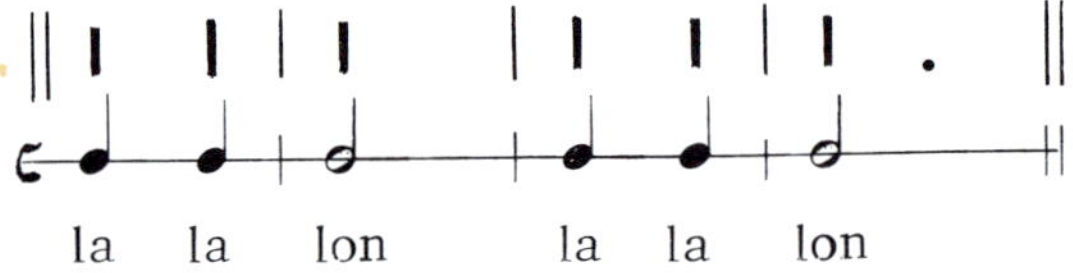

- Le maître rechante le même schéma, mais sans les notes longues; le deuxième temps de chaque note longue est remplacé par un silence.

- Les enfants répètent et découvrent les silences.

- Le maître écrit le schéma au tableau et présente le soupir en notation chiffrée et en notation-portée.

- Les enfants chantent une dernière fois en faisant le geste métrique. Poser l'index sur les lèvres pour indiquer le soupir.

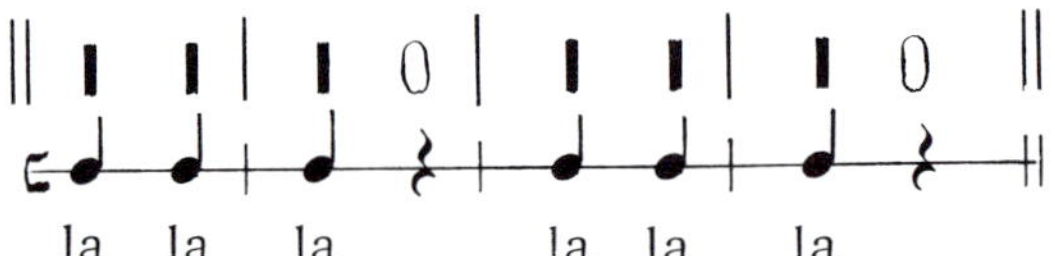

Activité Créative

1. Poursuivre les conversations musicales en utilisant toute l'étendue de la gamme, le tableau rythmique 8 et le geste rythmique IV - binaire.

2. Pour encourager la composition musicale, le maître écrit au tableau deux schémas rythmiques, en ayant soin de laisser un espace entre les deux, pour pouvoir y inscrire une mélodie chiffrée. Le maître propose une mélodie pour la première ligne, les enfants ajoutent une seconde ligne. Si la réponse est bonne, le maître l'écrit au tableau et tous la chantent.

3. La composition peut comporter maintenant 4 lignes. En laissant suffisamment d'espace entre chaque ligne, (comme indiqué au no. 2 ci-dessus) afin de pouvoir inscrire une mélodie, le maître écrit 2 schémas rythmiques au tableau sous forme de: a b a b, comme suit:

a)
b)
a)
b)

Les enfants doivent inventer une mélodie pour chaque ligne.

Dictées

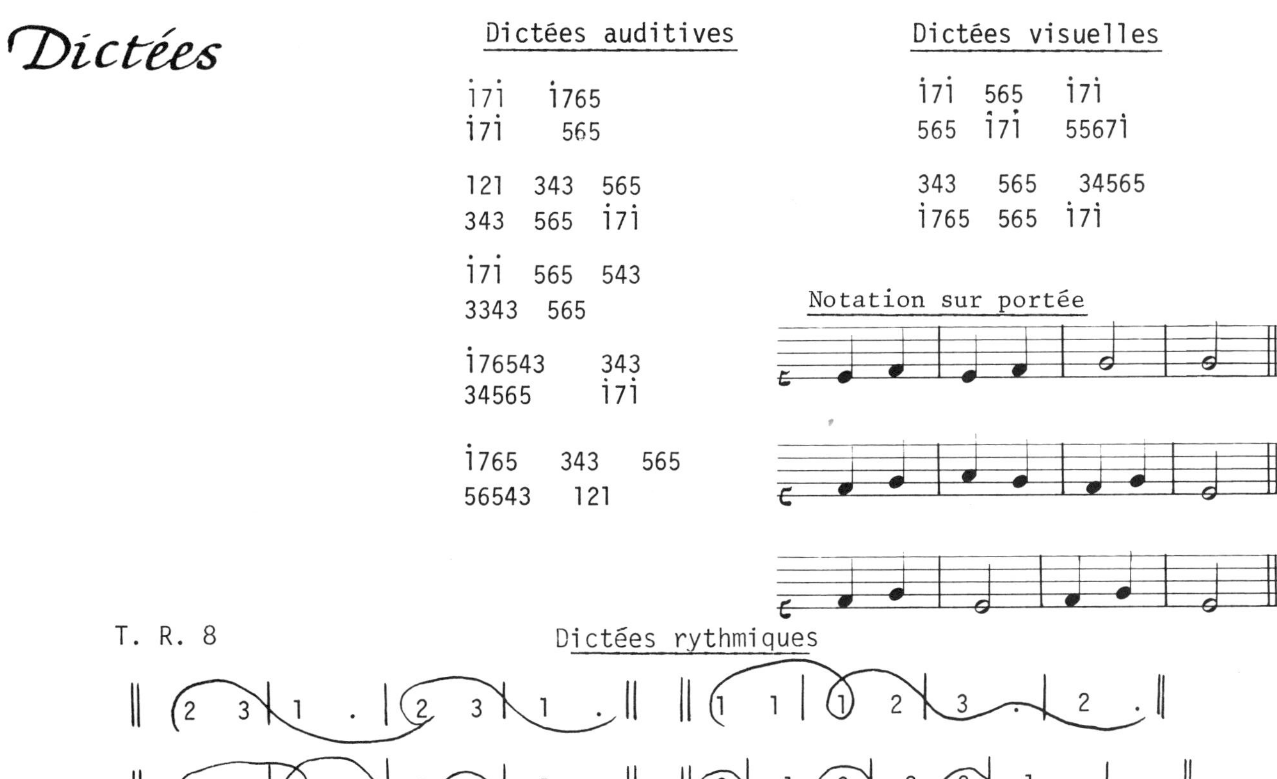

Chants

Mélodie 40 *1 = G♭*

a) ‖ 1 2 | 1 . | 3 4 | 3 . |
| 3 4 | 3 . | 5 6 | 5 . |
| 5 6 | 5 | 3 4 | 3 . |
| 3 4 | 3 . | 1 2 | 1 . ‖

Mélodie 41 *1 = G♭*

b) ‖ 1 2 | 3 4 | 5 6 | 5 . |
| 5 6 | 5 4 | 3 2 | 3 . |
| 3 2 | 1 2 | 3 4 | 5 . |
| 5 6 | 5 4 | 3 2 | 1 . ‖

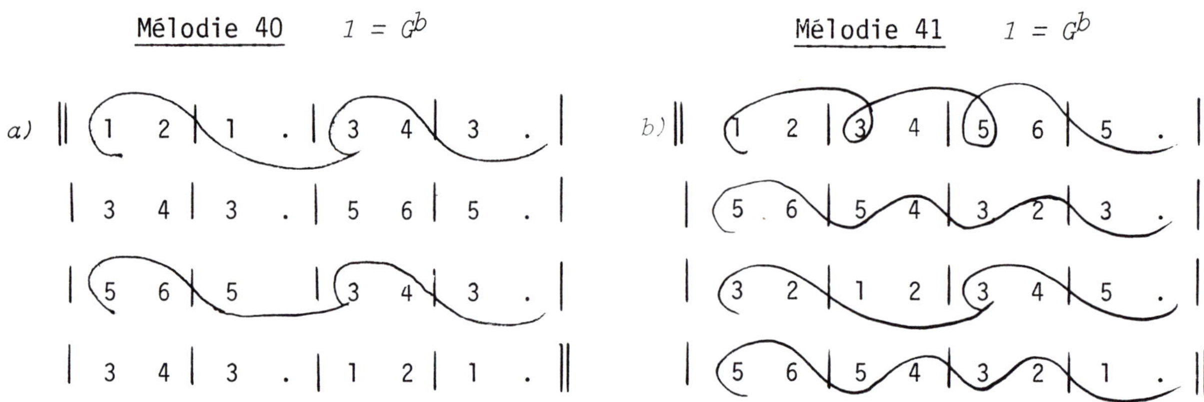

CARILLON DE VENDÔME

1 = A Geste IV (B) A-T

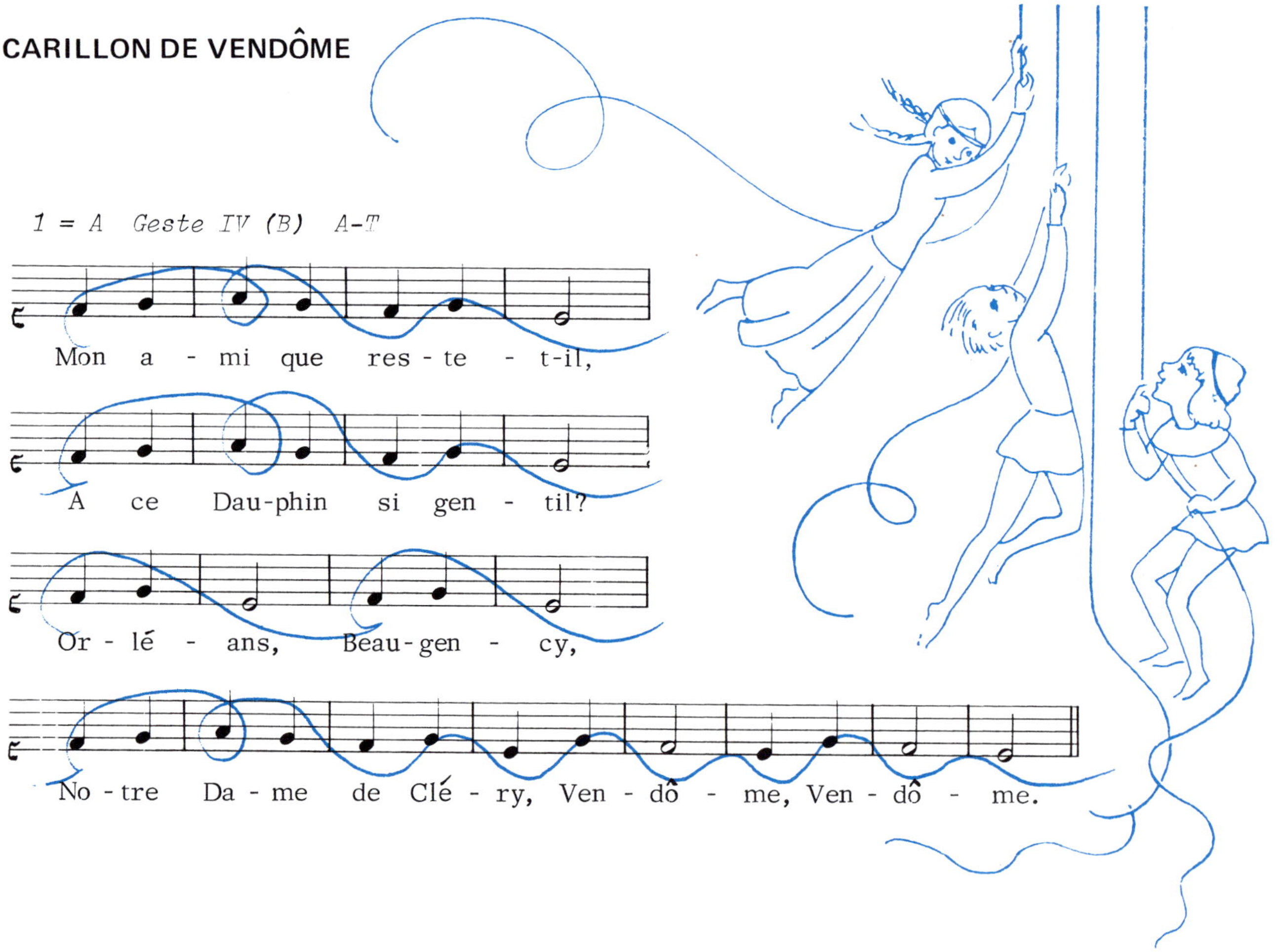

Mon a - mi que res - te - t-il,
A ce Dau-phin si gen - til?
Or - lé - ans, Beau-gen - cy,
No - tre Da - me de Clé - ry, Ven - dô - me, Ven - dô - me.

PASSE, PETIT RAT

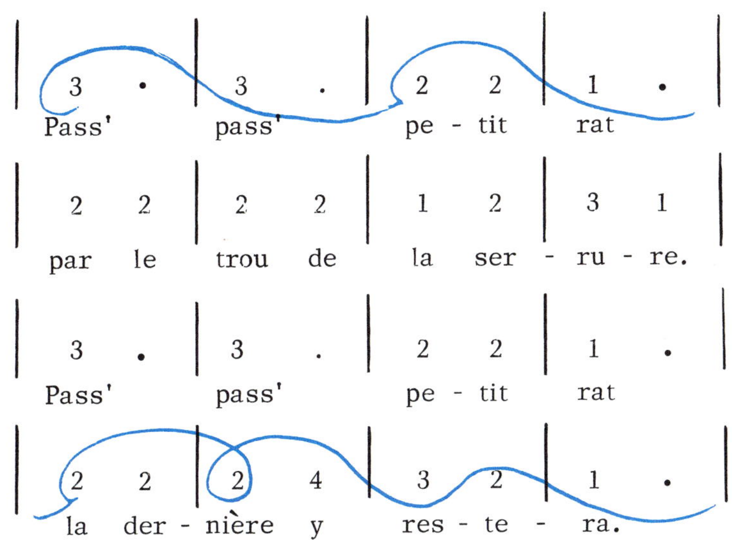

LA PETITE LINGÈRE

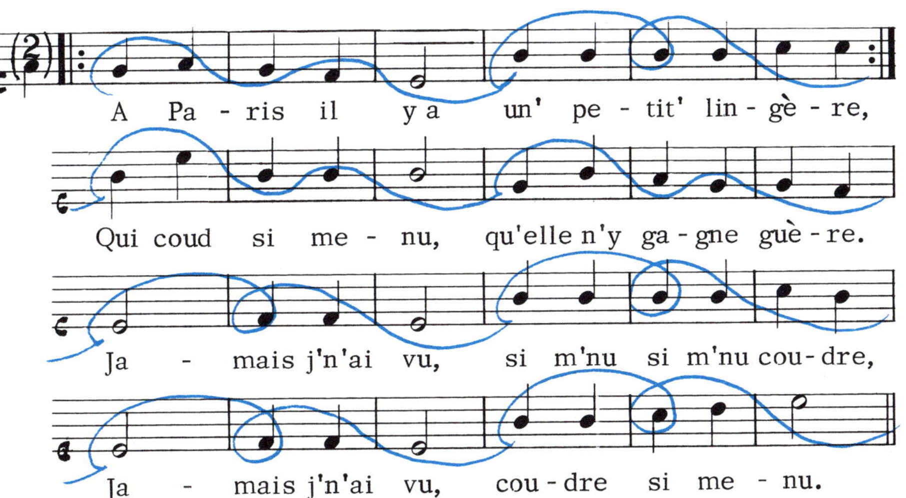

BENEDICAMUS DOMINO

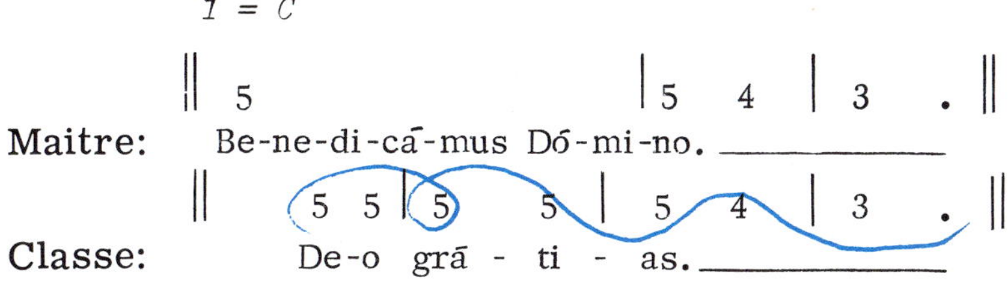

Chapitre Dix-sept

Vocalises

Vocalise 1

$\dot{1}$ = D — G — E^b

|| $\dot{1}$ ______________________ ||
Nu ______________________

Vocalise 11

$\dot{1}$ = D — G — E^b

Vocalise 12

1 = G — E^b — A^b — F

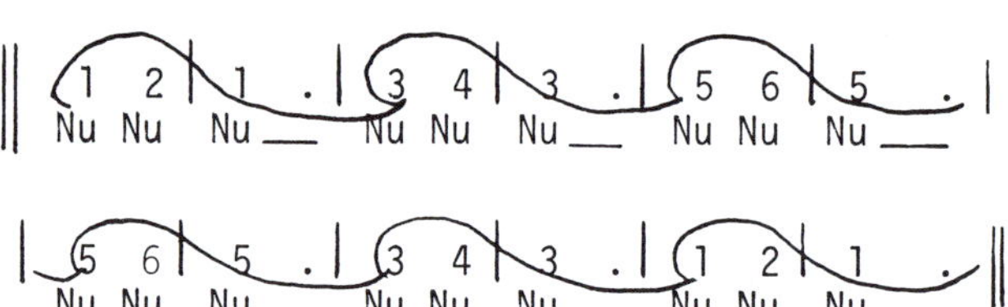

Pour augmenter le sens de la justesse chez l'enfant, travailler fréquemment la vocalise 1 sur *G*, *B* et *D*, c'est-à-dire sur les trois notes solides de la tonalité *G*. Ensuite, passer immédiatement à la vocalise 12 en commençant sur *G*, de telle sorte que MI et SOL deviendront *B* et *D* entendus dans la vocalise 1.

Travailler avec le geste rythmique IV, puis sans geste, mais en faisant entendre le rythme. On doit obtenir une grande netteté dans les attaques tout en chantant legato.

Intonation

Exercice d'intonation 37 - 1er exercice d'orientation

1̇
7
6
5
4
3
2
1

Diagramme 9a

Utiliser le diagramme 9a. Processus:

Ligne 1 - Toutes les notes sont chantées.
Ligne 2 - Les enfants chantent les grandes notes, le maître chante les petites notes.
Répéter Ligne 2 - Les enfants chantent les grandes notes, un enfant chante les petites notes.
Répéter Ligne 2 - Les enfants chantent les grandes notes, tous pensent les petites notes.
Lignes 3 et 4, même chose que la ligne 2.

1 = E♭

121	343	565	1̇71̇	1̇71̇	565	343	121
121	*343*	565	1̇71̇	1̇71̇	565	*343*	121
121	343	*565*	1̇71̇	1̇71̇	*565*	343	121
121	*343*	*565*	1̇71̇	1̇71̇	*565*	*343*	121

Exercice d'intonation 38 - 2ème exercice d'orientation

Travail sur l'accord de tonique du mode majeur: 1 3 5 1̇

Ligne 1 - Chanter le 1er exercice d'orientation
Ligne 2 - Penser les petites notes.
Ligne 3 - Omettre les petites notes.

121	343	565	1̇71̇	1̇71̇	565	343	121
1*21*	3*4*3	5*6*5	1̇*71̇*	1̇*71̇*	5*6*5	3*4*3	1*21*
1	3	5	1̇	1̇	5	3	1

Répéter les exercices d'intonation en notation portée.

> Le terme "enfants" ne signifie pas nécessairement tous les enfants de la classe. Les Rouges-gorges ne participent pas aux exercices d'intonation avec les autres groupes, ils doivent écouter. En revanche, ils prennent part aux exercices rythmiques. Au cours de la leçon, le maître contrôlera également les progrès de ce groupe.

Rythme

Révision du tableau rythmique 8 — Application mélodique

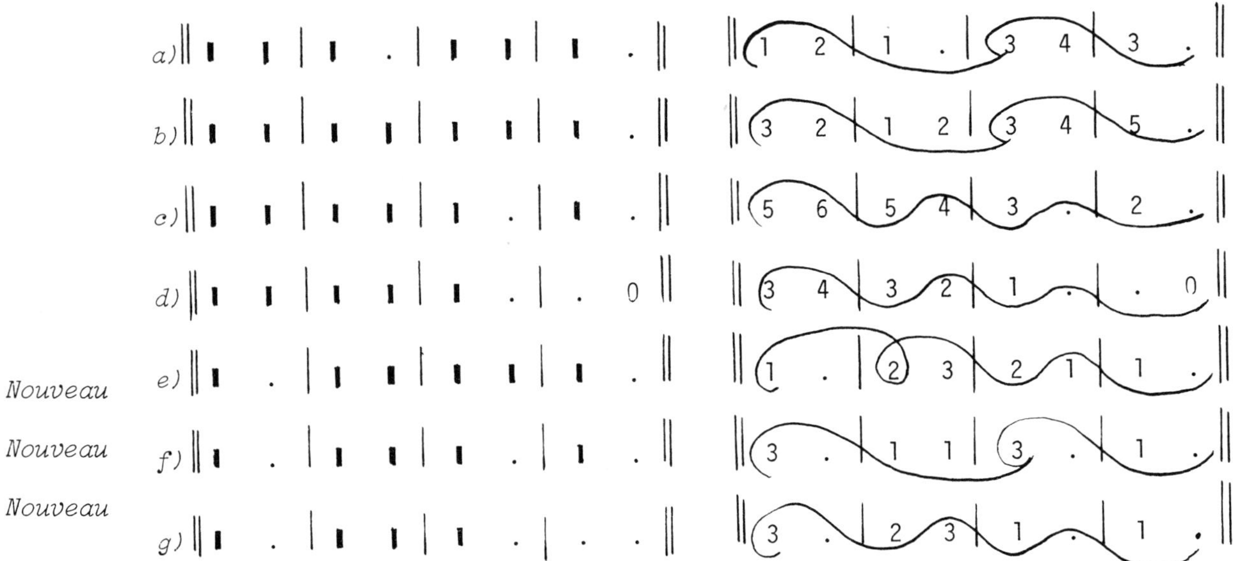

1. A travailler avec le geste et le langage métriques, puis avec le geste IV - binaire.

2. Comme le geste rythmique IV est encore nouveau, contrôler la position des enfants, hauteur des coudes et des bras, grâce du geste. Il est bon d'accompagner le geste Arsis - Thésis d'un enregistrement spécialement conçu à cet effet ou d'inviter un groupe à chanter une mélodie connue pendant que les autres font le geste rythmique. Exemple: "Frère Jacques", "Sur le pont d'Avignon", "Au clair de la lune".

3. Le maître écrit au tableau différentes combinaisons d'Arsis - Thésis. Les enfants font les gestes correspondant à chacune des formules, quand le maître les montre avec la baguette.

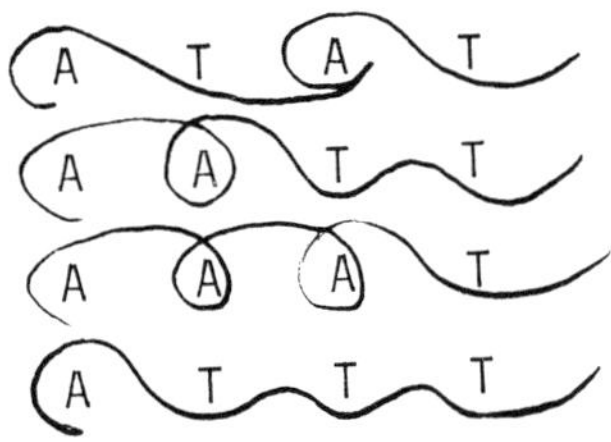

Notation

Réviser les éléments étudiés concernant la notation sur portée.

1. Le maître demande aux enfants de trouver tous les DO; tous les MI; tous les SOL; les noires; les blanches. (présenter un seule ligne par leçon.)

   Le maître prolonge les barres de mesure pour la notation chiffrée. Les enfants indiquent oralement les chiffres correspondant aux notes sur la portée. Le maître ajoute la courbe rythmique. Les enfants chantent en faisant le geste rythmique approprié.

2. Le maître remplace chaque blanche par une noire et un soupir: 𝅗𝅥 = ♩ 𝄽
   Les enfants indiquent oralement le changement à faire dans la notation chiffrée.

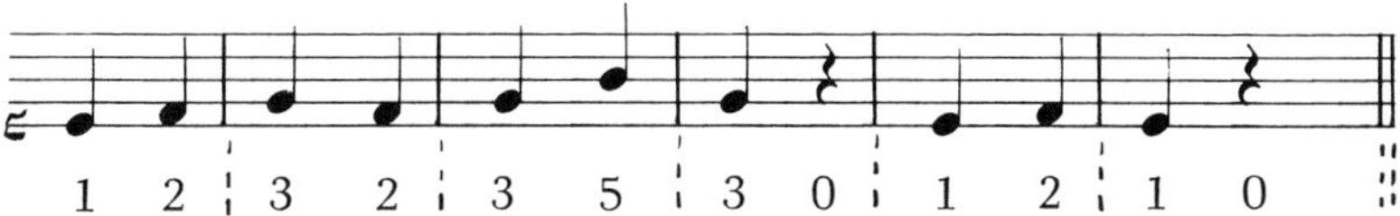

3. Après chaque transcription, les enfants chantent la mélodie en faisant le geste rythmique correspondant.

Activité Créative

Jusqu'à ce jour, les enfants ont acquis un vocabulaire musical considérable:

- la gamme majeure
- le premier et le deuxième exercice d'orientation
- les notes et les silences
- la structure du rythme binaire au levé
- la structure du rythme ternaire au levé
- le sens de la question et de la réponse
- quatre gestes rythmiques différents.

1. A l'aide des schémas rythmiques de ce chapitre et des chapitres précédents, le maître propose une forme pour une composition de 4 lignes en écrivant les schémas au tableau (laisser un espace entre les lignes pour la notation chiffrée) et demande aux enfants de composer une mélodie en faisant usage du vocabulaire musical connu.

<u>Conseils concernant la mélodie</u>

Momentanément, conseiller aux enfants d'employer de préférence une des notes de l'accord de tonique sur le premier et le dernier appui rythmique de chaque incise. On verra plus tard l'emploi des notes RE, FA, LA.

A conseiller ‖ 2 | 1 2 | 3 4 | 5 . | . ‖

A éviter pour le moment ‖ 1 | 2 3 | 4 5 | 6 . | . ‖

Emploi des notes RE, FA, LA en contraste avec DO, MI, SOL:

Exposé: ‖ 2 | 1 2 | 3 4 | 5 . | . ‖

Réponse incomplète: ‖ 5 | 6 5 | 4 3 | 2 . | . ‖

2. Ecrire au tableau le schéma du T. R. 8

Demander aux enfants de composer la mélodie pour chaque Arsis-Thésis. Ces exemples sont des suggestions.

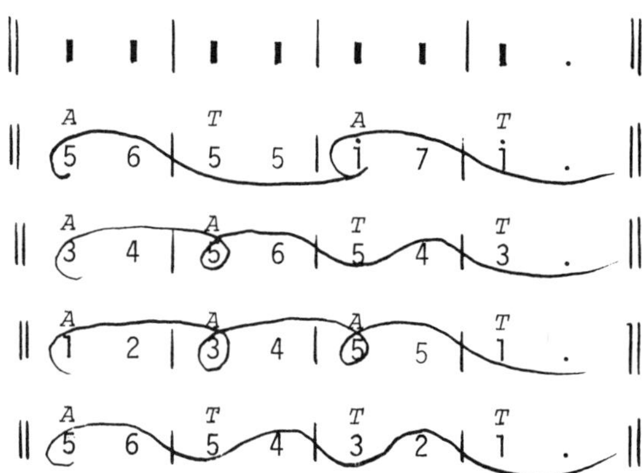

Dictées

Dictées auditives

121 565 1̇71̇
1̇71̇ 343 12345

121 1̇71̇ 565
1̇71̇ 121 1̇71̇

121 343 565
1 3 5

11 33 44 3
3 5 1̇ 1̇71̇

1 3 5 1̇
1̇ 55 33 1

Dictées visuelles

En utilisant le diagramme 9 et la notation sur portée, donner en mémorisation visuelle les exemples pris dans les dictées auditives.

Dictée rythmique

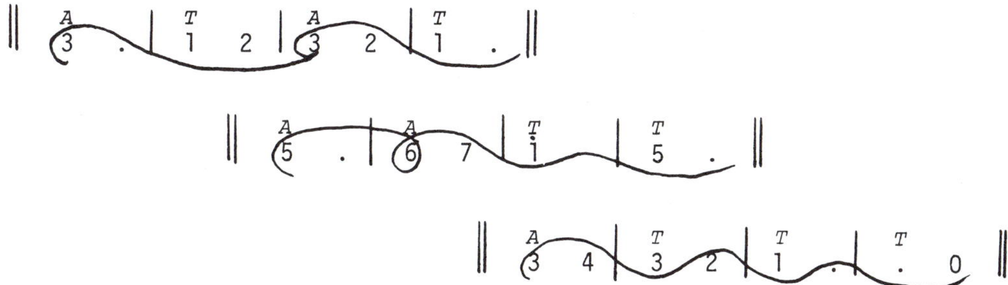

Le maître peut utiliser sa main comme portée, chacun de ses doigts figurant une ligne. Une bague fera office de clé de DO.

Les exercices de mémorisation visuelle pourront être présentés avec ce moyen.

Chants

Mélodie 42 *1 = F*

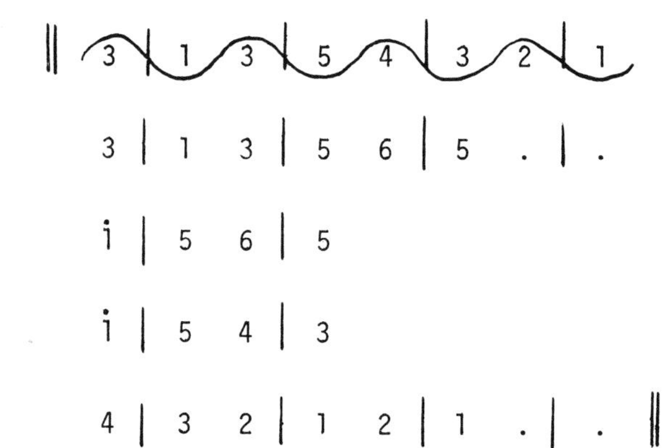

Mélodie 43 - mélodie basque *1 = G*

Chaque ligne de cette mélodie est constituée par la juxtaposition de deux schémas rythmiques.

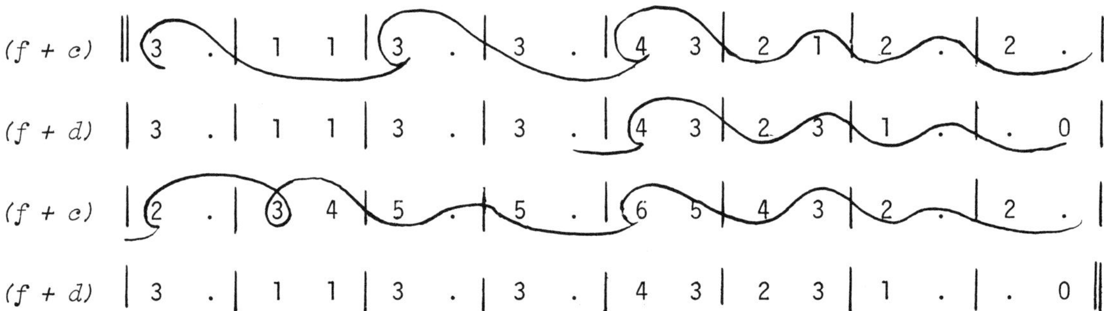

Terminer la leçon avec la prière apprise au chapitre XVI:

Benedicamus Domino. Deo Gratias.

QUAND TROIS POULES VONT AUX CHAMPS

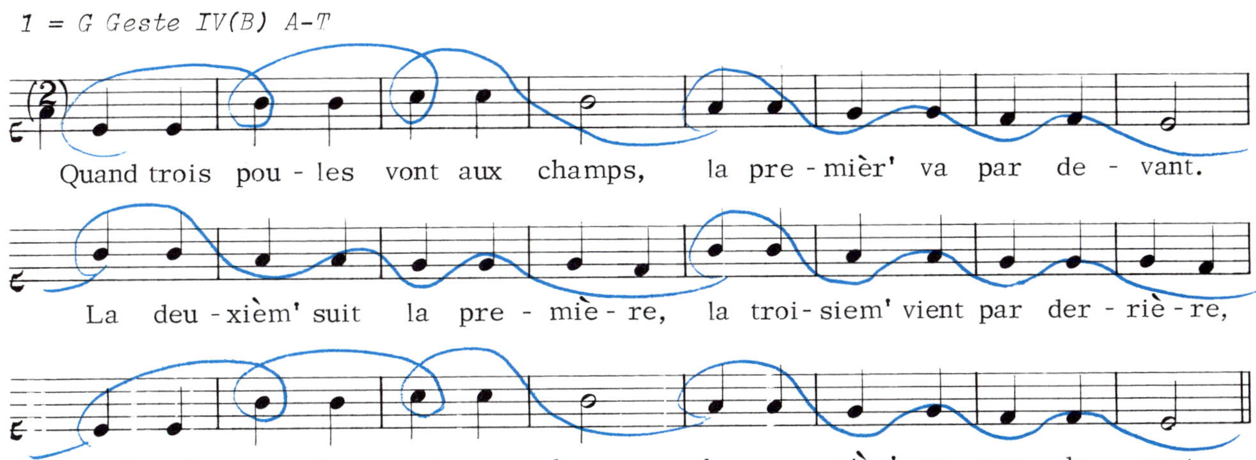

A LA CLAIRE FONTAINE

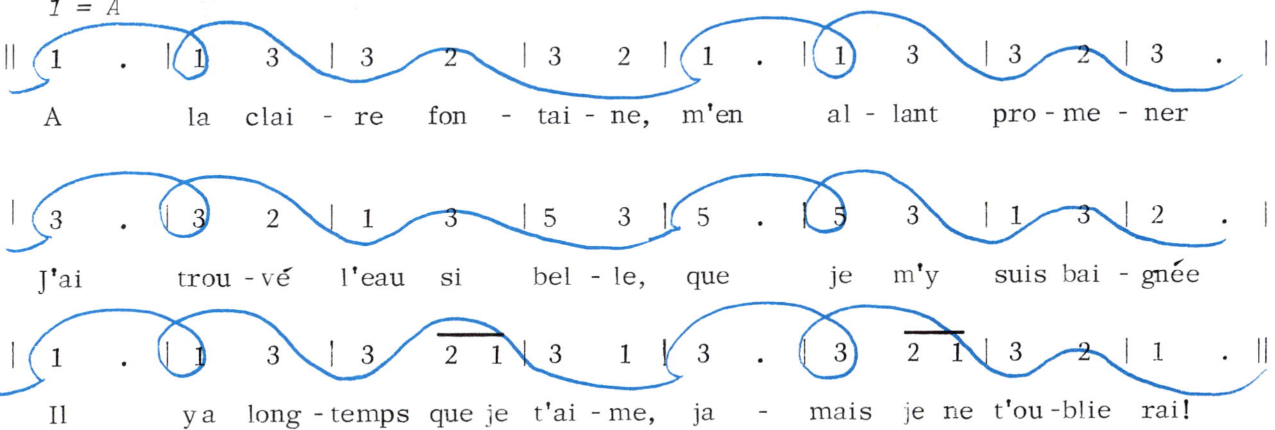

Les mélodies proposées à la fin des chapitres servent à développer la technique musicale des enfants. Plusieurs d'entre elles, très connues, faciliteront l'assimilation de nouveaux éléments.

Chapitre Dix-huit

	1	2	3	4	5
Vocalises	Salutation et chant d'ouverture : Le Carillon de Vendôme Vocalise 1 : groupe I 1 = E♭ / II 1 = D / III 1 = G	Travail individuel Voc. 12 Groupes I et II **1 = G**	Chant d'ouverture : L'ode à la joie Contrôle de la justesse lors des sauts	→	→
Intonation	1̇ 7 6 5 4 3 2 1 Diagr. 9a Ex. 39 a et b 2ème exercice d'orientation Groupes I et II **1 = G**	→ Ex. 40 a et b	→ Ex. 41 **1 = E♭**	→ **Réviser** : ex. 39, 40 et 41 en notation chiffrée horizontale	
	LAISSER LE DIAGRAMME D'INTONATION 9aSOUS LES YEUX DES ELEVES, PENDANT LES DICTEES				
Dictées visuelles	‖ 1 3 5 . 6 5 5 . ‖	Notation sur portée (baguette) 1 3 1 3 5	‖ 5 5 5 1̇ . 5 5 . . ‖	Geste mélodique 1̇ 5 5 3 5	La main et les doigts servent de portée 1̇ 5 3 5 3 1
auditives	*Nu* 1 3 5 5 3 1 1 3 5 3 1	1 3 5 3 5 5 3 1 3 1	1 3 3 5 3 1 3 1 3 5	1 3 5 1̇ 5 1 5 5 3 5	1 3 4 3 5 5 5 5 1̇ 5 5
Rythme	**Présenter** : Geste rythmique IV ternaire commençant par un posé A T A T	Le maître chante la mélodie **47** ou utilise une cassette pour accompagner le geste Maintenir un bon legato — ne pas marteler			**Réviser** : geste rythmique IV Rythme binaire et ternaire rythme A T A T A A T T
Notation	**Réviser** : notation sur portée **Transcrire** le T.R. 9 en notation sur portée	**Transcrire** : mélodie 46 lignes 3 et 4 en notation sur portée	**Transcrire** : mélodie 47 ligne 1 en notation chiffrée le signe de reprise	**Transcrire** : mélodie 47 lignes 2 et 3 Chanter la mélodie en entier avec le geste rythmique III	**Transcrire** : mélodie 48 en notation sur portée au tableau signe de reprise
Vocalises	**Réviser** : voc. 12 sur le Ier exercice d'orientation	Vocalise : ‖ 1 . 3 . 5 . . . . 5 4 3 2 1 . . . ‖ Travailler lentement avec les Rossignols Les Pinsons et les Rouges-gorges font le geste		Groupes I et II **1 = G** Eviter le port de voix	Le groupe III fait le geste
Rythme	**Etudier le T.R. 9** avec le geste et le langage métriques **Dictées**	‖ 1 3 5 . 1̇ . 5 . ‖	‖ 1 2 1 . 3 4 3 . ‖	‖ 5 5 5 6 . 5 5 . ‖	‖ 1 . 3 5 . . 6 7 1̇ 5 . . ‖
Activité Créative	En faisant le geste rythmique IV binaire, improviser une mélodie sur ; ‖ I I | I I | I . | I . ‖ A A T T A T A A Tous font le geste	Applications mélodiques pour le tableau rythmique	Improviser une mélodie sur : ‖ I I I | I I I | I I I | I . . ‖ A T A T	Improviser une mélodie sur : ‖ I I I | I I I | I I I | I . . ‖ A A T T	Improviser une mélodie sur : ‖ I I I | I I I | I I I | I . . ‖ A A A T A T T T
			TOUS FONT LE GESTE IV TERNAIRE PENDANT LES IMPROVISATIONS		
Chants	Mélodies 44 et 45 Benedicamus Domino Deo Gratias →	Gai, lon la . . . les deux dernières lignes →	Gai, lon la . . . Lignes 1 et 2 **Réviser** : lignes 3 et 4	Ajouter le texte si le temps le permet La petite Jardinière	Mélodie 48 Si le temps le permet Le papillon

Chapitre Dix-huit

Vocalises

Vocalise 1

$\dot{1}$ = D ↘ G ↗ E^b

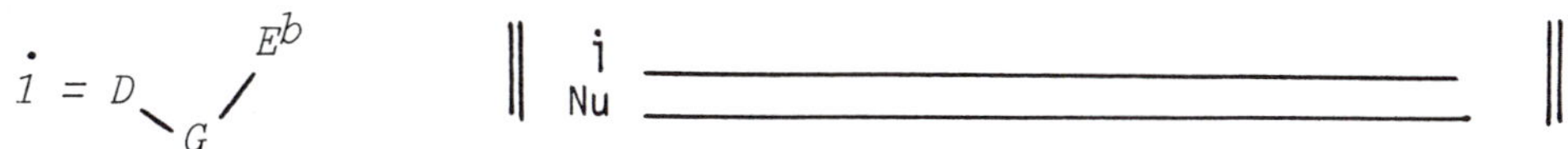

Vocalise 12

1 = G

Vocalise 13 basée sur l'accord de tonique DO - MI - SOL. Chanter d'abord avec le geste rythmique, puis sans geste, très lentement et dans un beau legato.

1 = A ↘ E

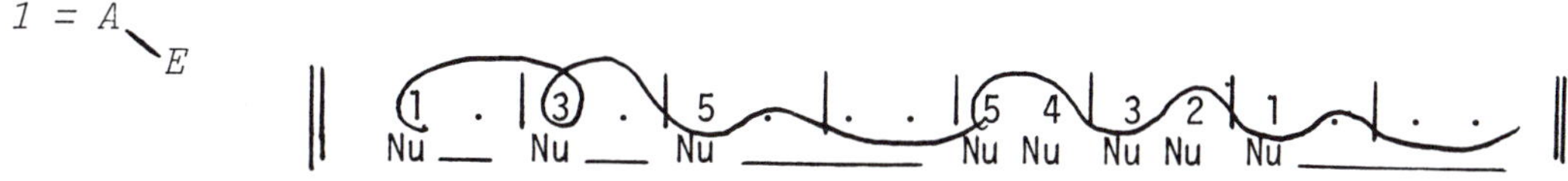

> Lors des exercices comprenant des intervalles disjoints (DO - MI - SOL), le maître doit veiller à ce que la voix soit soutenue entre chaque note, mais sans aucun port de voix.

Intonation

Travailler le deuxième exercice d'orientation avec le diagramme 9a.

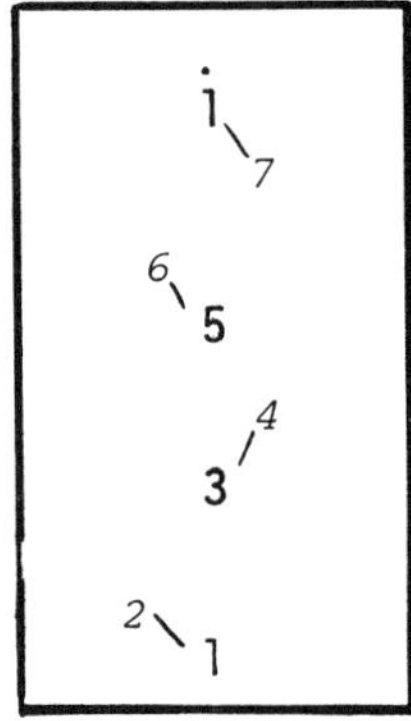

Diagramme 9a

Exercice d'intonation 39 *1 = G*

Veiller à l'exactitude des intervalles.

a)						b)						
1	3	5	5	3	1	5	3	1	1	3	5	
1	3	5	*5*	3	1	5	3	1	*1*	3	5	
1	3	5		3	1	5	3	1		3	5	54321

Exercice d'intonation 40 *1 = G*

a)					b)				
1	3	5	3	1	5	3	1	3	5
1	3	5	3	5	5	3	1	3	1
1	3	3	5	3	5	3	3	1	3
1	3	5	5	3	5	3	1	1	3
1	3	1	3	5	5	3	5	3	1

Comme cela a été indiqué auparavant, il n'est pas nécessaire de travailler un ex. d'intonation jusqu'à ce qu'il soit chanté parfaitement par toute la classe. Chaque exercice qui suit tend à parfaire celui qui précède. Trop de répétitions peuvent être lassantes pour les enfants.

Exercice d'intonation 41 *1 = E^b*

Si E^b n'est pas sur le diapason chromatique, le maître souffle B^b comme 5 - SOL et les enfants chantent DO (E^b) avec le geste mélodique ou la notation sur les doigts.

1	3	5	5	$\dot{1}$		$\dot{1}$	5	5	3	1	
1	3	5	$\dot{1}$	5		$\dot{1}$	5	5	3	5	
1	3	5	$\dot{1}$	5	$\dot{1}$	$\dot{1}$	5	3	5	3	1

Ces exercices seront révisés en lecture horizontale au tableau.

Rythme

Geste rythmique IV - ternaire

Le geste IV - ternaire est le même que le geste IV - binaire, mais chaque Arsis ou chaque Thésis contient 3 temps au lieu de 2. Le maître donne le modèle en comptant à mi-voix, "un - deux - trois" pour chaque A et chaque T. On termine par une Thésis ternaire.

Le geste rythmique sera d'abord travaillé seul avec chacune des combinaisons suivantes:

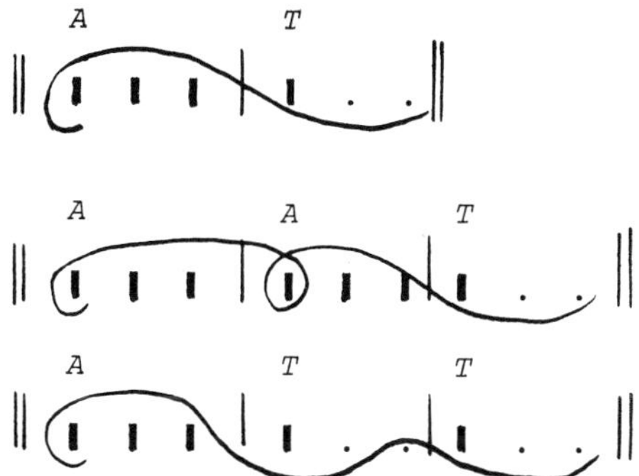

La succession de deux Thesis ternaires presente une difficulte: Le rebondissement de la première Thésis sur la seconde ne doit se faire que sur le troisième temps de la mesure *:

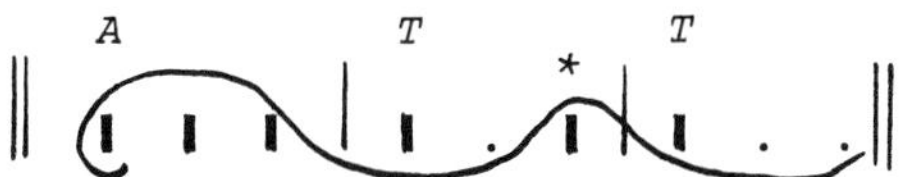

Tableau rythmique 9 Travailler les schémas séparément, puis procéder à des combinaisons comme dans les chapitres précédents.

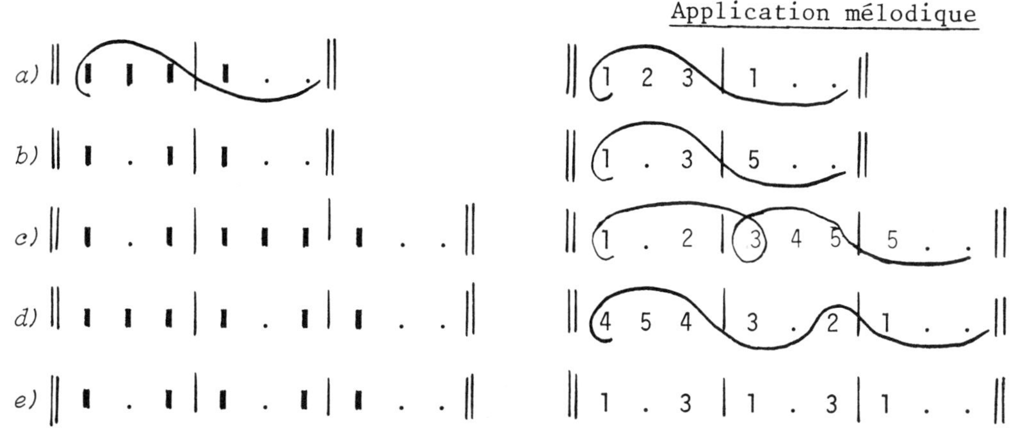

Notation

Diagramme-portée 6 Symboles de notation pour la transcription du T. R. 9

ı ı ı	=	♩ ♩ ♩
ı . ı	=	𝅗𝅥 ♩
ı . .	=	𝅗𝅥.

Transcrire la mélodie 46 en notation sur portée.

Le signe de "Reprise": double barre et 2 points au début et à la fin d'une phrase.

Transcrire la première ligne de la mëlodie 47 en notation chiffrée.

Activité Créative

Continuer l'improvisation de mélodies avec les gestes Arsis - Thésis dans des schémas de quatre mesures comme au chapitre précédent.

Conseils concernant le rythme et l'improvisation.

Toutes les notes longues doivent être exprimées sur un premier temps. Notées, elles seront toujours précédées d'une barre de mesure:

3 | 1 . | 3 2 | 1 . | .

Tout autre traitement de la note longue produirait une syncope,* c'est-à-dire un accident dans le déroulement normal du rythme.

3 | 1 . | 3 *1 | - - -

Si les enfants chantent leurs mélodies à mi-voix avant de les écrire, ce problème souvent se résoudra de lui-même.

Dictées

Dictées auditives

135 531
135 31

13353
13135

135 1̇5
1̇5 535

1 343 5
55 51̇ 55

135 671̇5
4543 121

Dictées visuelles

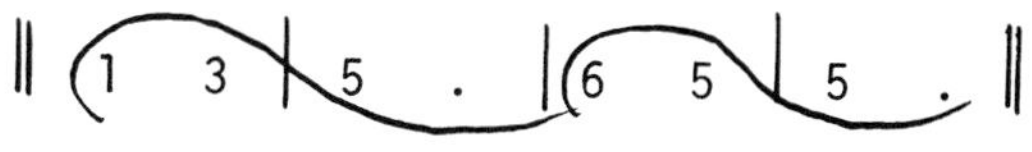

Utiliser la notation sur portée

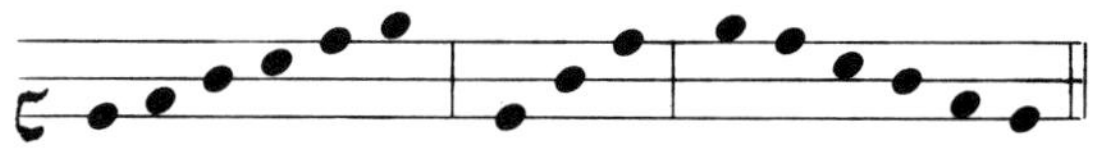

1 3 1 3 5

5 3 1 3 1

1̇ 5 5 3 5

1̇ 5 3 5 3 1

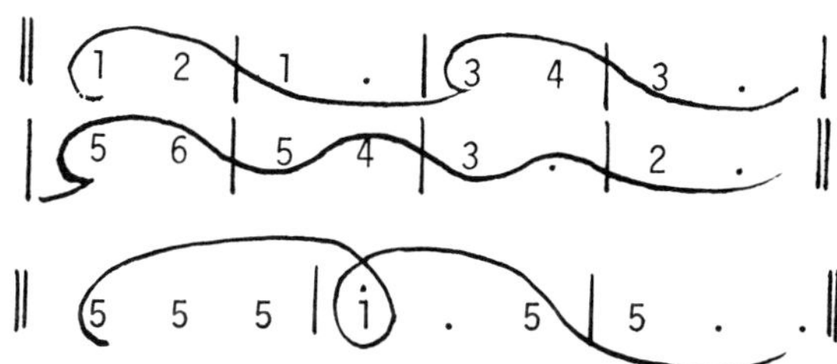

Dictées rythmiques

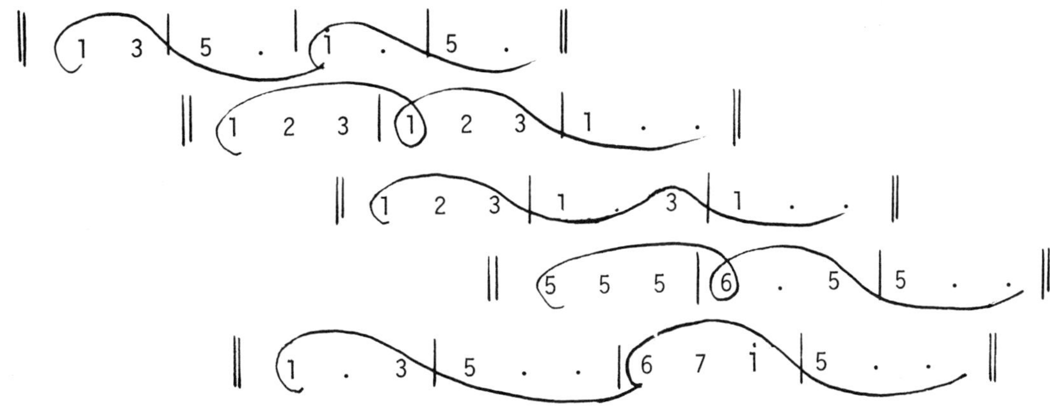

Chants

Mélodie 44 *1 = G*

Application mélodique sur les schémas rythmiques correspondant au geste IV - binaire.

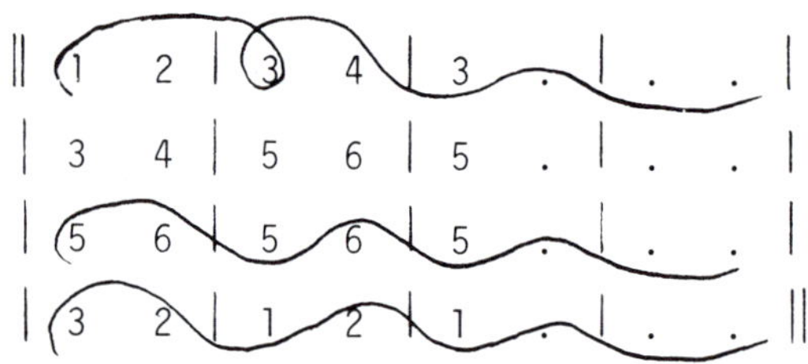

Mélodie 45 *1 = E♭*

Si E♭ n'est pas sur le diapason chromatique, le maître souffle B♭ comme étant SOL. Les enfants chantent 54321 à partir de E♭ avec le geste mélodique.

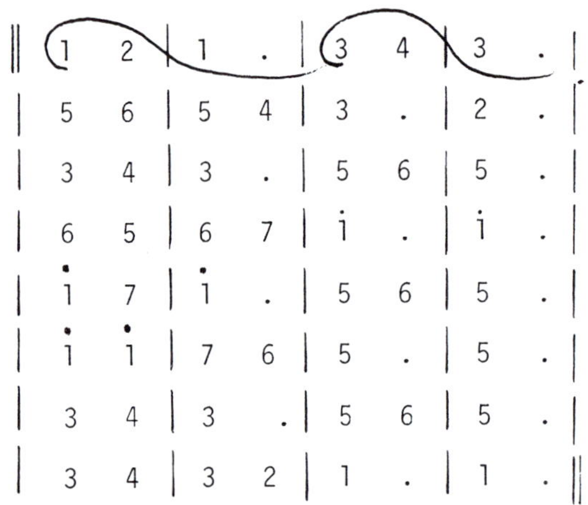

Mélodie 46 *1 = G*

Application mélodique sur les schémas rythmiques correspondant au geste IV - ternaire.

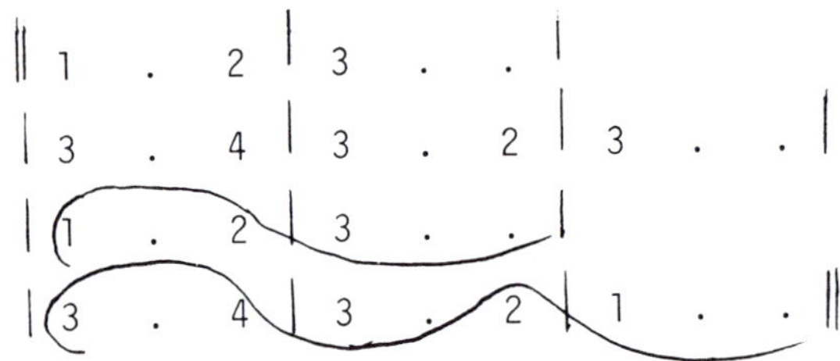

Mélodie 47

Revision du geste rythmique III

1 = G

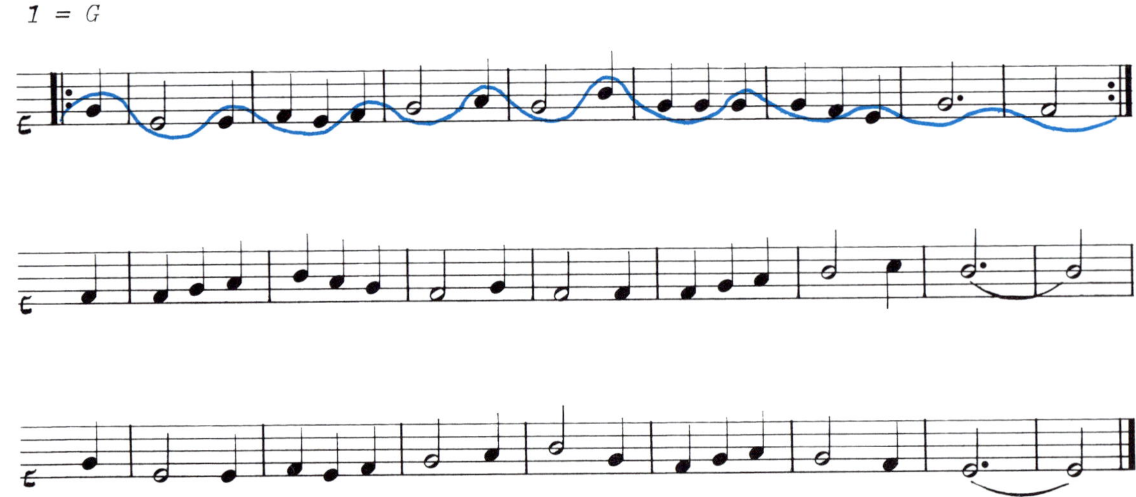

Mélodie 48 1 = G

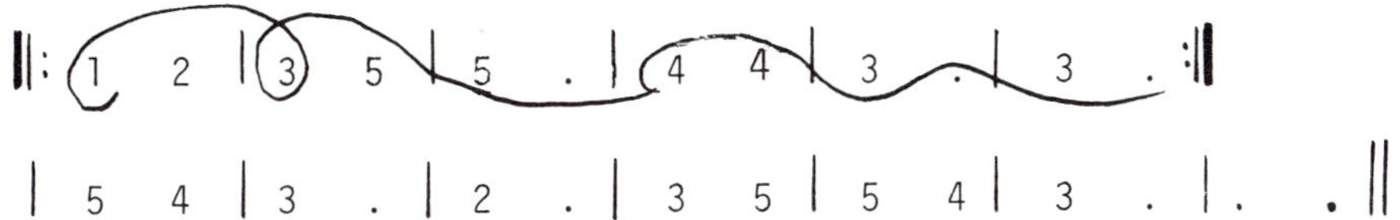

GAI, LON LA

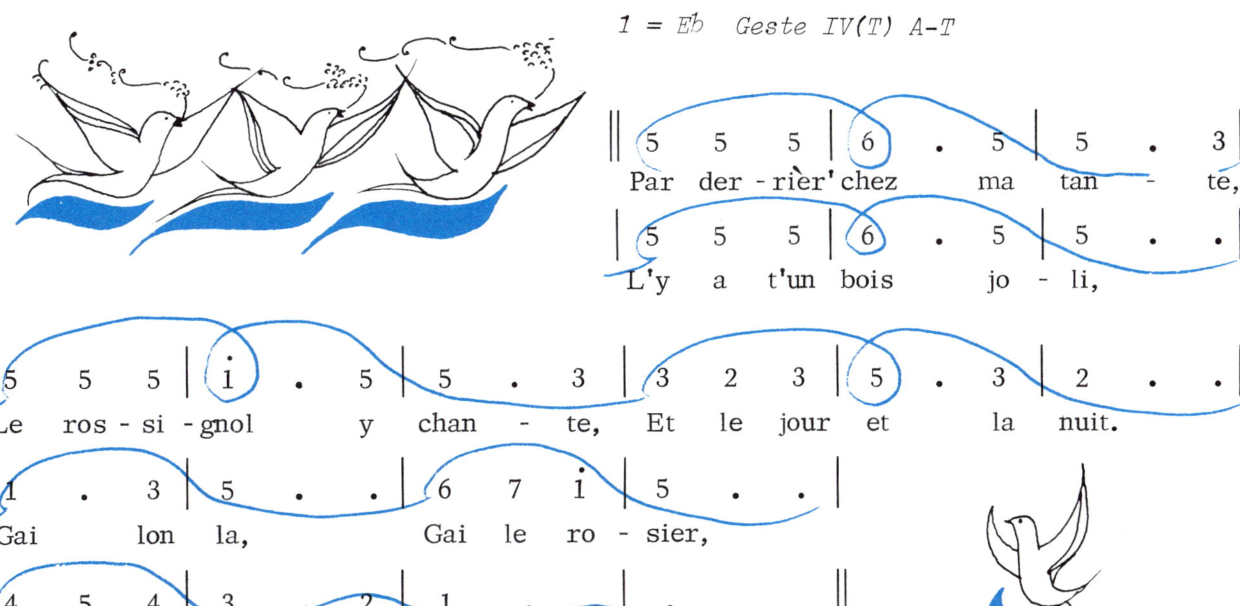

Chapitre Dix-neuf

Vocalises

Vocalise 1

$\dot{1}$ = D G E

|| $\dot{1}$ Nu ——— ||

Vocalise 13

1 = A^b

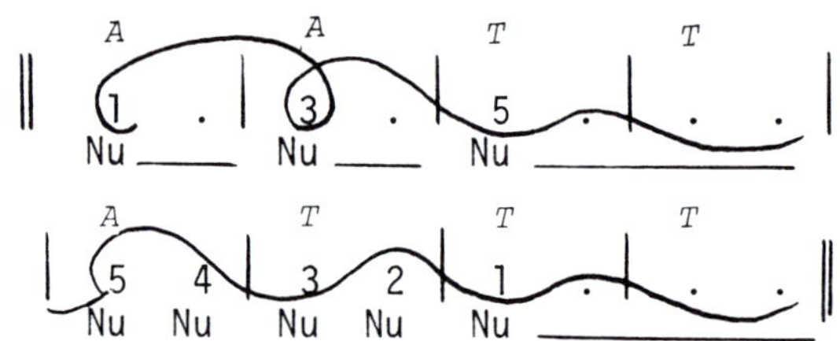

Vocalise 14

1 = A^b

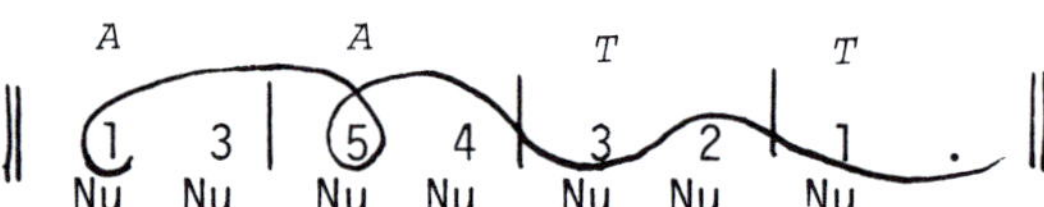

Travailler sur l'accord de tonique. Eviter les ports de voix sur les intervalles disjoints.

Intonation

Diagramme 9b et 9c.

Poursuite des exercices sur l'accord de tonique pour assurer les intervalles 1 - 5, 5 - 1, 1 - i̇, i̇ - 1.

Travailler les exercices sur les deux diagrammes.

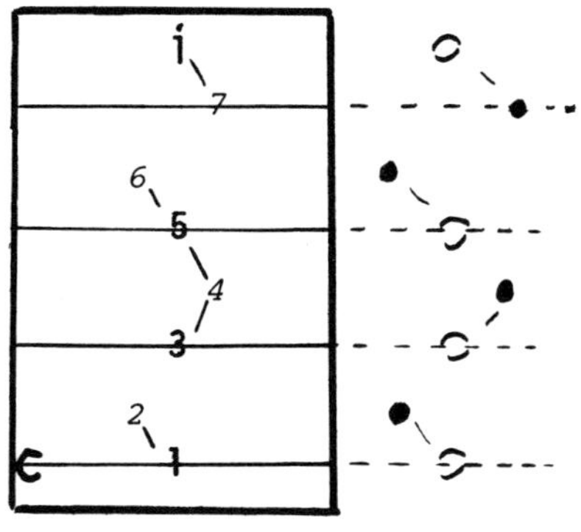

Diagramme 9b

Diagramme 9c

Exercice d'intonation 42 *1 = G*

a)						b)					
1	3	5	5	3	1	5	3	1	1	3	5
1	3	5	5	*3*	1	5	*3*	1	1	3	5
1	3	5	5		1	5		1	1	3	5
1	*3*	5	5		1	5		1	1	*3*	5
1		5	.		1	5		1	.		5

Exercice d'intonation 43 *1 = E^b*

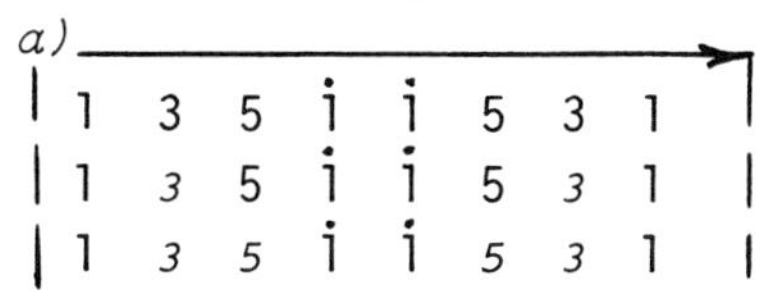

a)							
1	3	5	i̇	i̇	5	3	1
1	*3*	5	i̇	i̇	5	*3*	1
1	*3*	*5*	i̇	i̇	*5*	*3*	1

b)						
1		5	1	1	5	i̇
1		5	3	3	5	i̇
i̇		5	3	3	5	1

Les dictées visuelles et auditives contribueront à faciliter le chant de grands intervalles sur l'accord de tonique.

Dictées auditives

1 3 5 5 1	1 5 1 i̇
5 1 1 3 5	1 3 5 3 1 i̇
1 2 1 1 5 5	1 i̇ 5 i̇
5 1 1 2 3 4 5	1 i̇ i̇ 1

1 5   5 6 7 i̇
1 5   5   i̇

Dictées visuelles

1 5   5 3 1
1 5   5   1

sur le diagramme 9c

1 3 5 3 5
5 3 1 3 1
1 5 3 5 3 1
5 5 5 i̇ 5 5

Rythme

Tableau rythmique 9 (suite) Application mélodique

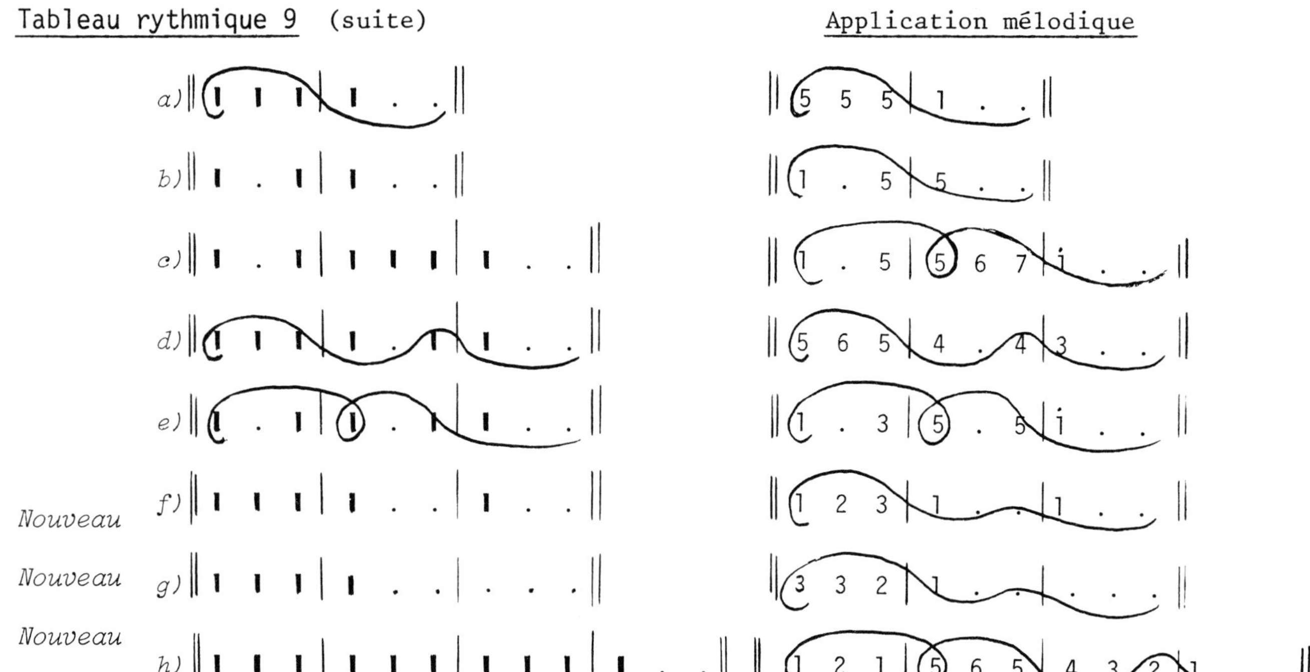

Remarquer le nouveau schéma *g)*; chanter les notes longues avec leur vrai durée.

Le maître proposera des combinaisons de schémas. Par exemple:

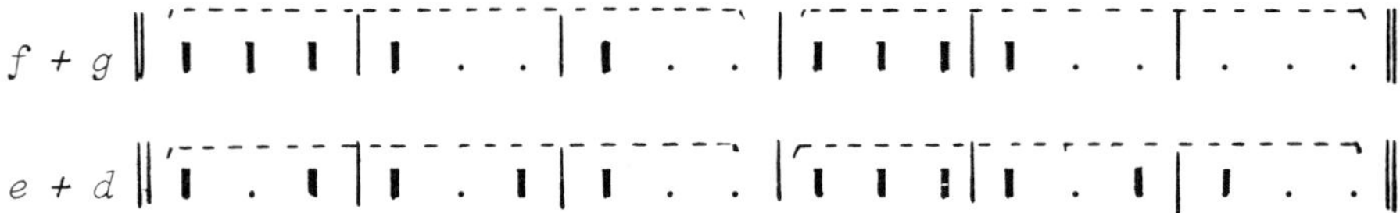

Dictées rythmiques

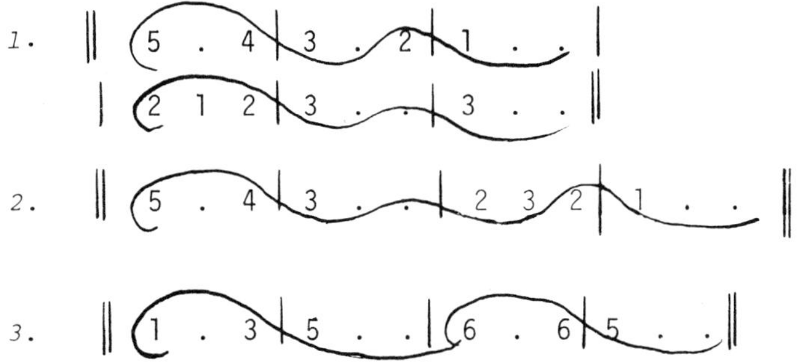

Application mélodique sur des schémas rythmiques en vue d'une mélodie de 4 lignes.

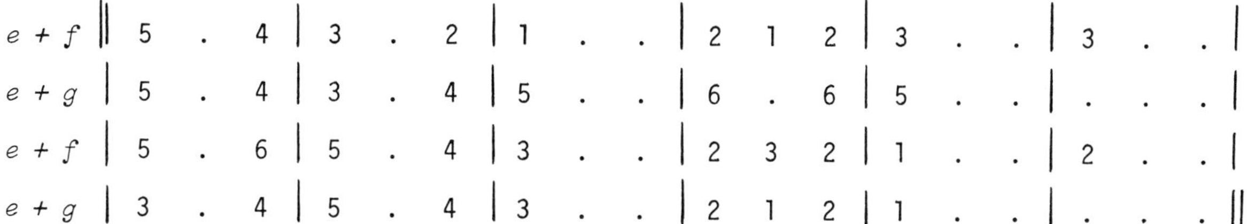

Notation

Notation sur portée   Liaison entre notes de même valeur.

1. Transcrire les schémas rythmiques de ce chapitre, spécialement *f* et *g*; d'autres dans des combinaisons diverses.

   Placer correctement les notes sur la portée en dessous des barres.

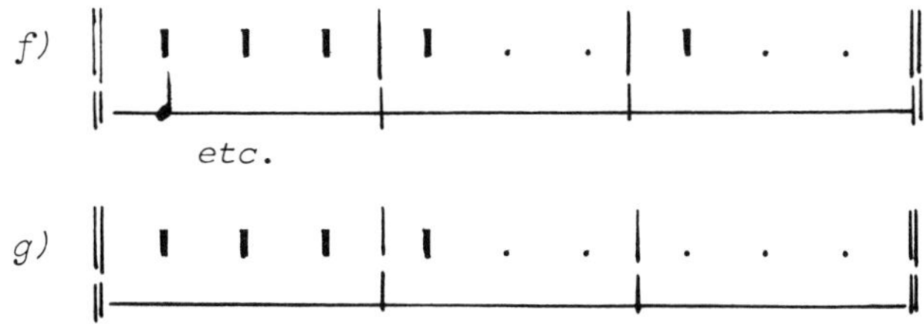

2. Transcrire la première ligne de la mélodie 51 en notation chiffrée.

Activité Créative

Technique de l'élargissement rythmique
Improvisation de mélodies sur des schémas rythmiques

1. Pour donner plus de variété à leurs compositions, les enfants étudieront le procédé de "l'élargissement rythmique" d'une fragment mélodique.

Exemples

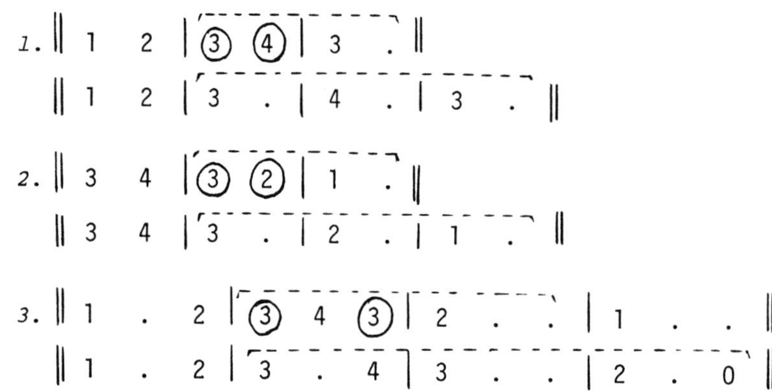

Faire chanter plusieurs fois les 2 lignes de chaque exercice, afin que les enfants constatent et sentent musicalement la valeur de ce procédé.

2. Improvisation

Schéma *h)* au tableau. Inviter les enfants à improviser des mélodies pour chacune des Arsis - Thésis, en ayant à l'esprit que, quand la mélodie monte, on met une Arsis et, quand elle descend, on met une Thésis.

Exemples à l'usage de maître.

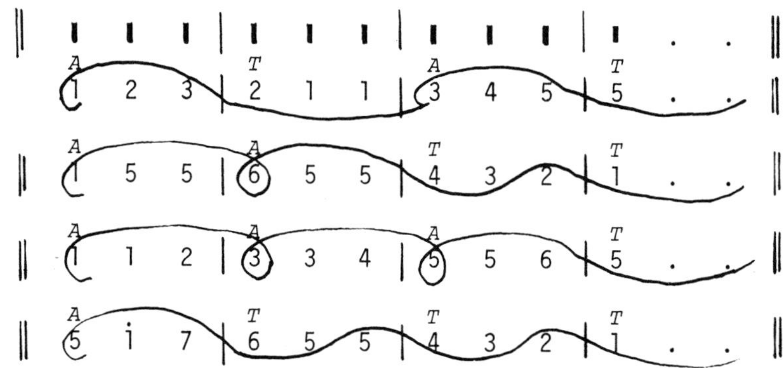

Chants

Mélodie 49 $\quad 1 = E^b$ $\qquad$ Remarquer le signe de reprise.

Mélodie 50 $\quad \dot{1} = E^b$

1̇	1̇	1̇	7	7	7	6	7	1̇	5	.	.
4	4	4	3	3	3	2	2	2	1	.	.
1	2	3	1	2	3	1	2	3	4	.	.
2	3	4	2	3	4	2	3	4	5	.	.
1̇	7	6	5	4	3	2	1	2	1	.	.

Mélodie 51 $\quad 1 = G$ $\qquad$ Cette mélodie en notation sur portée demandera quelque préparation. Faire attention aux signes de reprise! Expliquer qu'après avoir répété la première partie, on passe par-dessus le 1. et l'on chante le 2.

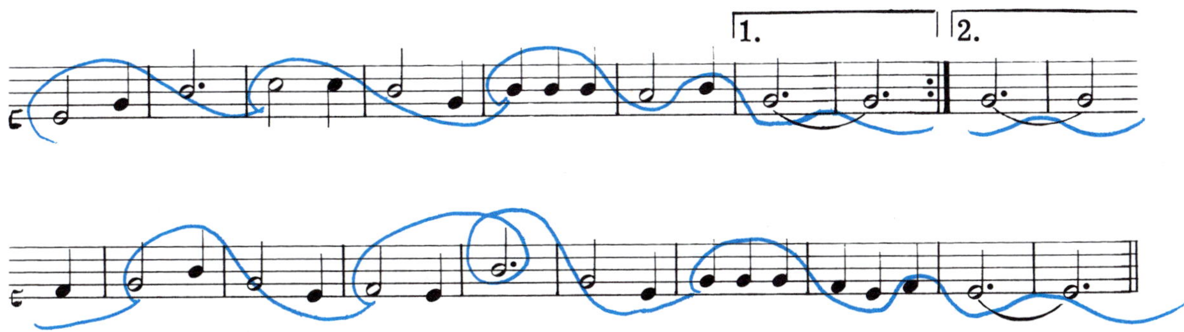

FLOCONS DE NEIGE

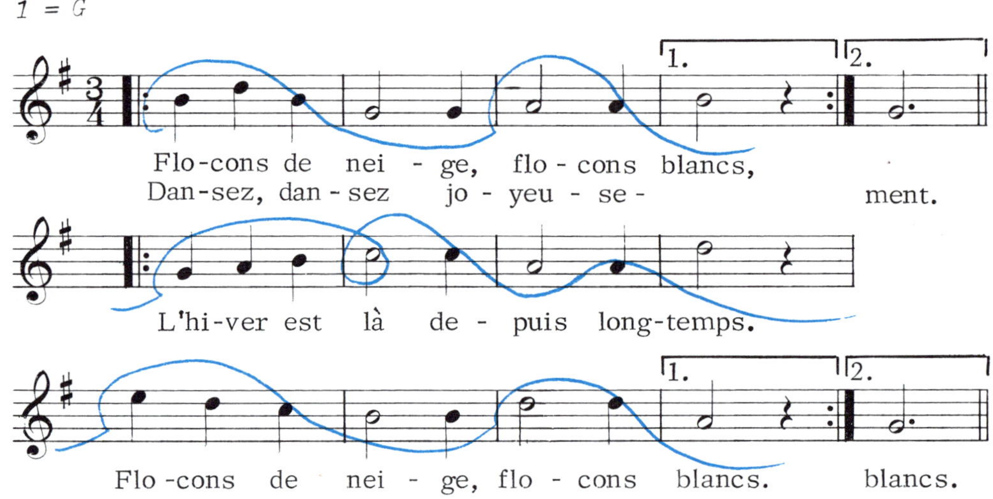

"Je compose..."

Chapitre Vingt

Vocalises

Vocalise 1   *1 = D* (*E*, *A*)

Vocalise 15   *1 = G* (*A*)

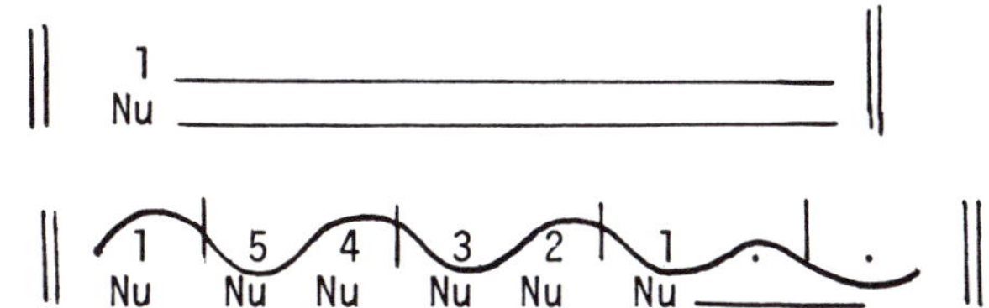

Troisième exercice d'orientation

Intonation

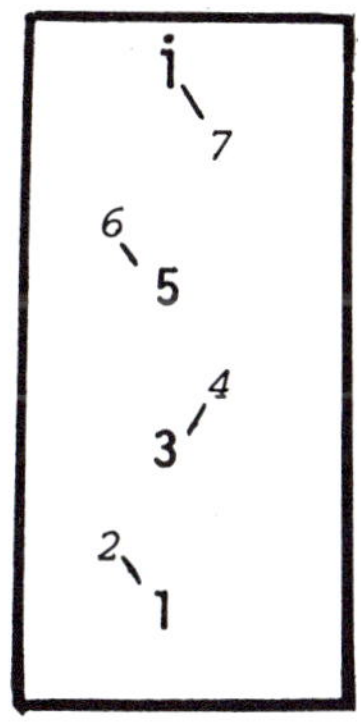

Diagramme 9a

Diagramme 9c

Exercice d'intonation 44 *(1 = E^b)* sur les diagrammes 9a et 9c

121	343	565	1̇71̇	1̇71̇	565	343	121
121	*343*	*565*	*1̇71̇*	*1̇71̇*	*565*	*343*	*121*
21	43	65	71̇	71̇	65	43	21

Cet exercice est difficile. Aussi, nous conseillons au maître de s'assurer que les notes d'appui soient réellement "pensées".

Procéder de la manière suivante:

Ligne 1 - Les Rossignols et les Pinsons chantent toute la ligne.

Ligne 2 - Les Rossignols chantent les petites notes; les Pinsons chantent les grandes notes.

Répéter la Ligne 2 - Un enfant chante à mi-voix les petites notes. Les Rossignols et les Pinsons chantent les grandes notes.

Répéter la Ligne 2 - Les Rossignols chantent les grandes notes et pensent les petites notes. Les Pinsons répètent. Les Rouges-gorges écoutent. Le maître doit laisser suffisamment de temps pour "penser" les notes.

Ligne 3 - Les Rossignols et les Pinsons chantent les grandes notes.

Dictées auditives *"Ecoutez!"*

1 5 1 1̇ | 121 21 343
1 1̇ 5 5 1̇ | 343 43 565

1 21 43 65 | 1̇71̇ 65 71̇
65 71̇ 71̇ | 1 5 65 71̇

1 3 5 1̇
21 43 65 71̇

Dictées visuelles *"Observez et mémorisez!"*

121 1̇71̇ 1 | 2211 443
1 1̇ 343 | 44 3 665

1̇71̇ 65 43 | 51 1̇1̇5
43 665 71̇ | 53 665 71̇

Utiliser la baguette (extrémité rouge) pour indiquer les notes "pensees", ainsi que pour les dictées visuelles.

Rythme

Geste rythmique IV - binaire et révision du tableau rythmique 7 avec application mélodique

Tableau 7 (Révision)

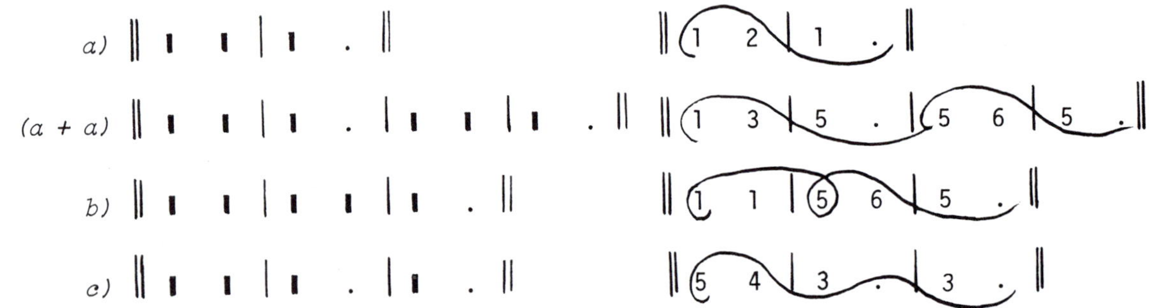

Geste IV - binaire (Révision)

Dictée

Le maître chante l'une des applications mélodiques données ci-dessous. Les enfants déterminent le nombre d'Arsis et de Thésis et essaient de découvrir les schémas rythmiques utilisés. Un enfant note le rythme au tableau; un autre ajoute la mélodie. Le maître dessine la courbe rythmique. Les Rossignols et les Pinsons chantent pendant que les Rouges-gorges font le geste.

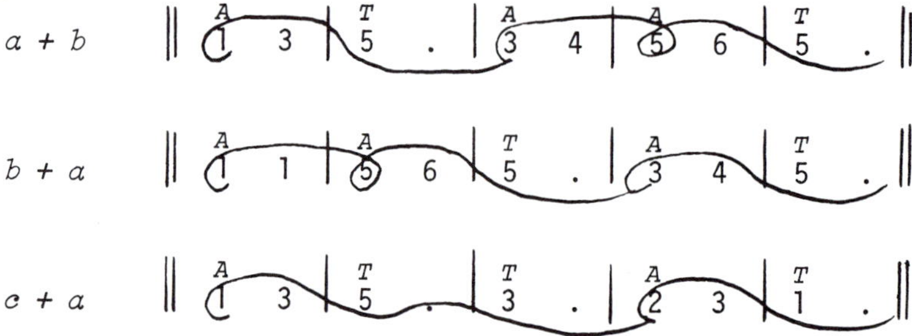

Notation

<u>Notation sur portée</u> — Transcription d'une mélodie en notation portée et notation chiffrée.

Le maître montre la mélodie au tableau, prolonge les barres de mesure au-dessous de la portée. Les enfants - spécialement les Rouges-gorges - proposent oralement les chiffres correspondant aux notes figurant sur la portée.

- Tous les enfants disent les notes avec le geste mélodique.
- Les Rossignols et les Pinsons chantent les notes pendant que les Rouges-gorges font le geste.
- Les Rossignols et les Pinsons chantent les notes et tous font le geste rythmique IV.

Activité Créative

Révision du tableau rythmique 7 - binaire

Le travail consiste à trouver de nouvelles applications mélodiques aux schémas rythmiques combinés. Les exemples donnés ne sont que des suggestions.

a + b	1̇ 7	1̇ .	5 5	6 7	1̇ .	
b + c	1 3	5 5	1̇ .	5 6	5 .	5 .
c + a	3 2	1 .	1 .	5 5	3 .	
a + a	5 6	5 .	5 5	1̇ .		
c + c	5 4	3 .	5 .	3 2	1 .	1 .

Utiliser pour les mélodies le tétracorde supérieur 1̇ 7 6 5, aussi bien que le pentacorde 1 2 3 4 5.

JEAN DE LA LUNE

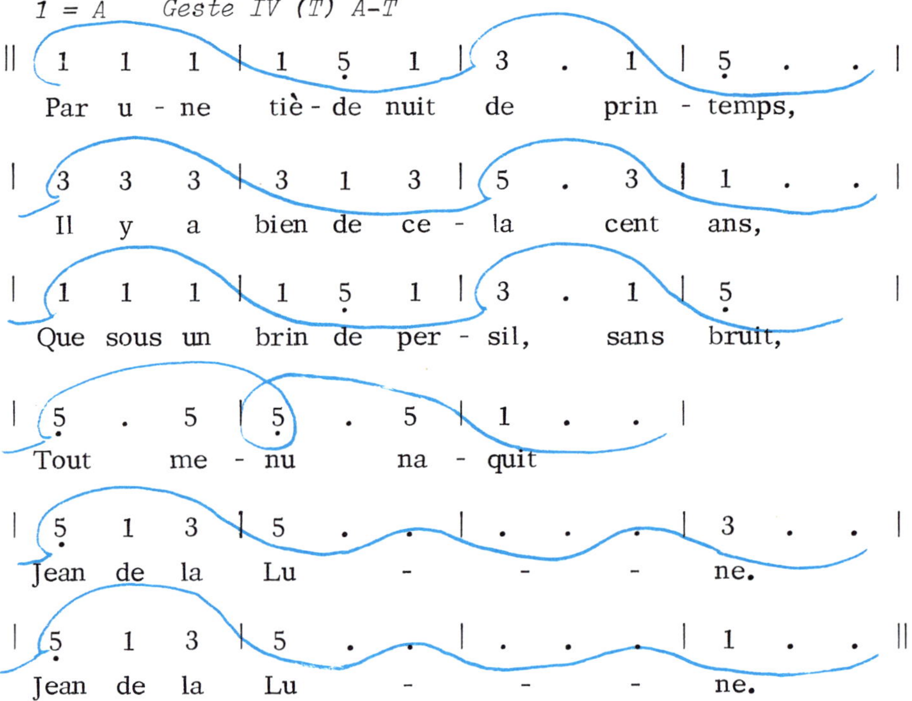

MON PÈRE AVAIT CINQ CENTS MOUTONS

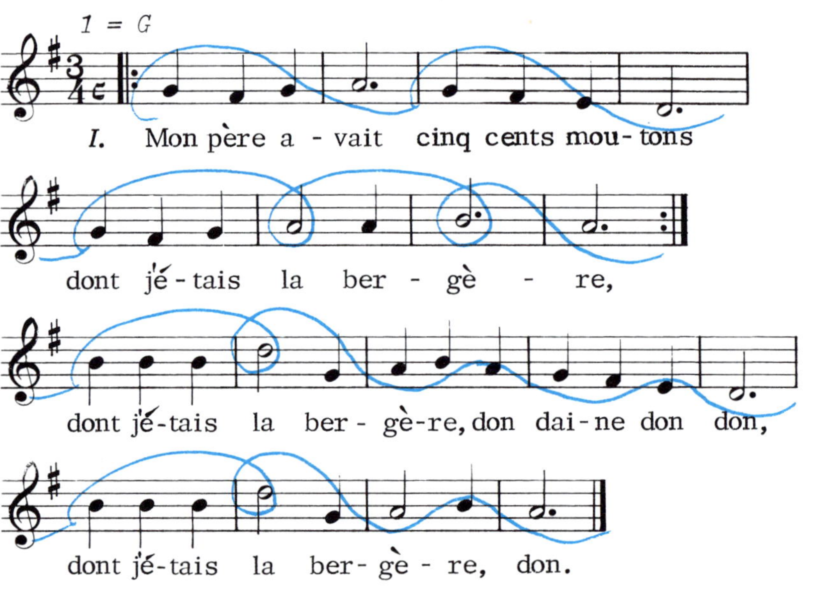

II. Le fils du Roi vint à passer
Qui m'en enleva quatre *bis (etc.)*

III. A m'sieu rendez-moi mes moutons
Ou je serais battue *bis (etc.)*

IV. Battu', battu', tu n'seras pas
Tu seras mariée *bis (etc.)*

V. Avec le plus joli soldat
Qui sert dans mon armée *bis (etc.)*

Mélodie 52 *1 = G*

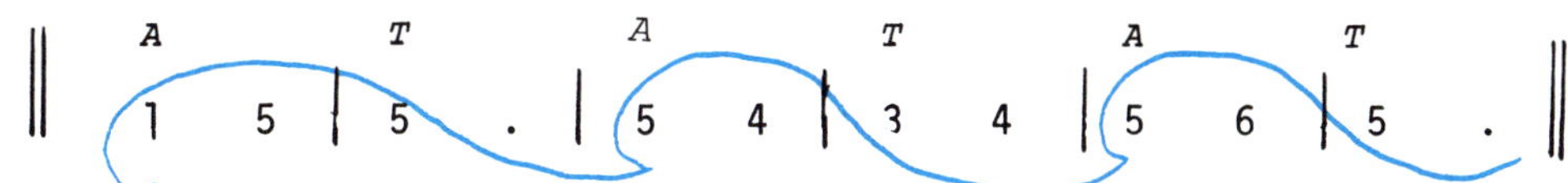

PRIÈRE – UBI CARITAS

1 = A

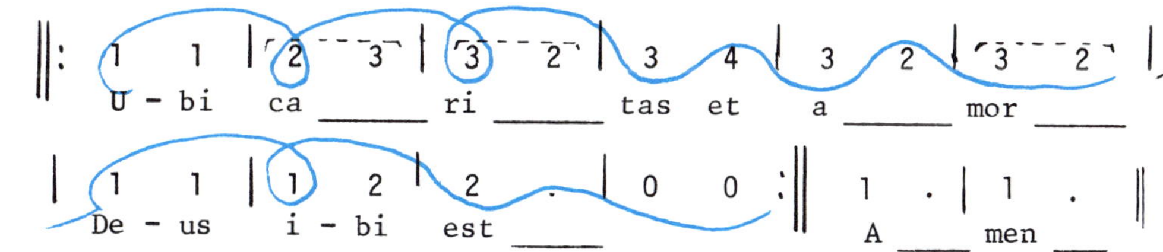

SAVEZ–VOUS PLANTER LES CHOUX?

1 = E♭ Geste IV(T) A-T

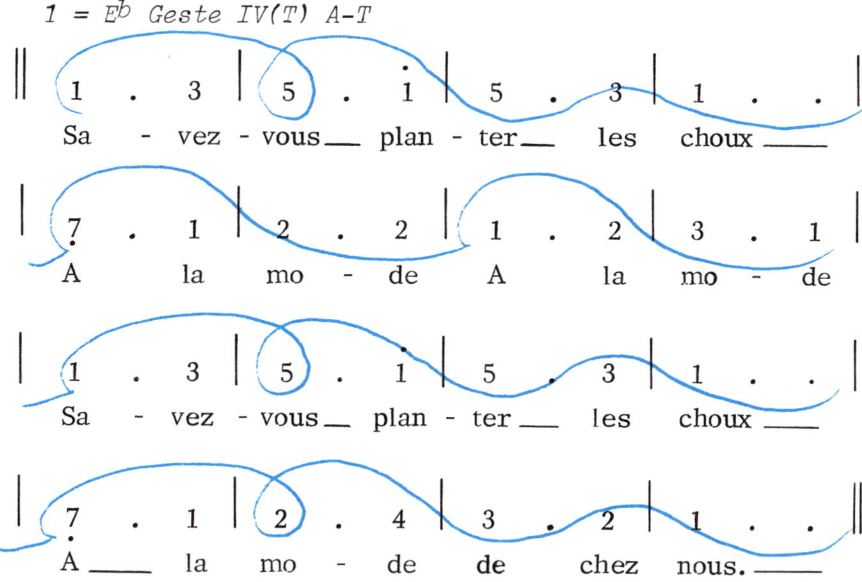

Chapitre Vingt et un

Vocalises

Vocalise 1

1̇ = D, A, E

‖ 1̇ ———— ‖
Nu ————

Vocalise 15

1 = G, A

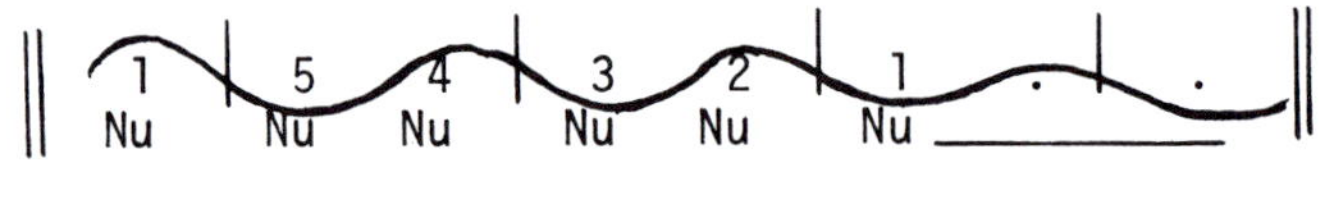

A lire en notation chiffrée (diagramme 10a) et en notation sur portée (diagramme 10b).

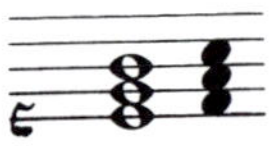

Exercice d'intonation 45 *1 = G*

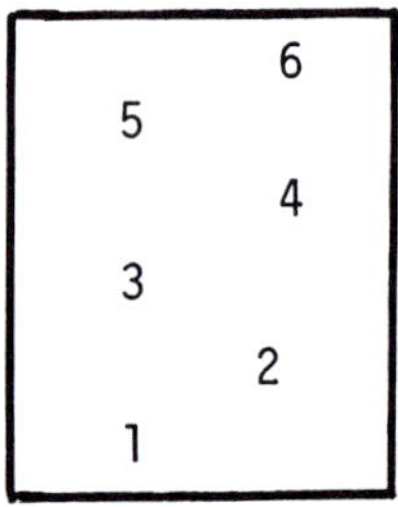

Diagramme 10a

Diagramme 10b

Fragments des 2ème et 3ème exercices d'orientation. Les notes "d'appui" sont nécessaires dans la première phase de travail. Le maître prendra seulement 2 ou 3 lignes à la fois.

1	2	3	1	2		1		*34*		3
1	3	5	1		*34*		3		56	5
1	3	5	1				3		6	5
5	3	5	5	4	3				56	5
5	3	5	5		3				56	5
3	1	5	3	2	1				56	5
3	1	5	3		1				56	5
3	5	1	3	*5*	6			5	*32*	1

<u>Chanter</u> les notes "d'appui"- <u>Penser</u> les notes "d'appui"
<u>Omettre</u> les notes "d'appui".

Exercice d'intonation 46 *1 = G*

Quatrième exercice d'orientation

1	2	1	2	1	4	3	6	5	6	5	4	3	2	1	1	2	1
1	2	1	2	*1*	4	*3*	6	*5*	6	*5*	4	*3*	2	*1*	1	2	1
1	2	1	2		4		6		6		4		2		1	2	1

Mémoriser la dernière ligne.

Pour la lecture verticale, utiliser le diagramme 9c. Pour la lecture oblique, utiliser le diagramme 11.

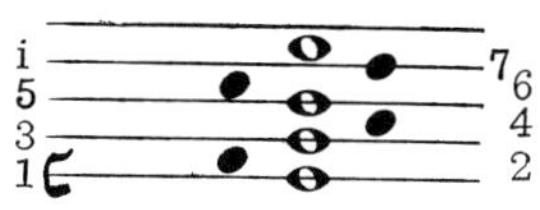

Diagramme 9c

Réviser <u>l'exercice d'intonation 34</u> *1 = F*

1er exercice d'orientation (avec le diagramme 11)

121	123	343	345	565	565	543	343	321	121
121	*123*	343	*345*	565	565	*543*	343	*321*	121
121		343		565	565		343		121

Réviser <u>l'exercice d'intonation 35</u> *1̇ = E♭*

1er exercice d'orientation (tétracorde supérieur)

1̇71̇	1̇765	565	565	5671̇	1̇71̇
1̇71̇	*1̇765*	565	565	*5671̇*	1̇71̇
1̇71̇		565	565		1̇71̇

Réviser <u>l'exercice d'intonation 38</u> *1 = E♭*

2ème exercice d'orientation (diagrammes 9c et 11)

121	343	565	1̇71̇	1̇71̇	565	343	121
1*21*	*343*	*565*	1̇*71̇*	1̇*71̇*	*565*	*343*	1*21*
1	3	5	1̇	1̇	5	3	1

Dictées

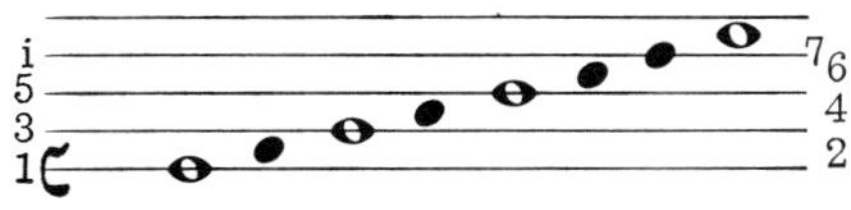

Diagramme 11

<u>Dictées auditives</u> (avec le diagramme 11)

151 1 121 | 21 343 | 1 21 43 65

115 51 343 | 43 565 | 65 71̇ 71̇

1̇71̇ 65 71̇ | 1 3 5 1̇

1 5 65 71̇ | 21 43 65 71̇

<u>Dictées visuelles</u> (avec diagrammes 9c, 11)

121 1̇71̇ 1 | 2211 443 | 1̇71̇ 65 43 |

1 1 343 | 44 3 665 | 43 665 71̇ |

51 115 |

53 665 71̇ |

|| 2 2 | 1 1 | 2 . | 1 . ||

|| 4 3 | 3 3 | 4 . | 3 . ||

Activité Créative

1. Réviser le tableau rythmique 9 (cf. chapitre XIX)

   Ce travail consiste à trouver de nouvelles applications mélodiques pour les schémas rythmiques ternaires combinés.

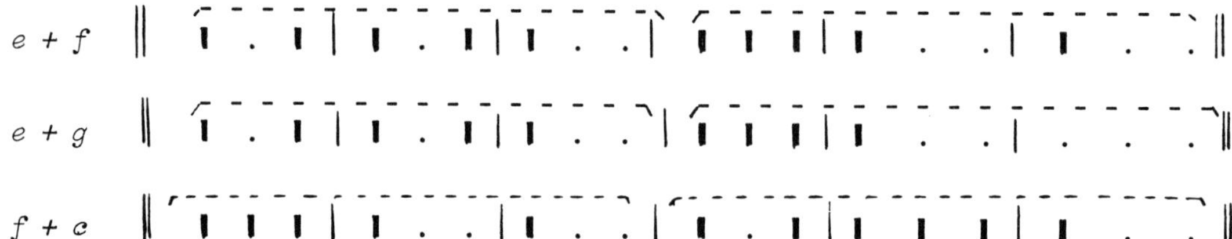

2. Elargissement rythmique d'un fragment mélodique *(suite)*

   Le maître écrit au tableau un schéma rythmique pris dans un chant étudié. Par exemple: "Quand trois poules..."

   || ı ı | ı ı | ı ı | ı . ||

   Les enfants proposent une nouvelle application mélodique:

   || ı ı | ı ı | ı ı | ı . ||
   || (i) i | 7 6 | 5 (6) | 5 . ||

   Doubler la valeur des notes entourées d'un cercle:

   || i . | i 7 | 6 5 | 6 . | 5 . ||

   Pour faire une mélodie plus longue, choisir deux schémas rythmiques, utiliser une nouvelle application mélodique, répéter le processus de l'élargissement rythmique. Chanter avec le geste métrique.

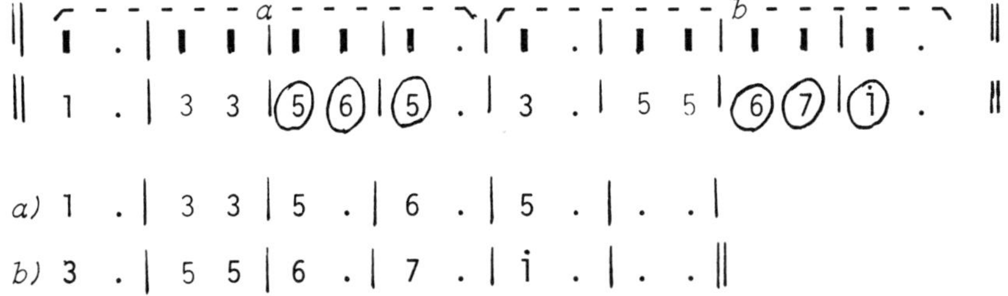

   Choisir d'autres schémas et répéter.

Chants

Mélodie 53 Application mélodique du 3ème exercice d'orientation.
Geste rythmique III.

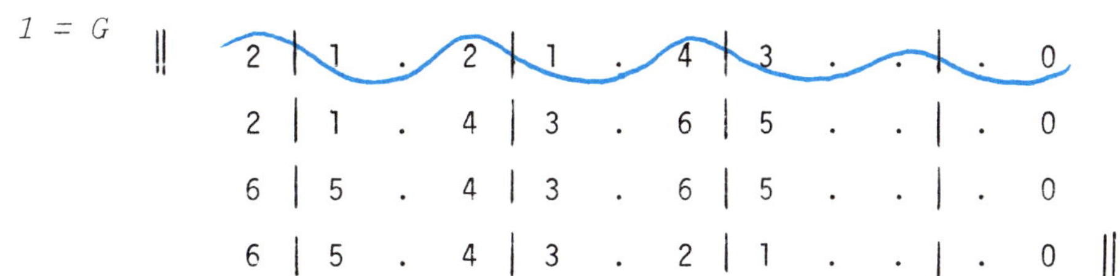

LE JOYEUX CHEVRIER

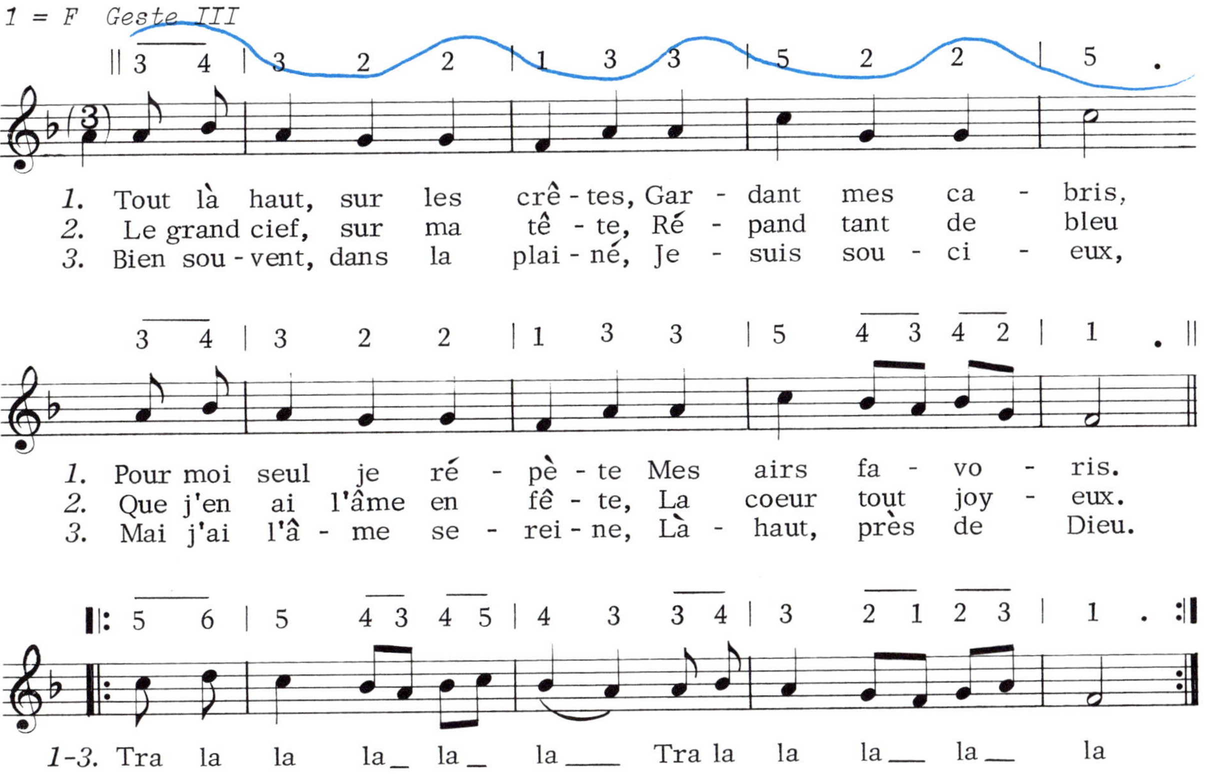

Mélodie 54 "Santa Catalina"

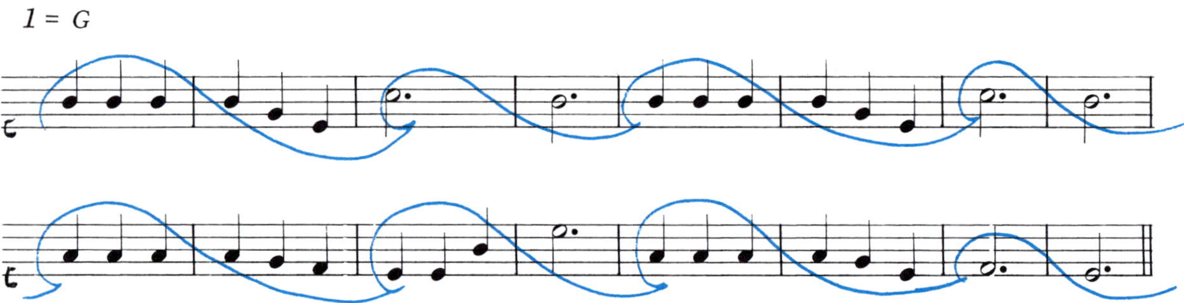

NEIGE, NEIGE

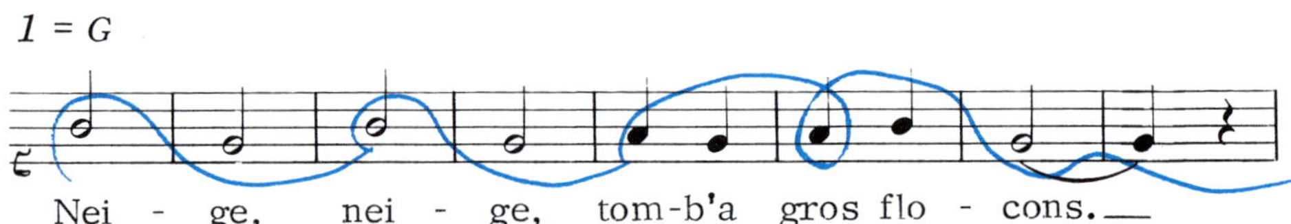

Chapitre Vingt-deux

Vocalises

Vocalise 1

1 = D ↘ G ↗ E

Vocalise 15

1 = A ↘ F ↗ B^b

Intonation

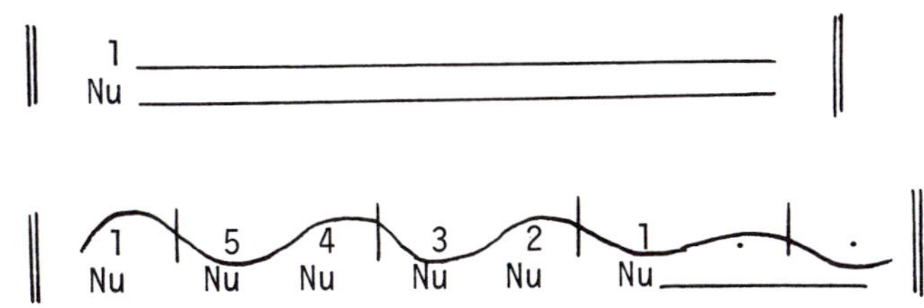

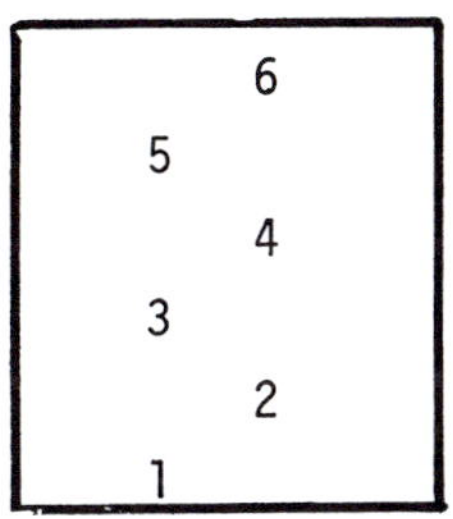

Diagramme 10a

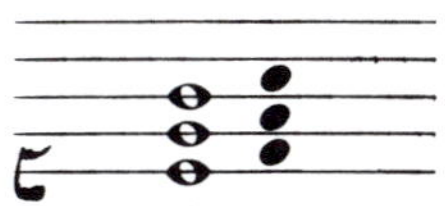

Diagramme 10b

Lorsque la dernière ligne du 4ème exercice d'orientation aura été apprise par coeur, le maître fera chanter les enfants sur les diagrammes 10a et 10b, de la façon suivante:

- en montant une colonne et en descendant l'autre:

1 3 5	6 4 2
2 4 6	5 3 1

- en répétant les notes extrêmes:

1 3 5 5	6 4 2 2
2 4 6 6	5 3 1 1

- en répétant les notes centrales de chaque colonne:

1 3 3 5	6 4 4 2
2 4 4 6	5 3 3 1

Exercice d'intonation 47 *1 = A*

Flèche a) Etude de FA - RE en relation avec MI - DO
Flèche b) Etude de FA - RE en relation avec SOL - MI

a) →		b) →	
1 2 3	4 2 1	3 4 5	4 2 3
1 3	4 2 1	3 5	4 2 3
1 3	2 4 3	5 3	4 2 3
3 1	2 4 3	5 3	2 4 3

Exercice d'intonation 48 *1 = G*

Etude de LA - FA en relation avec l'accord de tonique DO - MI - SOL

→	
1 3 5	6 5 4 3
1 3 5	6 4 3
1 3 5	4 5 6 5
1 3 5	4 6 5 4 3
1 3 5	6 4 5 6 5

Formation rythmique auditive

Les exercices de ce chapitre marquent le début d'une progression importante en ce qui concerne l'éducation de l'oreille. Par étapes successives, le maître amènera les enfants à découvrir le caractère rythmique d'une mélodie uniquement à l'audition de celle-ci.

Première étape. Rythme déterminé par la cadence.

Règle: La dernière note d'une mélodie correspond toujours au posé du rythme. Elle est donc précédée d'une barre de mesure. Les autres notes seront groupées par mesures de deux temps ou de trois temps en rétrogradant à partir de la dernière note.

Problème dans les mesures à deux temps (binaire):

le rythme correspond-il au geste II?
le rythme correspond-il au geste IV binaire?

Tout d'abord, ce travail se fait par écrit, et le procédé est purement mécanique:

I I I I I

le maître écrit 4, 5, 6 ou 7 notes au tableau -

I I I I | I

barre de mesure devant la dernière note exprimée;
autres barres de mesure en rétrogradant de deux en deux -

"Quel geste rythmique adapter?" Geste II ou geste IV? Chanter sur NU.

I I | I I | I

Ajouter la longueur à la dernière note pour finir la mesure. Chanter sur le nom des notes.

| I I | I I | I . |
| 1 3 | 5 4 | 3 . |

Si le rythme proposé correspond au geste rythmique II, compléter par deux points.

I | I I | I I | I . | .
2 | 1 4 | 3 2 | 1 . | .

En aucun cas, le maître ne devra marquer d'un accent spécial le premier temps de chaque mesure.

Dictées sans mélodie

I I I I
I I I I I
I I I I I I
I I I I I I I

Dictées avec mélodie

3 1 3 5
1 3 5 4 3
2 1 4 3 2 1
5 6 5 4 3 2 1

Notation

Réviser la fonction de la portée à 5 lignes.

"Pourquoi avons-nous besoin de 5 lignes au lieu de 3?"

"Pouvons-nous écrire la gamme complète sur 3 lignes?"

1. Le maître écrit DO - MI - SOL sur une portée à 3 lignes.

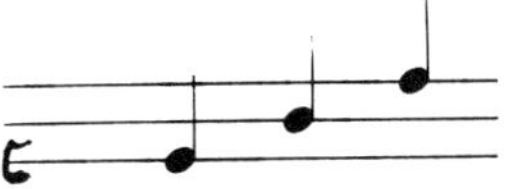

"Où mettons-nous LA - SI - DO?"

"Où est DO?"

"Quel est le nom des lignes et des interlignes?"

"Quels sont les noms des notes indiquées sur la portée?"

2. Nommer les notes longues; nommer les notes brèves; chanter toutes les notes.

Prolonger les barres de mesure au-dessous de la portée pour la notation chiffrée. Transcrire.

Chanter l'exercice sur le nom des notes en faisant le geste rythmique III.

> Ne pas trop s'attarder sur ces exercices. Il est préférable d'y revenir fréquemment.

Activité Créative

1. Conversations musicales utilisant les notes des diagrammes 10a et 10b.

Question (sur les notes solides)	Réponse (sur les notes dépendantes)
‖ 1 3 | 5 6 | 5 . |	| 6 5 | 4 3 | 2 . |
Question (sur les notes dépendantes)	**Réponse** - complète (sur les notes solides)
| 2 3 | 4 3 | 2 . |	| 3 5 | 3 2 | 1 . ‖

2. Le diagramme 10a étant au tableau, encourager les enfants à utiliser les notes de la colonne de droite 2 4 6 comme appuis rythmiques, mais seulement en contraste avec les notes de l'accord de tonique. (colonne de gauche)

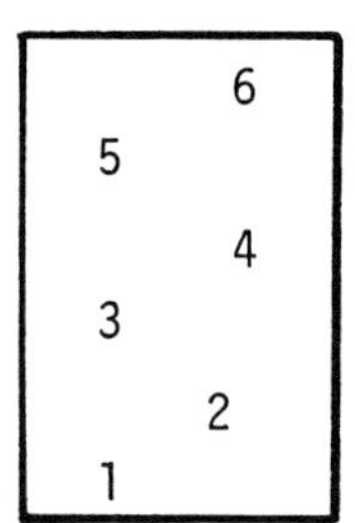

Diagramme 10a

‖ 3 | 1 2 | 3 4 | 3 . | .
x | 4 x | 2 x | 2 . | .
x | 2 x | 4 x | 6 . | .
x | 5 x | 3 x | 1 . | . ‖

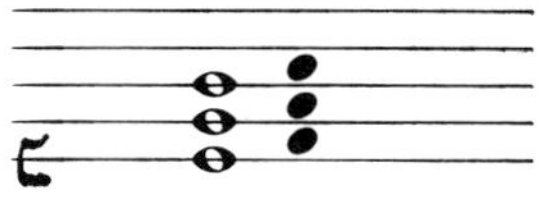

Diagramme 10b

Dictées

Dictées auditives

1 3 5 6 4 2 1
5 3 1 2 4 6 5

1 2 3 4 2 1
1 2 3 2 4 2 3

1 3 5 4 6 4 5
5 3 5 4 4 6 6 5

1 3 5 4 6 5
3 3 5 4 2 1

Dictées visuelles

1 2 3 4 5 4 6 5
1 2 3 4 5 6 4 5

1 5 4 3 2 4 2 3
1 5 4 3 4 2 4 3

1 3 5 6 4 6 5
5 6 5 4 5 4 6 5

5 6 5 3 5 4 2 3

Dictées rythmiques

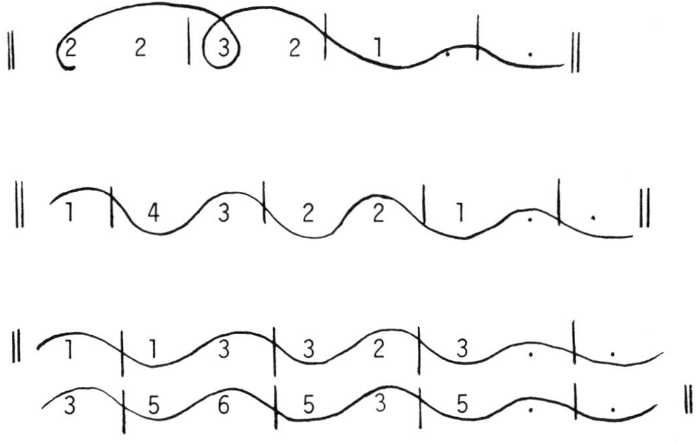

Chants

LA PETITE JARDINIÈRE

1 = D

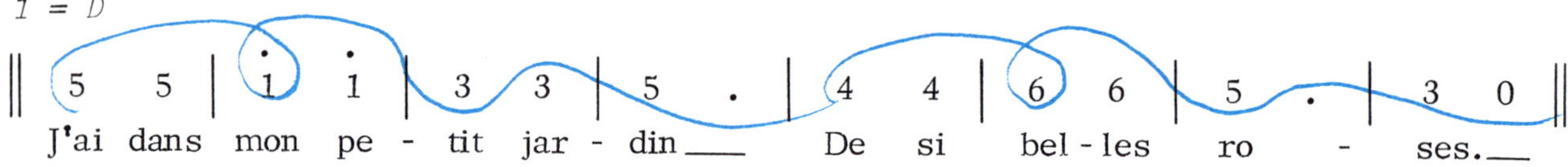

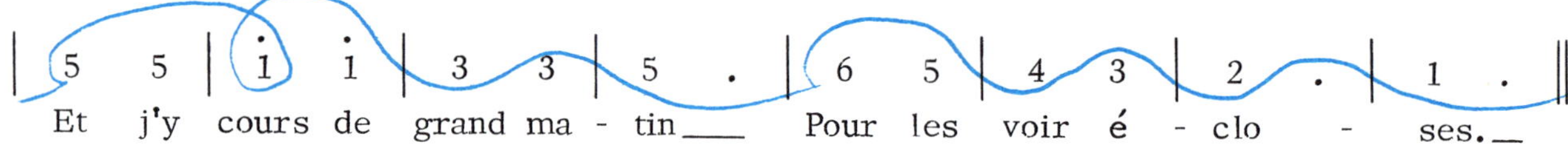

LA MEUNIÈRE EST BIEN MALADE

1 = G

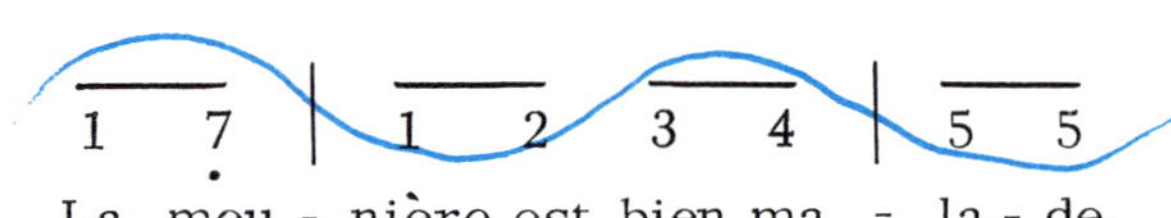

| 1 7 | 1 2 3 4 | 5

Son mou - lin ne tour - ne plus,

| 5 6 | 5 4 3 2 | 3 1

Vi - re, vi - re, vi - re, vi - re.

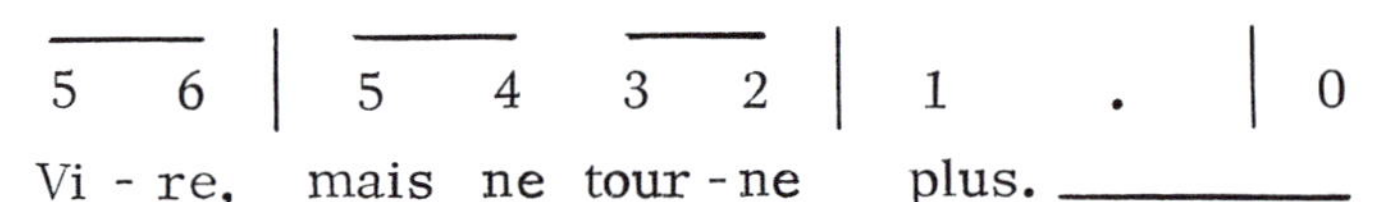

ODE À LA JOIE

Beethoven

1 = A♭

|| 3 3 | 4 5 | 5 4 | 3 2 |

Sain - te joie, di - vi - ne flam - me

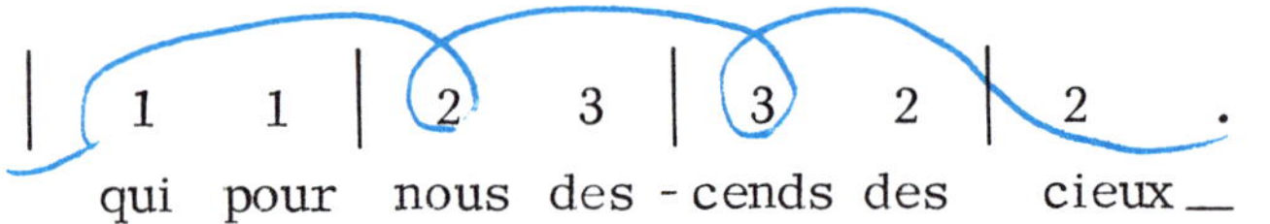

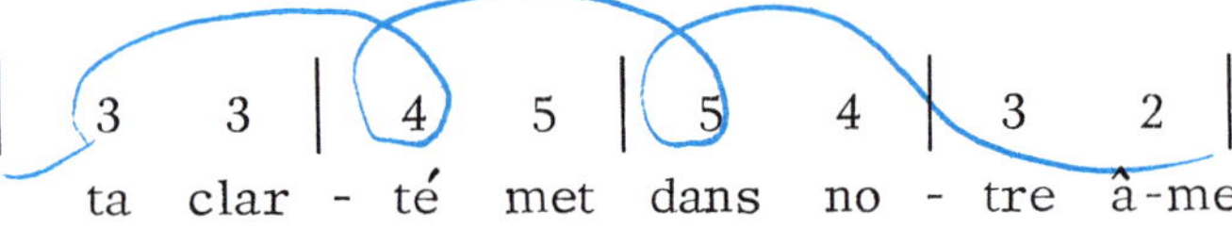

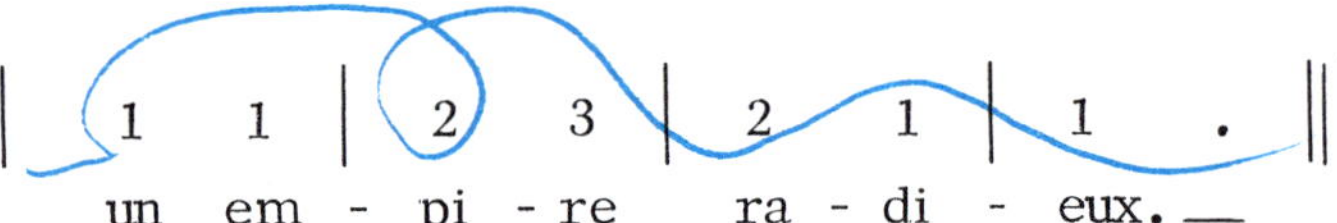

LA PAPILLON

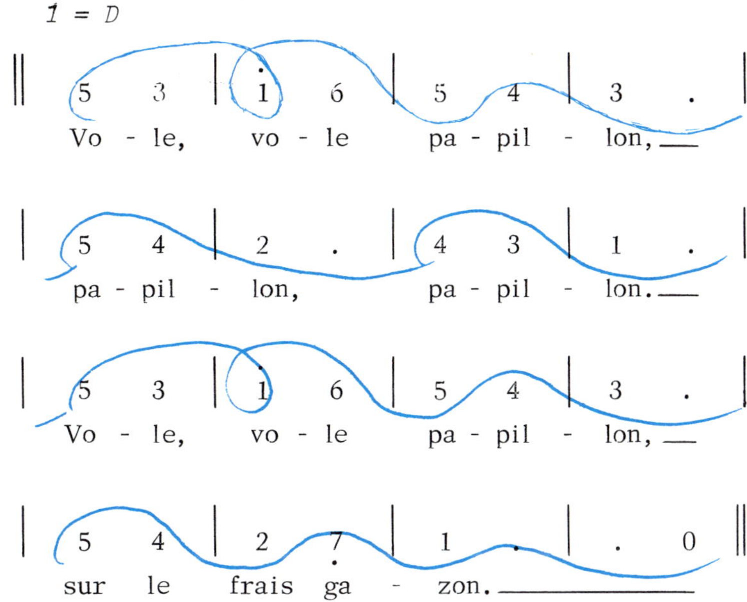

LES CIMES DU CANIGOU

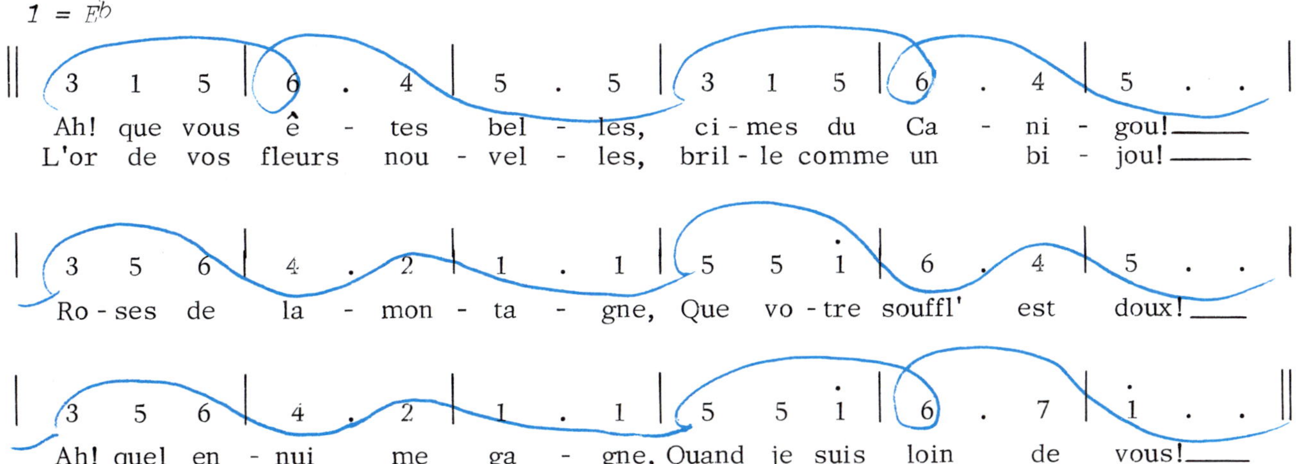

Chapitre Vingt-trois

Vocalises

Vocalise 1

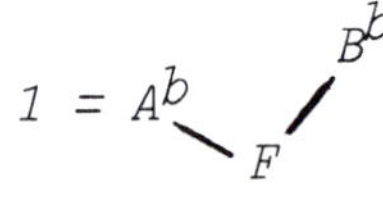

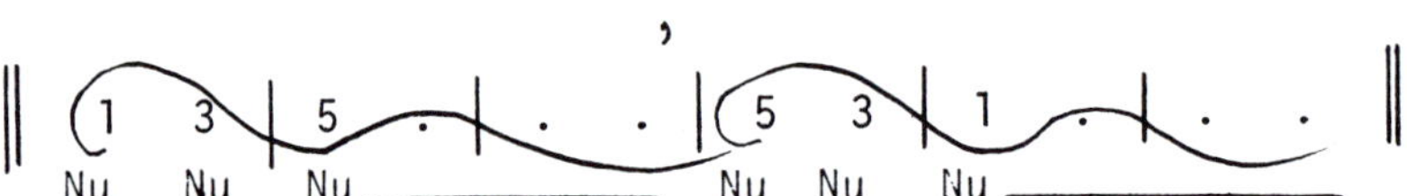

Vocalise 16

1 = A^b — F — B^b

Chanter d'abord avec une coupure au centre. Ensuite, chanter d'un trait, legato, avec une fin en douceur.

‖ 1 3 | 5 . | . . , | 5 3 | 1 . | . . ‖
Nu Nu Nu ——— Nu Nu Nu ———

Aucune nouveauté dans ce chapitre. Le travail vise à l'assimilation des 3ème et 4ème exercises d'orientation.

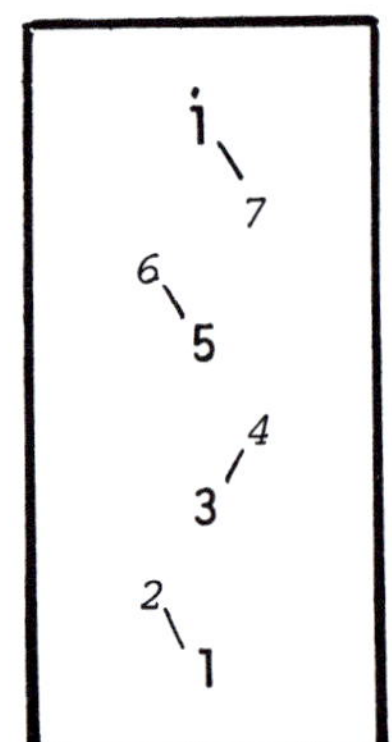

Diagramme 9a

Exercice d'intonation 49 sur les diagrammes 9a et 10a.

1 = G

1	3	5	6	4	3			
1	3	5	6	4	5			
1	3	5	6	4	2			1
1	3	5	6	4	5	3	2	1

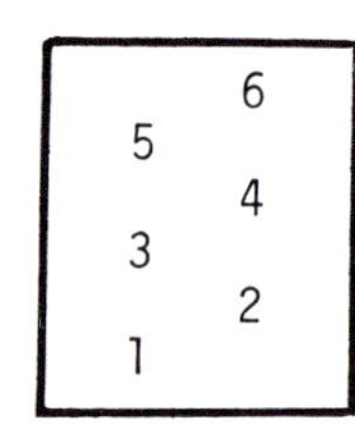

Diagramme 10a

Diagramme 9c

Exercice d'intonation 50 sur les diagrammes 9a et 9c.

$\dot{1}$ = E^b

5	$\dot{1}$	5	5		6	7	$\dot{1}$	6	5	
5	$\dot{1}$	5	5		6		$\dot{1}$	6	5	
5	$\dot{1}$	5	6	5	4	3	6	5		
5	$\dot{1}$	5	4	3	5	6	5	4	3	5

Quelques lignes de ces exercices d'intonation seulement doivent être prises en même temps. Aussi, le maître doit-il y revenir souvent lors d'une leçon.

"Les 4 exercices d'orientation"

Premier exercice	1 2 1	3 4 3	5 6 5	1̇ 7 1̇	et retour
Deuxième exercice	1	3	5	1̇	et retour
Troisième exercice	2 1	4 3	6 5	7 1̇	et retour
Quatrième exercice	2	4	6		et retour

Pour bien établir une tonalité, nous recommandons de commencer la leçon avec un exercice d'orientation.

Dictées

Avec les diagrammes 9a, 9c ou 10a.

Dictées auditives		Dictées visuelles	
1 3 5 5 3 1	6 4 21 2 4 65	1 2 3 4 5 1 2 3 4 5	4 6 5 6 4 5
1 2 3 1 2 3	4 2 1 2 4 2 3	1 5 4 3 2 1 5 4 3 4	4 2 3 2 4 3
1 3 5 5 3 5	4 6 4 5 4 4 6 6 5	1 3 5 5 6 5 4 5	6 4 6 5 4 6 5
5 6 7 1̇ 5 5 1̇ 5	6 4 5 5 4 6 5	5 6 5 3 5	4 2 3
1 3 5 3 3 5	4 6 5 4 2 1	1̇ 5	4 6 5 5 1̇

Dictées rythmiques

A transcrire sur la portée.

Rythme

1. Tableau rythmique 10 Etude avec le geste Arsis - Thésis et application mélodique.

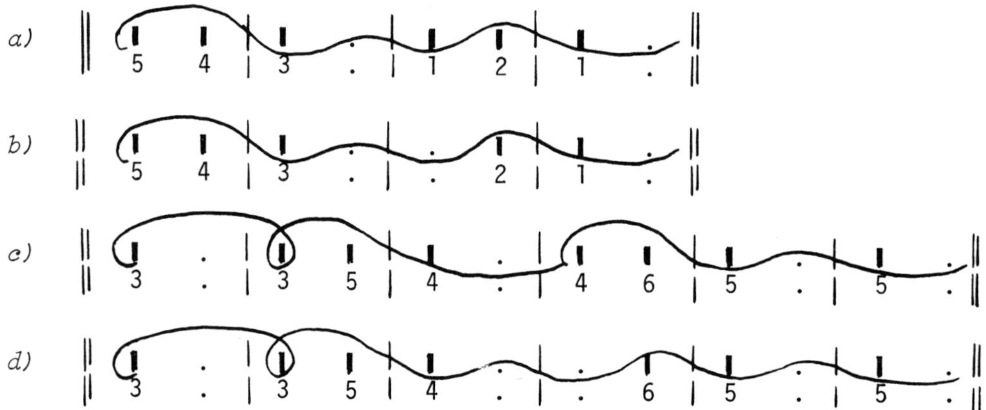

2. Formation rythmiques auditive *(suite)*

Problème dans les mesures à trois temps.

"Le rythme correspond-il au geste III?"
"Le rythme correspond-il au geste IV - ternaire?"

Procéder comme au chapitre précédent.

Le maître écrit au tableau une série de notes brèves. Les enfants placent les barres de mesure: la dernière note est un posé, une barre de mesure la précède; les autres notes seront groupées par mesures de trois temps en rétrogradant à partir de la dernière note.

Longueur de la dernière note: Si le rythme correspond au geste III, on ajoute un point.

Si le rythme correspond au geste IV, on ajoute 2 points.

N.B. Rappeler aux enfants qu'il doit toujours y avoir corrélation entre le début et la fin d'une phrase. Si au début, nous avons une fraction de mesure, c'est également une fraction de mesure que nous aurons à la fin. Si la première mesure est complète, la dernière l'est également.

Dès que le principe est compris, le maître dictera des groupes avec une mélodie.

Sans mélodie Avec mélodie

Activité Créative

1. Poursuivre les conversations musicales en rythme ternaire en utilisant 135 et 642.

2. Pour les inventions mélodiques, utiliser les schémas rythmiques (ternaires) plus longes, tirés du T. R. 9 du chapitre XIX.

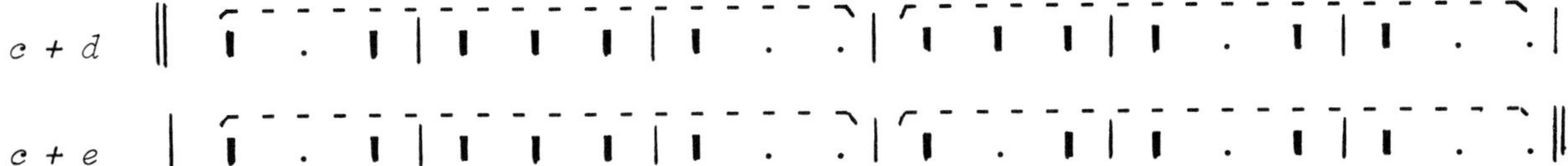

Notation

1. Transcrire les lignes 1 et 2 de l'exercice d'intonation 49 en notation sur portée.

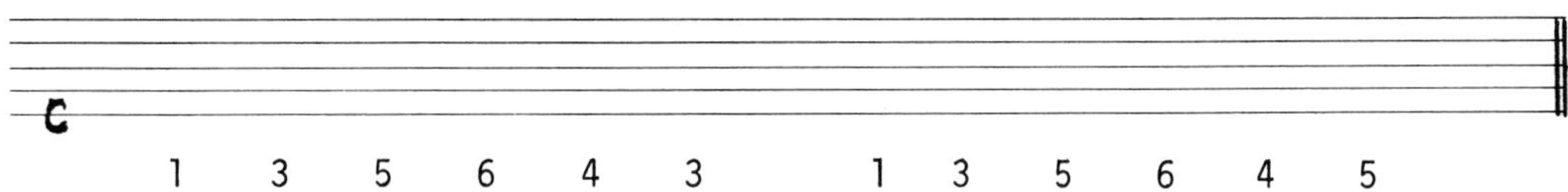

2. Réviser la valeur des notes lors des transcriptions: ı = ♩

ı . = 𝅗𝅥

ı . . = 𝅗𝅥.

| ı . | . . | = 𝅗𝅥 | 𝅗𝅥

| ı . . | . 0 0 | = 𝅗𝅥. | ♩ 𝄽 𝄽 |

Transcrire la <u>mélodie 55</u> en notation chiffrée.

Transcrire la <u>mélodie 56</u> en notation sur portée.

Chants

Mélodie 55 *1 = A*

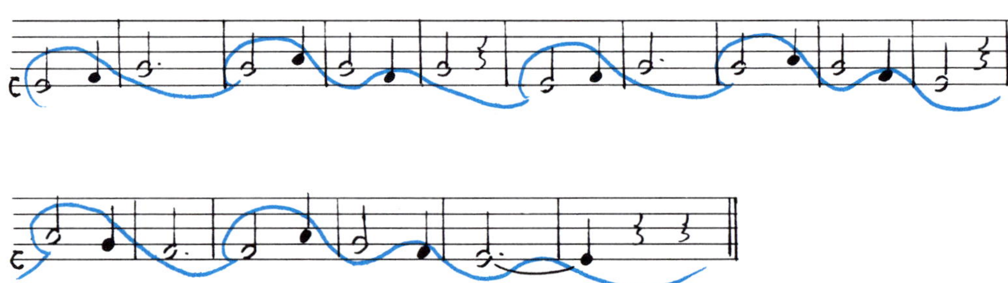

Mélodie 56 *1 = E*

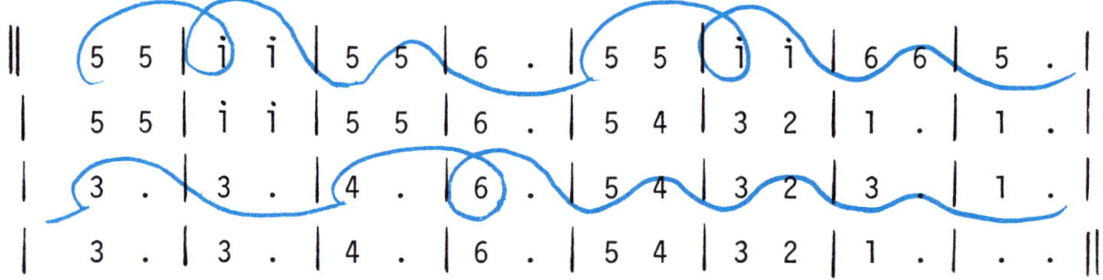

Mélodie 57 *1 = G*

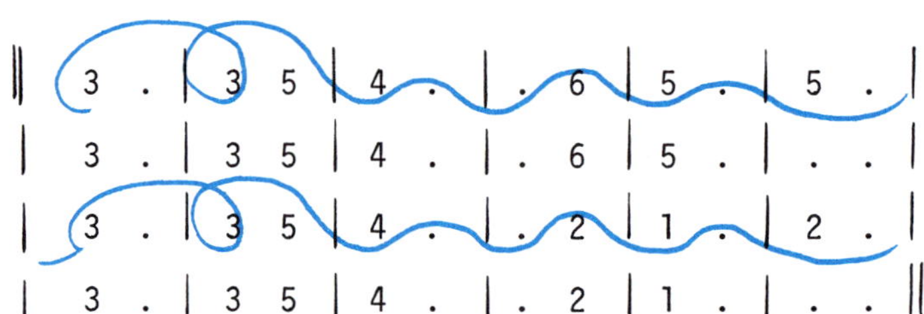

REGINA CAELI

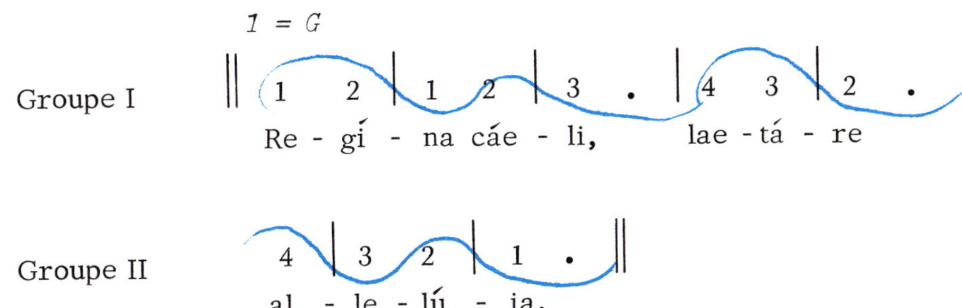

LA CLOCHE DU SOIR

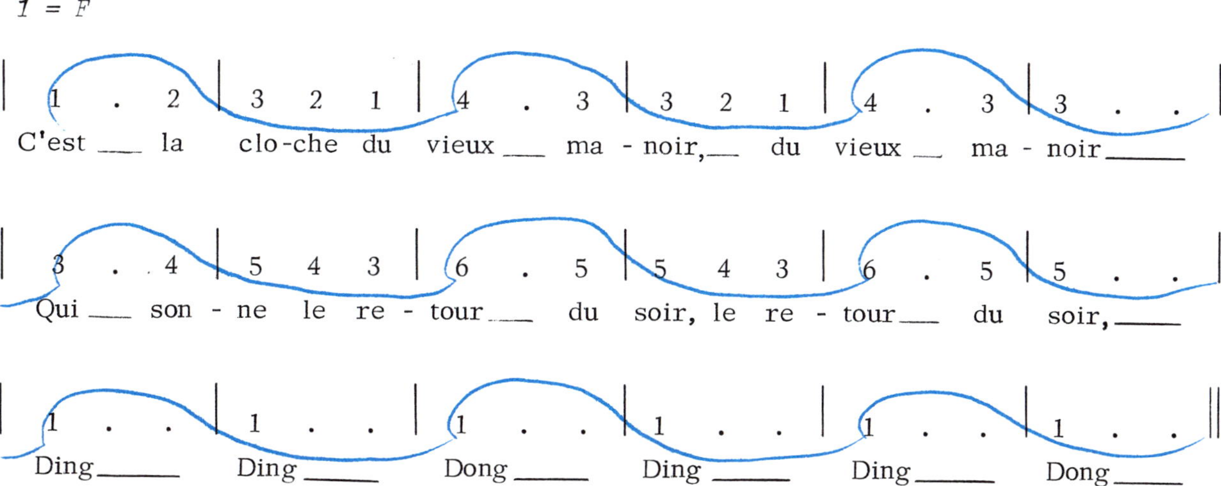

APPENDICE I - "Comment faire..."

Plan d'une leçon

La Méthode Ward conseille aux maîtres de donner une leçon de musique journalière. Chaque chapitre de ce livre fournit la matière d'une semaine d'étude environ, soit cinq leçons de vingt minutes. Beaucoup de classes ont adopté ce rythme de travail pour la plus grande joie des enfants.

Etablir le plan d'une leçon est de la plus grande importance: c'est la part contributive personnelle du maître: le livre fournit la matière, mais le maître l'utilise suivant son propre discernement. Au cours d'une leçon qui relève d'un bon plan, les périodes de concentration d'esprit alterneront avec des périodes de détente relative et avec celles où on prépare l'assimilation. Les périodes d'intense concentration ne dépasseront pas deux minutes. La leçon débouche évidemment sur une chanson.

Plan général d'une leçon-type de vingt minutes

Vocalises (2 minutes, demi-détente). Placer la voix et développer les qualites vocales de l'enfant en recherchant la pureté, la résonance et la justesse.

Intonation (2 minutes, concentration maximum). Exercices destinés à donner aux enfants le sens de l'exacte différence des hauteurs de sons dans le mode majeur.

Rythme (3 minutes, détente). Eveiller et développer le sens rythmique de l'enfant à travers les gestes et l'étude des schémas rythmiques.

Jeux d'écoute (1 minute, concentration maximum). Préparation pour la dictée musicale et entraînement auditif de l'enfant.

Jeux d'observation et de mémorisation visuelle (1 minute, concentration maximum). Entraînement à l'observation et la mémorisation rapides pour former de bons lecteurs.

Vocalises (2 minutes, demi-détente). Comme ci-dessus, et au milieu de la leçon, cette activité rafraîchira les voix enfantines.

Dictées rythmiques (3 minutes, demi-détente). Apprendre à l'enfant à écrire les schémas rythmiques qu'il a reconnus.

Notation sur portée (2 minutes, demi-détente). Apprendre à l'enfant à lire et à écrire la musique en notation sur portée.

Activité créative (2 minutes, détente). Rendre l'enfant capable de s'exprimer en musique: improvisation et composition.

Interprétation d'une mélodie (2 minutes, détente). La synthèse de toute la leçon.

Comment enseigner les vocalises

- Le maître - ou un élève - chante la vocalise en faisant un geste expressif ou rythmique.

- Un groupe d'enfants (groupe I ou groupe II) rechante de même, plusieurs fois avec le geste. Le maître donne la hauteur de la première note, mais ne chante pas avec les enfants.

- Le même groupe d'enfants rechante une fois encore la même vocalise, sans geste, le maître demandant à ses élèves de "faire entendre le geste". Ce n'est pas en eux-mêmes que les gestes sont importants, mais relativement au résultat sonore qu'ils provoquent.

- Le maître fait ensuite le même travail avec l'autre groupe. Les "auditeurs" sont appelés à donner leur avis sur la qualité vocale des "chanteurs".

Le maître consacre maintenant quelques minutes, à chaque leçon, au travail individuel d'un ou de deux enfants du groupe III (non-chanteurs.)

Comment aider les non-chanteurs à trouver leur voix chantante

Le maître montre aux enfants la différence entre réciter simplement les paroles d'une chanson bien connue et les chanter sur une mélodie. Lorsqu'ils ont compris, le maître leur montre comment produire eux-mêmes un son musical. Il leur apprend à ouvrir la bouche avec les lèvres légèrement avancées, et les invite à chanter la vocalise 1 (A^b). Les enfants qui ne peuvent reproduire un son avec la juste intonation seront placés de préférence en avant de la classe. Ils se formeront l'oreille en entendant les autres chanter derrière eux.

Jeu d'appel

Le maître appelle un de ces enfants et lui chante un cri d'oiseau comme "cou-cou" sur un ton élevé, par exemple

L'enfant essaie d'imiter le cri. S'il ne le peut, le cri est répété et il essaie à nouveau.

Lorsque l'enfant a réussi à chanter approximativement les notes du maître, on baisse le ton pour prendre celui de l'enfant et on lui chante une question facile dans la tonalité plus grave, par exemple

L'enfant essaie de répondre d'une voix chantante et "une conversation à bâtons rompus" s'instaure entre le maître et l'enfant.

Enfin, le maître chante la vocalise 1 sur le propre ton de l'enfant. L'enfant essaie d'imiter; ses efforts sont loués, qu'ils soient couronnés de succès ou non.

La plupart de ces élèves arriveront à chanter juste, certains au bout de quelques semaines, d'autres après quelques mois, presque tous à la fin de l'année scolaire. On ne doit pas leur donner l'impression qu'ils sont à tout jamais bannis du monde de la musique. Du reste, lorsqu'un enfant se met soudainement à chanter juste, toute la classe est enchantée. Certains mettent plus de temps que d'autres à cet apprentissage, mais, à moins d'un handicap physique, rares sont les échecs.

Comment enseigner un exercice d'intonation

N.B. Tous les exercices d'intonation seront chantés avec le nom des notes.

- Le maître donne la hauteur de la première note dans la tonalité indiquée Les enfants préparent le geste mélodique correspondant et observent le groupe de notes à chanter.

- Les enfants chantent l'exercice montré par le maître, collectivement, par groupes ou individuellement, en faisant le geste mélodique (baguette verte). Si le maître montre la baguette rouge, les élèves doivent "penser" les notes et ne pas les chanter.

- Le maître contrôle la justesse à la fin de chaque incise. Il ne chante jamais avec les enfants.

Le maître exigera une grande précision dans l'exécution des exercices d'intonation. On ne s'attardera pas trop sur chacun d'eux: un exercice prépare les élèves à l'exercise suivant, qui, à son tour, sert à perfectionner ce qui a été acquis au cours de précédentes leçons.

Comment donner les dictées mélodiques

Le maître choisit une ou deux formules se rapportant à l'exercice d'intonation de la leçon et qui peuvent être une préparation à la melodie finale. Le diagramme mélodique doit se trouver sous les yeux des enfants.

- Le maître chante le nom de la première note, par exemple: "Voici DO". Les enfants en indiquent la hauteur avec le geste mélodique.

- Le maître chante la formule mélodique sur "NU". Les enfants écoutent attentivement et cherchent à faire le geste mélodique correspondant en regardant le diagramme, le sens visuel aidant le sens auditif.

- Le maître redonne à nouveau le ton de la première note et les enfants rechantent sur "NU" en faisant le geste mélodique.
- Le maître redonne le nom de la première note et les enfants rechantent avec le nom des notes et le geste mélodique.
- Les enfants rechantent une fois encore, avec le nom des notes, et montrent celles-ci simultanément en utilisant la notation sur les doigts.

Après quelques semaines, on peut donner des dictées avec réponse écrite au tableau, en notation chiffrée ou sur portée.

Observation et mémorisation visuelles

On choisira une ou deux phrases pour ce genre d'exercice. Lorsque les enfants deviennent plus expérimentés, ces phrases seront légèrement plus longues que les dictées mélodiques.

- Le maître chante la première note en donnant son nom, par exemple: "Voici DO". Les enfants en indiquent la hauteur avec le geste mélodique.
- Avec la baguette, le maître indique successivement et rapidement une série de notes sur le diagramme. Il utilise la baguette rouge, puisque les notes doivent être "pensées". Les enfants observent en silence, puis, sur un signe du maître, ils les chantent de mémoire en faisant le geste mélodique.
- On peut varier l'exercice en utilisant la notation sur les doigts. Le maître montre silencieusement les notes sur ses doigts. Les enfants regardent, puis chantent à haute voix, en montrant les notes sur leurs doigts.
- Une autre façon de procéder consiste à écrire au tableau une courte phrase en notation chiffrée - plus tard en notation sur portée. Le maître chante le nom de la première note. Les enfants observent en silence. Le maître efface la phrase (de gauche à droite) et les enfants la chantent de mémoire avec le geste mélodique.

Durant ces exercices, lorsque les enfants chantent leur phrase de mémoire, le maître ne doit apporter aucune aide, sinon le but recherché ne serait pas atteint.

Comment travailler les schémas rythmiques

L'étude d'un schéma suppose que le geste correspondant à ce rythme a déjà été travaillé et que les schémas rythmiques précédents sont connus des enfants. Les gestes rythmiques ont été travaillés avec l'aide d'une chanson ou d'un accompagnement musical.

- Le maître choisit un schéma déjà connu et étroitement lié à celui qu'il souhaite apprendre aux enfants. Il l'écrit au tableau et les enfants l'identifient, puis le chantent sur une mélodie simple proposée par le maître. Les enfants chantent collectivement, en groupes ou individuellement, en utilisant le geste rythmique, puis le geste métrique, et finalement le geste et le langage métriques.

- Le maître chante le nouveau schéma. Il utilise le geste approprié.

- Les enfants répètent le nouveau schéma <u>plusieurs</u> fois comme ci-dessus.

- Le maître écrit le nouveau schéma au tableau, exactement sous le précédent, puis invite les enfants à découvrir la différence entre les deux.

- Les enfants rechantent maintenant les deux schémas plusieurs fois, jusqu'au moment où le maître juge que le nouveau schéma s'est imposé. Ils peuvent ensuite l'utiliser dans leur travail créatif, de telle sorte qu'il devienne complètement assimilé.

Le langage métrique

Pour une note durant un temps: "LA"

Pour une note durant deux ou plusieurs temps: "Lon"

Exemples:

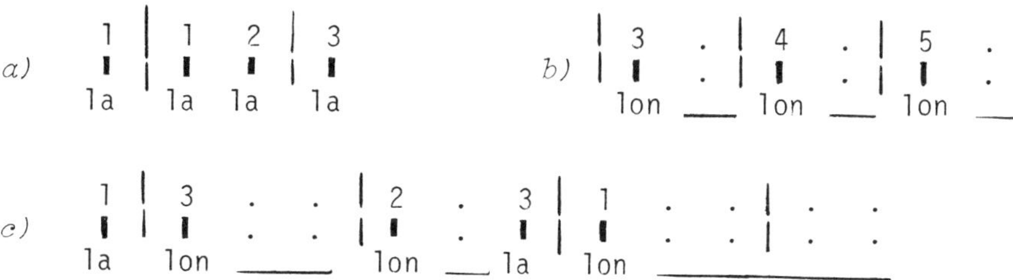

Comment donner une dictée rythmique

Le maître choisit un schéma connu et déjà travaillé dans la leçon. Le tableau rythmique contenant le schéma choisi est au tableau. A la fin de la première année, le tableau rythmique peut être effacé avant la dictée, mais durant les premières étapes, il est important de le laisser sous les yeux des enfants pour éviter toute confusion.

- Un enfant vient au tableau et se place face à celui-ci.

- Le maître chante le schéma sur une mélodie simple, une ou plusieurs fois, avec le geste rythmique. L'enfant identifie le schéma sur le tableau rythmique.

- Les enfants répètent avec le geste rythmique.
- Les enfants répètent avec le geste métrique.
- Les enfants rechantent avec le langage métrique et le geste métrique.
- Les enfants chantent à nouveau avec le langage métrique pendant que l'élève écrit le schéma au tableau. On veillera à ce qu'il écrive sans ralentir le tempo initial. Pour cela, il devra chanter tout en écrivant.
- L'enfant au tableau place les barres de mesure dans l'ordre suivant: La première barre de mesure est placée devant la dernière note. L'enfant rétrograde de deux en deux temps ou de trois en trois temps, selon le cas, pour placer les autres barres. Puis, se reportant à la fin de la dictée, il vérifie si la durée de la dernière note n'en nécessite pas d'autres. Les chiffres entre parenthèses indiquent l'ordre dans lequel seront placées les barres de mesure.

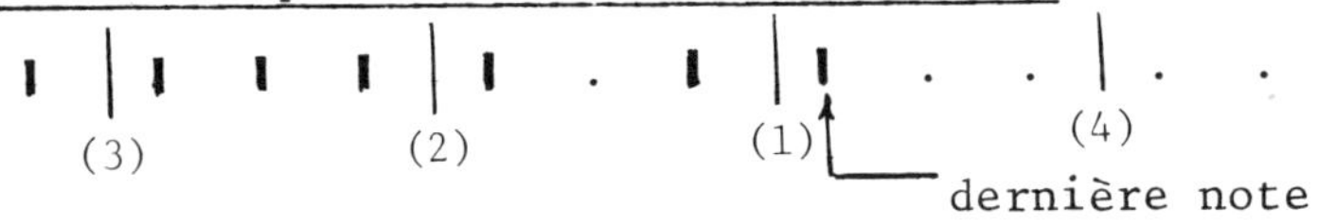

(3) (2) (1) (4)

dernière note

- Tous les enfants répètent avec le geste rythmique, pendant que l'enfant au tableau dessine la courbe rythmique, tout en chantant, et en conservant le même tempo.
- Toute la classe rechante une dernière fois pour contrôler l'exactitude de la dictée écrite au tableau.

L'explication de la dictée rythmique est longue, mais la pratique régulière de tous les points ci-dessus donnera aux enfants une grande aisance et beaucoup de rapidité pour tout le travail rythmique ultérieur.

Comment enseigner un chant sans paroles

Chaque chapitre propose quelques mélodies combinant les difficultés des exercices d'intonation et des exercices rythmiques travaillés isolément. Le maître ne doit pas procéder par audition. Il faut permettre aux enfants de découvrir la mélodie pas à pas.

- Etudier le rythme en lisant les notes et en faisant le geste métrique. De cette façon, on aura découvert les notes brèves et les notes longues.
- Chanter les notes en faisant le geste mélodique ou en partant du diagramme d'intonation.
- Combiner le rythme et la mélodie en faisant le geste rythmique approprié.
- Les enfants qui réussissent à combiner la mélodie et le rythme en faisant le geste rythmique correct serviront de modèles pour les autres. Tous répètent.

Comment enseigner un chant avec paroles

- Les enfants lisent ensemble le texte de la chanson. Le maître donne les explications nécessaires à la compréhension du texte.
- Les enfants déclament les paroles avec leur rythme. Attention aux syllabes courtes et aux syllabes longues.
- Ils "découvrent" les notes au moyen du geste mélodique.
- Ils chantent ensuite la mélodie avec le geste métrique, puis avec le geste rythmique approprié.
- Enfin, toute la classe chante paroles et mélodie.

MATIERE DE CHAQUE CHAPITRE

	Vocalises	Intonation	Rythme	Dictées	Notation	Activité Créative	Chants
1 Pages 1–25	Voc. 1 1 ____ Nu ____ Notes longues sur NU pour le timbre Sons variés de F à C Classer les voix dans des groupes I-II-III Voc. 2 pour le timbre et le rythme 1 1 Nu Nu	Diagramme 1 2 1 Ex. 1 et 2 Exercices sur DO et RE	Gestes rythmiques I et II Tableau rythmique 1 Rythme binaire au levé Langage métrique Geste mélodique	Jeux d'observation et de mémorisation (dictées visuelles) sur DO et RE Jeux de réflexion (dictées auditives) sur DO et RE Dictées rythmiques	Barres de pulsation Barres de mesure Courbe rythmique Point pour la prolongation Notation chiffrée 1 = DO 2 = RE Notation sur les doigts et geste mélodique pour DO et RE	Improvisation Etape 1 Conversation musicales Noms des notes Jeux de la prise du ton	Mélodies 1 et 2 Mélodie de deux lignes DO et RE Application mélodique du tableau rythmique I "Sur le pont d'Avignon" "Dansons la Capucine' "A la Volette"
2 Pages 26–35	**Réviser** voc. 1 et 2 Voc. 3 1 1 Nu Nu Nu Nu ____ Continuer la classification des voix en groupes Etendue de A^{b} - C	Diagramme 2 3 2 1 Ex. 3 Exercices sur DO, RE MI	**Réviser** gestes rythmiques I et II Application mélodique du tableau rythmique 1 Groupements binaires au levé Dialogue maître-élève	Dictées visuelles et auditives sur DO, RE, MI Rythme Dictées sur DO, RE, MI avec mélodies	Notations chiffrée et sur les doigts pour MI Geste mélodique pour MI 3 = MI	**Réviser** : Improvisation Etape 1 Réponses sur les mêmes notes que les questions Ajouter de nouvelles phrases verbales	Mélodies 3, 4, 5, 6 Application mélodique des schémas rythmiques sur DO, RE, MI Dialogue du maître Chant : Reine des Cieux Mélodies pour Amen et Alleluia
3 Pages 36–43	**Réviser** voc. 1 Voc. 4 2 1 2 1 Nu Nu Nu Nu Faire les vocalises par groupes — pas avec toute la classe tout de suite Pureté du son	**Réviser** le diagramme 2 en utilisant l'ex. 4 avec les notes pensées Présenter le diagramme 3 5 4 3 2 1 Ex. 5	Tableau rythmique 2 Schémas plus longs pour les groupes binaires au levé **Réviser** : les gestes rythmiques I et II pour la précision langage métrique geste métrique	Dictées auditives et visuelles DO à SOL (1 - 5) Dictées rythmiques avec les applications mélodiques du tableau rythmique 2	Ajouter FA (4) et SOL (5) à: la notation chiffrée la notation sur les doigts au geste mélodique Notation du rythme Barres de pulsation Barres de mesure Notes longues	**Révision** de l'étape 1 Commencer l'Etape 2 La réponse musicale est différente de la question	Mélodies 7, 8, 9, 10 Application mélodique des schémas de la série 2 DO à SOL (1 à 5) "Le réveil des fleurs"
4 Pages 44–49	**Réviser** voc. 1 et 2 Voc. 5 2 1 2 3 2 1 Concentrer l'attention des enfants sur la qualité du son	Diagramme 3 (suite) Ex. 6, 7, 8 Arrêt et répétition sur les différentes notes du pentacorde	Tableau rythmique 2 avec un nouveau schéma plus long (Combinaison de schémas) Applications mélodiques Suite des rythmes binaires au levé	Dictées auditives et visuelles DO à SOL suite Dictées rythmiques sur des mélodies de 1 - 5	**Révision comme au chapitre III**	Etape 3 Conversation musicale avec paroles	Mélodies 11, 12, 13 Mélodies de quatre lignes sur des schémas plus longs **Réviser les chants des chapitres précédents**

MATIERE DE CHAQUE CHAPITRE

	Vocalises	Intonation	Rythme	Dictées	Notation	Activité Créative	Chants
5 Pages 50-55	**Réviser** voc. 1 et 5 Travailler par groupes et individuellement Bon legato dans la voc. 5 Tonalités : Gr. I – B ou C Gr. II – G ou A Gr. III – G ou F	Diagramme 3 (suite) Ex. 9, 10, 11 Notes pensées Arrêt, répétition, changement de direction	Tableau rythmique 3 Note longue à l'intérieur d'un schéma **Réviser** le geste rythmique II	Dictées visuelles et auditives sur les ex. 9, 10, 11 Dictées rythmiques à partir d'une mélodie – les enfants écrivent le schéma rythmique	Ecriture de DO et RE sur une portée d'une ligne Notation sur portée 1 2 **Réviser** les ex. d'intonation 1, 2 ch. I	Conversation musicale Etape 3 Variété de réponses pour la question Les enfants : 1 1 2 3 Le maître offre plusieurs réponses (1 à 5)	Mélodies 14 et 15 Applications mélodiques du tableau rythmique
6 Pages 56-62	**Réviser** voc. 1 Tonalités plus élevées pour le gr. I B♭ C Voc. 6 (NU) 2 1 2 3 4 5 5 5 4 3 2 1 Exagérer le Nnnn pour chaque note	Diagramme 3 (suite) Ex. 12, 13, 14 La pentacorde en montant et en descendant Attention spéciale portée sur DO et RE	Tableau rythmique 4 Nouveau schéma Combiner les schémas Applications mélodiques Rythme binaire au levé (suite) Gestes I et II	Dictées auditives et visuelles sur le pentacorde Dictées rythmiques à partir du T.R. 4 applications mélodiques	**Réviser** DO et RE sur la notation portée Présenter MI sur la portée Notation sur portée 1 2 3 **Réviser** les ex. d'intonation 3 et 4 sur la notation portée	Etape 3 (suite) Le maître pose la question et l'élève répond Geste II Inviter tous les élèves à participer	Mélodies 16 et 17 Application mélodique de la matière du chapitre Mélodie sous forme de question et réponse "Ramponneau"
7 Pages 63-69	**Réviser** voc. 1 et 6 Rechercher la douceur et la beauté du son Voc. 7 1 3 2 1 Nu Nu Nu Nu____ Introduire le saut DO-MI	Diagramme 3 (suite) **Réviser** les ex. 13 et 14 Ex. d'intonation 15 et 16 Exercices spéciaux sur RE - MI et DO - MI	**Réviser** les gestes rythmiques I et II **Réviser** le tableau rythmique 4 Nouvelles combinaisons et applications mélodiques en utilisant DO - MI et MI - DO	Dictées visuelles et auditives comme exercices sur DO - MI Dictées rythmiques par identification Chanter les schémas combinés	**Notation sur portée** I = ♩ I . = 𝅗𝅥 Notes à une et deux pulsations Transcrire des schémas rythmiques chiffrés Ajouter FA à la portée 1 2 3 4	Questions et réponses plus longues Combiner des schémas rythmiques plus longs pour les applications mélodiques	Mélodies 18 et 19 Alleluia 5 5 4 3 3 Al - le - lu - ia ____ 1 2 3 1 Al - le - lu ia ____ "A Paris"
8 Pages 70-77	**Réviser** les voc. 1, 6, 7 Travailler pour l'exactitude de l'intervalle DO-MI et du geste rythmique II	Diagramme 4 1 2 3 4 5 6 Ex. 17, 18, 19 Nouvelle notation sur les doigts et geste mél. pour LA	**Réviser** les gestes rythmiques I et II Tableau rythmique 4 Ajouter des paroles aux schémas rythmiques Nouvelles combinaisons	Dictées visuelles et auditives concentrées sur la nouvelle note LA en utilisant le diagr. d'int. 4 et la notation sur portée	Notation sur portée SOL et LA sur la portée 1 2 3 4 5 6 **Réviser** les ex. d'int. 5, 6, 7, 8 Réviser la notation sur portée Transcrire les schémas rythmiques I = ♩ I . = 𝅗𝅥	Etape 3 (suite) La famille des oiseaux converse Continuer une conversation en ne s'arrêtant pas sur DO	Mélodies 20 et 21 Nouvelle mélodie pour Amen 6 5 6 A – men. ____ "Le petit Avocat" **Réviser :** "Le réveil des fleurs" "Reine des Cieux"

MATIERE DE CHAQUE CHAPITRE

	Vocalises	Intonation	Rythme	Dictées	Notation	Activité Créative	Chants
9 Pages 78–86	**Réviser** les vocalises 1, 6, 7 Travailler individuellement	Diagramme 4 (suite) Ex. 20 notes pensées et notes chantées **Réviser** les ex. 6, 7, 8 avec la notation sur portée Diagr. 5 — 1̇ 7 6 5 Ex. 21	Geste rythmique III Commencer sur une levée Tableau rythmique 5 avec application mélodique	Dictées visuelles et auditives Notation sur portée et diagramme d'intonation 5 Dictée rythmique T.R. 4 Application mélodique de l'exercice d'intonation 21	Notation sur portée  **Réviser** la notation sur portée Transcrire les nouveaux schémas rythmiques en notation sur portée	Etape 3 (suite) Changement de direction dans la question et la réponse	Mélodie 22 : rythme binaire au levé avec les notes du tétracorde supérieur Mélodie 23 : rythme ternaire au levé en utilisant les notes du pentacorde "La pluie, le vent . . ." Meunier, tu dors Le Pastouriau
10 Pages 87–93	**Réviser** voc. 1 Mettre l'accent sur le placement de la voix dans les cavités résonnantes de la tête Voc. 8 1̇ 7 6 5 Veiller à la justesse du demi-ton SI - DO Attaque propre sur les notes plus aiguës	Diagramme 5 (suite) Ex. 22, 23, 24 Ex. 25 avec la notation sur les doigts	Geste rythmique III (suite) Tableau rythmique 6 avec l'application mélodique Combinaisons de schémas	Dictées auditives et visuelles sur les notes du tétracorde supérieur Dictées rythmiques dans le rythme ternaire au levé Dictées visuelles à partir de la notation sur portée	Notation sur portée Mesures à trois temps Note à trois temps I I I = ♩♩♩ I . I = 𝅗𝅥 ♩ I . . = 𝅗𝅥. **Réviser** la notation sur portée	Conversations musicales en utilisant les notes du tétracorde supérieur	Mélodie 24 : ternaire au levé, en utilisant les notes du tétracorde supérieur Mélodie 25 : rythme binaire au levé en utilisant les notes du tétracorde supérieur (Travail avec la mémorisation visuelle) "Prière pour l'Avent" "Quand j'étais en montagne"
11 Pages 94–100	**Réviser** voc. 1 Ecouter le groupe III Voc. 9 1̇ 7 6 5 5 6 7 1̇ Travailler lentement, mais avec une pulsation régulière	Diagramme 5 (suite) Ex. 26 et 27 Répéter la notation sur portée	Geste rythmique III (suite) Tableau rythmique 6 avec l'adjonction de la nouvelle ligne Continuer de combiner les schémas pour les applications mélodiques	Dictées visuelles et auditives dérivées des exercices du chapitre	Notation sur portée Tétracorde supérieur sur la portée  **Réviser** les ex. d'intonation 26, 27 sur la notation portée	Improviser une mélodie sur les schémas rythmiques du chapitre Trouver des phrases correspondant aux schémas	Mélodie 26 : binaire au levé Mélodie 27 : ternaire au levé Prière de l'Avent 2e partie "Voici venir Emmanuel"
12 Pages 101–106	**Réviser** les voc. 1 et 9 Travailler en vue d'une sonorité pure et d'un bon legato	Diagramme 5 (suite) Ex. 28, 29, 30 **Réviser** les ex. 23 et 24 en notation sur portée	Geste rythmique III (suite) Tableau rythmique 6 (suite) Applications mélodiques Mots rythmiques	Dictées auditives et visuelles dérivées des exercices du chapitre	Notation sur portée La liaison I | I . | . ♩ | 𝅗𝅥 ⁀ | ♩ I | I . . | . . ♩ | 𝅗𝅥. ⁀ | 𝅗𝅥 Exercices de transcription Tableau rythmique 2	Conversations musicales avec les gestes rythmiques II et III	Mélodie 28 : binaire au levé Mélodie 29 : ternaire au levé Mélodie 30 et 31 en notation sur portée Noël

MATIERE DE CHAQUE CHAPITRE

	Vocalises	Intonation	Rythme	Dictées	Notation	Activité Créative	Chants
13 Pages 107–113	**Réviser** voc. 1, 4, 5, 6 Insister sur la résonance du Nnn avant l'émission du "ou" Respiration naturelle Chanter voc. 4, 5, 6 à partir du même DO Voc. 10 1̇ 1̇ 7 6 5 1̇ . 1 .	Diagramme 6 la gamme en entier 1̇ 7 6 5 (5) 4 3 2 1 Ex. 31 et 32 sur le diagramme 6 et la notation sur portée	Combinaisons plus longues du T.R. 6 Application mélodique sur des schémas rythmiques combinés pour faire un chant de deux lignes.	Dictées mélodiques et rythmiques dans les parties supérieure et inférieure de la gamme à partir du diagramme d'intonation et de la notation sur portée	Notation sur portée  Transcrire l'application mélodique du tableau rythmique en notation sur portée	Composer des mélodies de deux et quatre lignes en combinant des schémas rythmiques dans le rythme binaire	Mél. 32 : binaire au levé en utilisant toute la gamme Mél. 33 : Notation sur portée "Meunier, tu dors" "Se Canto"
14 Pages 114–121	**Réviser** voc. 1, 6, 10 Exiger une bonne position Noter la forme des lèvres pour le son "ou"	Diagramme 6 (suite) Ex. 33 et 33a Répéter avec la notation sur portée	**Réviser** les T.R. 2 et 3 Geste rythmique II **Réviser** le T.R. 6 Applications mélodiques et jeu des devinettes	Dictées visuelles et auditives sur toute la gamme à partir des exercices du chapitre	**Réviser** la position des notes sur la portée à cinq lignes Transcrire la notation chiffrée en notation sur portée en utilisant des fragments des mélodies du chapitre	Composer des mélodies de deux et quatre lignes dans des rythmes ternaires au levé	Mél. 34 : Toute la gamme avec le rythme ternaire au levé Mél. 35 Rythme binaire au levé Mél. 36 ternaire au levé en notation sur portée "La Tour, prends garde"
15 Pages 122–130	**Réviser** voc. 1 et 10 Obtenir une bonne résonance dans les notes aiguës Voc. 11 (NU) 1̇ 1̇ 7 1̇ . 1 . Veiller à la qualité du son	Diagramme 7 6 5 4 3 2 1 Ex. 34 — Premier exercice d'orientation	Rythme binaire commençant sur un posé. Tableau rythmique 7 Geste rythmique IV binaire Arsis — Thésis Application mélodique	Dictées auditives et visuelles sur des fragments du Ier exercice d'orientation	**Réviser** la notation sur portée Transcrire le tableau rythmique 7 Ainsi que l'exercice d'orientation et la mél. 35 en notation sur portée	Conversations musicales sur les notes du premier exercice d'orientation avec le geste rythmique IV binaire	Mél. 37 binaire au posé Mél. 38 binaire au posé Mél. 39 binaire au posé Ave Maria Ubi caritas Frère Jacques
16 Pages 131–137	**Réviser** voc. 1 et 10 Voc. 12 (NU) 1 2 1 . 3 4 3 . 5 6 5 . 5 6 5 . 3 4 3 . 1 2 1 . Notes du premier exercice d'orientation Exercices avec le geste IV binaire	Diagramme 8 1̇ 7 6 5 Ex. 35 Diagramme 9a Ex. 36 Ier ex. d'orientation — la gamme en entier 1̇ 7 6 5 3 4 2 1	Geste rythmique IV binaire Etude de 4 rythmes : A T A T A A T T A A A T A T T T Application mélodique du T.R. 8	Dictées auditives et visuelles à partir du contenu du chapitre Dictées rythmiques avec les rythmes binaires A — T	Notation sur portée Le silence 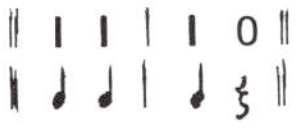 I I I I 0 Exercice de transcription	Conversation musicale en utilisant toute la gamme Improviser 4 lignes d'après des schémas inscrits au tableau	Mél. 40 binaire au posé Mél. 41 binaire au posé "Le carillon de Vendôme" "Benedicamus Domino" "Passe, petit rat" "La petite lingère"

MATIERE DE CHAQUE CHAPITRE

	Vocalises	Intonation	Rythme	Dictées	Notation	Activité Créative	Chants
17 Pages 138–145	**Réviser** voc. 1, 11, 12 Contrôler la justesse des notes DO MI SOL Travailler la netteté de l'attaque	Diagramme 9a (suite) Ex. 37 Premier exercice d'orientation Ex. 38 Deuxième exercice d'orientation Répéter l'exercice sur la notation portée Exercices sur l'accord de tonique du mode majeur	Geste rythmique IV Rythme binaire **Réviser** le tableau rythmique 8 avec l'application mélodique **Réviser** le geste Arsis - Thésis	Dictées auditives et visuelles sur les premier et deuxième exercice d'orientation Dictées rythmiques à partir du T.R.8 Utiliser les doigts de la main comme portée	**Réviser** les éléments de la notation sur portée étudiés jusqu'ici Transcriptions en notation sur portée	Composer des mélodies de quatre lignes en utilisant 1-3-5 comme notes d'appui Composer des mélodies avec le tableau rythmique 8 en Arsis - Thésis	Mél. 42 binaire au levé Mél. 43 (mélodie basque) binaire au posé "Quand trois poules" "A la claire fontaine"
18 Pages 146–153	**Réviser** voc. 1 et 12 Voc. 13 ‖ 1 . | (3) . | 5 . | . . ‖ | 5 4 | 3 2 | 1 . | . . ‖ Travailler d'abord lentement	Diagramme 9a (suite) Ex. 39, 40, 41 Eviter le port de voix dans les intervalles disjoints	Geste rythmique IV Rythme binaire Tableau rythmique 9	Dictées auditives et visuelles à partir du contenu du chapitre	**Réviser** la notation sur portée Transcrire le T.R. 9 Notation sur portée Signe de reprise ‖: :‖ Transcrire la mél. 46 en notation sur portée Transcrire la mél. 48 en notation chiffrée	Suggestions pour composer des mélodies, notes longues sur un premier temps Composer des mélodies sur le tableau rythmique 9 Improvisations verbales sur le T.R.	Mél. 44 binaire au posé Mél. 45 binaire au posé Mél. 46 ternaire au posé Mél. 47 ternaire au levé Mél. 48 (espagnol) "Gai, lon la . . ."
19 Pages 154–160	**Réviser** voc. 1 et 13 Voc. 14 ‖ 1 3 | (5) 4 | 3 2 | 1 . ‖ Geste rythmique IV binaire Continuer de travailler la justesse dans les sauts	Diagramme 9b et 9c 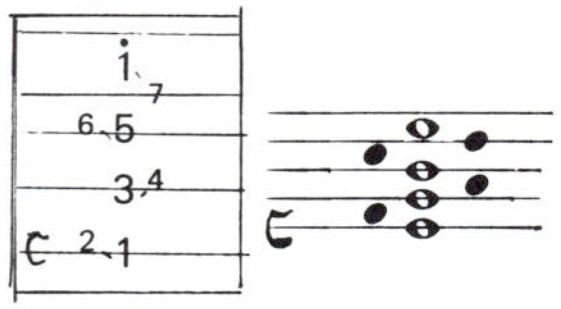 1 7 / 6 5 / 3 4 / C 2 1 Ex. 42 et 43	Tableau rythmique 9 Ajouter les nouveaux schémas Geste rythmique IV ternaire avec les applications mélodiques Notes longues	Dictées auditives et visuelles à partir du contenu du chapitre	Liaison entre notes de même valeur Transcription d'exercices	Technique de l'élargissement rythmique	Mél. 49 binaire au posé Mél. 50 ternaire au posé Mél. 51 ternaire au posé "Flocons de neige"
20 Pages 161–165	**Réviser** voc. 1 Voc. 15 ‖ 1 | 5 4 | 3 2 | 1 . | . ‖ Justesse de l'intervalle 1 - 5	Diagramme 9a (suite) Ex. 44 Dialogue pour travailler l'exercice d'orientation Troisième exercice d'orientation	**Réviser** le T.R. 7 **Réviser** le geste rythmique IV binaire	Dictées Arsis - Thésis Dictées auditives et visuelles à partir du troisième exercice d'orientation	**Réviser** la notation sur portée Transcriptions en notation chiffrée	Nouvelles applications mélodiques pour les, schémas rythmiques combinés	Mél. 52 binaire au posé "Ubi caritas" "Savez-vous planter les choux ?" "Jean de la lune" "Mon père avait 500 moutons

MATIERE DE CHAQUE CHAPITRE

	Vocalises	Intonation	Rythme	Dictées	Notation	Activité Créative	Chants
21 Pages 166–170	**Réviser** voc. 1 et 15	Diagramme 10a 6 5 4 3 2 1 Ex. 45 Ex. 46 Quatrième exercice d'orientation Diagramme 10b  RE FA LA en relation avec DO MI SOL	Tableau rythmique 9 Combinaisons (voir sous activité créative)	Dictées sur les quatre exercices d'orientation	**Réviser** la notation sur portée, les silences, les liaisons, le signe de reprise	Nouvelles combinaisons des rythmes et applications mélodiques Elargissement rythmique (suite)	**Mél. 53** ternaire au levé **Mél. 54** ternaire au posé "A ma main droite, j'ai un rosier" "Le Joyeux Chevrier" "Neige, neige"
22 Pages 171–177	**Réviser** voc. 1 et 15	Diagrammes 10a et 10b (suite) Ex. 47 et 48	Formation rythmique auditive Reconnaître le rythme d'une mélodie binaire	Dictées sur le contenu du chapitre	**Réviser** tous les signes de la notation sur portée	Conversation musicale sur les notes des diagrammes d'int. 10a et 10b Découvrir les notes d'appui d'une mélodie	"Les cimes du Canigou" "La petite jardinière" "La Meunière" "Ode á la Joie" "Le papillon"
23 Pages 178–183	**Réviser** voc. 1 Voc. 16 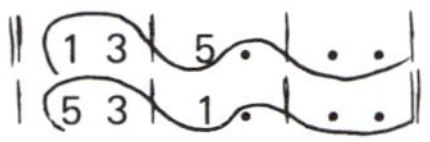 1 3 5 . . . 5 3 1 . . . Chanter d'une seule respiration	Diagrammes 9a et 9c Ex. 49 et 50 **Réviser** les quatre exercices d'orientation Diagramme 11 pour la lecture oblique  **Réviser** ex. 49 et 50	Tableau rythmique 10 Etudier avec les geste Arsis - Thésis et l'application mélodique Formation rythmique auditive	Dictées auditives et visuelles en utilisant à la fois le diagramme 9a et le diagramme 10a	Transcription et révision - notation sur portée	Conversation musicale sur 1 3 5 et 2 4 6 Schémas plus longs pour l'invention mélodique	**Mél. 55** ternaire au posé **Mél. 56** binaire au posé **Mél. 57** binaire au posé "Regina caeli" "La cloche du soir"

JUSTINE BAYARD WARD

1879 - 1975

Justine Bayard Ward, née Justine Bayard Cutting, la créatrice de la Méthode Ward de Musique pour Elèves d'Ecole, mourut le 27 novembre 1975 à 17.50 heures dans sa résidence sise au numéro 2500 à la 30ème rue N.W., Washington, le District Fédéral de Columbia, U.S.A. Elle fut née le 7 août 1879 à Morristown, dans l'Etat de New Jersey. Ses parents étaient William Bayard Cutting, un des fondateurs de la Compagnie de l'Opéra de New York, et Olivia Murray Cutting. Son mariage avec George Cabot Ward, célébré le 2 juillet 1901, fut annulé subséquemment. La résidence de ses parents sise à Westbrook, Oakdale, Long Island, New York, où elle vivait pendant son enfance, est maintenant ouverte au public comme l'Arboretum W. Bayard Cutting.

Madame Ward, depuis sa plus tendre enfance, s'intéressait à la musique. Elle devint plus tard une pianiste accomplie. Elle était instruite par des tuteurs et à l'Ecole Brearley, à New York. Madame Ward se convertit à la religion catholique-romaine en 1904 et pendant le restant de sa vie se dévouait à la cause de la musique liturgique de l'église catholique. Entre 1921 et 1929, elle étudiait sous le Révérend Dom Andre Mocquereau, O.S.B., à Sable sur Sarthe, près de l'Abbaye célèbre des Bénédictins de St. Pierre de Solesmes. En 1910 le Révérend Thomas Edward Shields, le chef du Département de l'Education de l'Université Catholique des Etats-Unis (Catholic University of America) demandait à Madame Ward d'écrire une série de livres de musique pour instruire les élèves des écoles catholiques. Ces oeuvres plus tard furent connus sous le nom de "La Méthode Ward de Musique Scolaire." Ses livres furent traduits en français, néerlandais et italien, et sont maintenant employés en France, Hollande, Angleterre, Suisse, au Portugal, aussi bien qu'aux Etats-Unis et dans les Iles Philippines. En 1928 elle fonda la fondation Dom Mocquereau, une corporation charitable constituée selon les lois de l'Etat de New York, organisée pour l'instruction dans et la dissémination du chant grégorien. Outre ses livres de musique, Madame Ward est l'auteur d'autres oeuvres, y inclus une biographie de *Thomas Edward Shields*. En 1962, à la session d'inauguration du 15ème Congrès National des Educateurs de Musique Catholiques, Madame Ward fut citée comme un "pionier tenace" qui pendant des années "se dévouait inlasseblement à l'éducation musicale dans nos écoles élémentaires". L'Université Catholique de l'Amérique en 1967 nommait son bâtiment de musique "Ward Hall", en son honneur.

Madame Ward fut accordée de hautes distinctions en Italie et en Hollande, étant la recipiente de la Médaille "Benemerenti" pour services civils exceptionnels, et l'Ordre de Guillaume d'Orange, la distinction civile la plus haute en Hollande. En 1944 elle fut honorée par l'Ordre de Malte avec la "Croce di Benemerenza" de l'Ordre Souverain Militaire de Malte et la Croix "Pro Ecclesia" et des Médailles Pontificales par S.S. le Pape Pius XII. Elle fut accordée le Degré Honoraire de Docteur en Chant Grégorien par l'Institut Pontifical de Musique Sacrée de Rome (Italie), un Degré Honoraire par le Collège Annhurst et s'est vue décernée le degré de Docteur en Musique, Honoris Causa, par l'Université Catholique de l'Amérique en 1971.